코스라에에서 퀘제린으로 향하던 중 발견한 태평양의 산호초 섬

산호초 지역에 집을 짓고 해초를 양식하는 필리핀 술루 해의 전경

물이 차면 바다가 되는 모래사장(필리핀)

바닷물로 목욕하는 소년(필리핀)

상어를 배에서 건조시켜 내륙으로 운반하는 아라비아 해의 어부(예멘)

❶ 남서계절풍의 영향으로 황량한 바다(소코트라 섬)
❷ 열대림에서 흘러나오는 검은색 물로 검게 물든 바다(소코트라 섬)
❸ 눈만 내놓은 채 긴 소매에 모자를 쓴 어부(마두라 섬)
❹ 해적 출몰에 대비한 자경단(自警團)(필리핀)
❺ 산호초 속에서 조개와 낙지를 잡고 있는 여인(필리핀)
❻ 화려한 장식을 한 타이완 란위 섬(蘭嶼島)의 야미 족 선박
❼ 독이 나오는 식물을 산호초 속으로 집어넣어 떠오르는 물고기를 잡고 있는 어부(필리핀)
❽ 물고기를 잡기 전에 만선을 기원하며 바다에 기도를 올리는 어부(술라웨시)
❾ 배에서 생활하는 수상족 소년(필리핀)

손으로 만든 수중총으로 고기를 잡는 필리핀 소년 만쟈르(필리핀)

바다의 아시아 1

바다의 패러다임

Vol. 1 UMI NO AJIA 1, UMI NO PARADIGM

edited by : Kei'ichi Omoto, Takeshi Hamashita, Yoshinori Murai and Hikoichi Yajima
Copyright ⓒ 2001 by Iwanami Shoten, Publishers
First published in Japanese in 2001 by Iwanami Shoten, Publishers, Tokyo.
This Korea edition published by Darimedia
by arrangement with the authors c/o Iwanami Shoten, Publishers, Tokyo.
through BookCosmos Agency, Seoul.

이 책의 한국어판 저작권은 BOOKCOSMOS.COM을 통한
저작권자와의 독점 계약으로 다리미디어에 있습니다.
신저작권법에 의해 한국 내에서 보호를 받는 저작물이므로
무단 전재와 무단 복제를 금합니다.

바다의 아시아 1

바다의 패러다임

엮은이 | 오모토 케이이치(尾本惠市)
하마시타 다케시(濱下武志)
무라이 요시노리(村井吉敬)
야지마 히코이치(家島彦一)
옮긴이 | 김정환
감　수 | 유용규 교수

다리미디어

바다의 아시아 1_바다의 패러다임

초판 1쇄 펴낸날·2003년 4월 10일

엮은이 | 오모토 케이이치 외
옮긴이 | 김정환
펴낸이 | 이희숙
편집장 | 이향선
편 집 | 이상건 이해인
마케팅 | 강희제 박정상
총 무 | 김정숙

펴낸곳   도서출판 다리미디어
         서울시 마포구 망원동 386-16 삼미빌딩 401호
         전화 336-2566(대표) 팩스 336-2567
         http : //www.darimedia.com
         E-mail : darimedia@hitel.net
등 록 1998년 10월 1일(제10-1646호)

ⓒ 오모토 케이이치 외, 2003

ISBN 89-88556-83-6 03900
ISBN 89-88556-82-8 (세트)
      정가 18,000원

* 잘못 만들어진 책은 바꾸어 드립니다.

바다의 아시아가 열리는 세계

하마시타 다케시 濱下武志

1

우리가 살고 있는 지구는 육지와 바다로 이루어져 있다. 이 점을 고려할 때, 지리(地理)라는 표현이 있다면 당연히 해리(海理)라는 표현도 생각해 볼 수 있다. 사실, 지구란 땅을 의미하는 표현이다. 하지만 바다가 지구 표면적의 72퍼센트를 차지한다는 사실을 생각하면 오히려 '수구(水球)' 또는 '해구(海球)'라는 표현이 더 어울릴 것이다.

고대부터 아시아의 바다는 유라시아 대륙의 동쪽 끝인 동중국해에서 동남아시아 해역과 인도양, 홍해를 거쳐 아프리카 동쪽 해안선까지 지구 둘레의 3분의 1 이상을 차지하며 바다가 지닌 가치를 지속적으로 육지에 제공해 왔다. 또한 아시아의 바다는 유라시아 대륙의 동서 간의 긴밀한 관계를 유지할 수 있도록 길을 열어 주었으며, 이것을 통해 바다와 육지가 서로 상호 보완관계를 유지하면서 수많은 해역과 지역 모델을 만들어 왔다.

현재 '아시아·태평양 시대'를 맞이하여 사람들은 무엇보다도 바다에 대한 중요성을 인식하고, '지구 환경의 보전과 활용'이라는 총체적이고 미래지향적인 과제에 대해 많은 관심을 기울이고 있다. 본 시리즈에서는 현 시점에서 과거를 되돌아보고 미래를 전망해 보면서 역사적이고도 미래지향적인 패러다임을 생각해보고자 한다. 이는 바다를 통해 전 세계와 아시아, 그리고 과거와 미래를 새롭게 조명해보려는 시도이기도 하다.

2

'바다의 아시아'는 다음의 세 가지 메시지를 담고 있다.

첫째, 아시아와 세계, 자연, 역사, 문화의 관계를 바다라는 관점에서 재조명해보고자 한다. 지금까지는 바다를 단지 땅과 땅을 잇는 연결수단, 즉 육지의 연장선쯤으로 여겨왔다. 바다에 붙여진 이름이나 경계선의 존재가 이 사실을 잘 말해주고 있다. 그러나 바다가 독자적인 고유 세계를 가지고 있고 육지의 형태를 결정한다는 점을 생각하면, 바다는 우리가 추구해야 할 대상으로, 삶을 윤택하게 할 수단으로서, 나아가서는 이상(理想)으로서 생각하고 이야기할 필요가 있다. 이런 점에서 '인류가 어떻게 하면 바다를 삶의 터전으로 구축할 수 있는가?'라는 과제를 제시하고 있다.

둘째, 그 동안 육지를 중심으로 바라본 '아시아'에 대한 이해를 바다를 중심으로 재해석하려는 시도가 담겨 있다. 아시아는 유럽 사람들에 의해 영역 밖의 땅으로 인식되어 왔다. 그러다 훗날 아시아 사람들에 의해서 독자적인 지역으로 인식하게 되었다. 후쿠자와 유키치(福沢諭吉)의 '탈(脫)아시아', 오카쿠라 덴신(岡倉天心)의 '아시아는 하나', 쑨원(孫文)의 '대아시아주의' 등에서 그 예를 찾을 수 있다. 여기에는 유럽을 아시아가 추구해야 할 대상으로 보고 유럽과 유럽에 대항하는 아시아의 국가주의·지역주의를 읽을 수 있다. 이는 동서관계에서 살펴본 아시아론이라 할 수 있다.

하지만 바다라는 관점에서 아시아를 볼 때, 지금까지의 유럽상(像)이나 동서관계론에는 수정이 불가피하다. 우선 한국이나 중국, 일본 등이 위치한 동아시아부터 북서부 유럽까지는 바다라는 넓은 공간으로 이어져 있다. 예전에는 다음의 열 개나 되는 해역을 거쳐야 비로소 서부 유럽에 도착할 수 있었다.

(1) 동중국해
(2) 베트남 연해, 시암 만(灣), 말레이 반도 동해안, 필리핀을 포함한 남중국해

(3) 자바 해(海)를 중심으로, 동쪽으로는 몰루카 제도(Molucca Islands. 인도네시아 셀레베스(Celebes) 섬과 이리안자야(Irian Jaya. 뉴기니) 주(州) 서쪽 끝 사이에 산재하는 제도. 향료 제도라고도 한다-역주), 술라웨시(Sulawesi. 셀레베스의 인도네시아 이름. 인도네시아의 동부 칼리만탄(Kalimantan)의 동쪽 섬-역주)의 남쪽 해안, 보르네오에서 민다나오 섬(Mindanao. 필리핀 제도 남단부의 섬-역주)에 걸친 술루 해(Sulu Sea. 필리핀 제도의 남서부에 있는 내해(內海)-역주), 서쪽으로는 말라카(Malacca. 말레이시아에 있는 항구 도시-역주)에서 수마트라(Sumatra. 인도네시아 대(大)순다 열도에 딸린 섬-역주) 북부의 안다만 해(Andaman Sea. 벵골 만의 일부로서 안다만니코바르 제도의 동쪽에 있는 바다-역주)에 이르는 해역

(4) 인도 아대륙(亞大陸) 양단 해역―남인도, 스리랑카, 구자라트(Gujarati. 파키스탄에 인접한 인도의 주-역주), 벵골이 중요 지역이다. 이 지역은 장거리 교역선인 다우 선(船)(Dhow. 인도양, 아라비아 해 등에서 쓰이는 대형 삼각돛을 단 연안 항해용 범선-역주)이 활약하는 세계이기도 하다.

(5) 홍해에서 동지중해

(6) 서지중해에서 이베리아 반도(Iberia Peninsula. 유럽의 남서부 대서양과 지중해 사이에 있는 반도-역주)

(7) 이베리아 반도 서쪽

(8) 북유럽

(9) 한자동맹(Hanseatic League. 중세 중기 북해, 발트 해 연안의 독일 여러 도시가 뤼베크를 중심으로 상업상의 목적으로 결성한 동맹-역주) 상인들이 활약했던 북해

(10) 한자동맹 교역망에 해당하는 곳으로 발트 해의 동부와 북동부에 이르는 해역

이처럼 바다라는 관점에서 바라볼 때 아시아는 유럽까지 이어지는 여러 개의 해역으로 구성되어 있다. 더욱이 유럽을 아시아의 일부로 끌어들인 듯한 해역 문화도 가지고 있다. 바로 이러한 해역 문화의 연쇄성(連鎖性)으로 아시아와 유럽 사이의 간격을 좁혀나가야 할 것이다.

셋째, 바다와 육지의 환경구조를 연구하려는 데에 더 큰 의미를 가지고 있다. 바다는 넓은 공간에 물을 담아 놓은 곳이 아니라 독자적인 구조와 운용방식을 가지고 있다는 사실을 염두에 두어야 한다. 최근 들어 바다와 육지의 순환에 대해 많은 관심이 모아지고 있다. 현재와 미래의 사회생활에서 발생될 문제들인 환경, 자원, 인구, 에너지 등이 바다와 밀접한 관계가 있다는 사실을 다시 한 번 주목할 필요가 있다.

이 세 가지 메시지를 통해 아시아의 바다를 재조명하고자 하는 것은 기존의 논리적, 심리적, 물리적인 한계를 뛰어넘기 위한 것이다. 이는 단순히 '뛰어넘는다'는 사실 자체보다 이미 존재하고 있던 바다와 인간의 관계를 다시 한 번 상기시키는 데 의미가 있다.

3

　이 책은《바다의 아시아》시리즈의 첫 권으로, '바다의 패러다임', '바다의 아시아사', '바다로 생각하는 현대', '바다를 향한 감수성' 등 네 부분과 사진으로 구성된 '바다로의 시선'으로 구성되어 있다.
　'바다의 패러다임'에서는 인류와 오랫동안 긴밀한 관계를 맺고 있는 바다의 상호교류에 대해 검토해보고자 한다. 인류는 바다와 긴밀한 관계를 유지하며 바다를 생활의 터전으로 삼았다. 이러한 생활 터전을 중심으로 아시아의 바다가 지닌 고유한 자연적 특성과 해양으로서의 풍요로움에 대해 설명하고 있다.
　'바다의 아시아사'에서는 바다를 중심으로 아시아와 그 역사를 살펴보고자 한다. 무엇보다 아시아의 바다는 해류와 계절풍을 특징으로 하며, 이 해류와 계절풍이 사람들의 생활방식에 많은 영향을 주었다. 또한 아시아의 모든 해역은 서로 연관되어 있으며, 육지와도 관계되어 있어 바다와 육지가 역동적인 상호관계를 만들어왔다. 인도양 서쪽 끝인 마다가스카르(Madagascar. 아프리카 남동쪽 인도양에 있는 나라-역주)에서 동쪽으로 가다보면 다우 선이 활약하는 해역이 나타난다. 그리고 아시아 바다의 동쪽에서는 정크 선(Junk. 밑이 평평한 범선-역주)의 세계가 펼쳐진다. 이 배들은 동남아시아 해역의 풍부한 생산물을 두고 경쟁을 벌인다.

'바다로 생각하는 현대'에서는 바다의 특성과 논리에 대해 살펴보고자 한다. 바다에 대한 상상력은 인류에게 희망과 함께 절망도 안겨주었다. 인류는 바다를 법으로 관리할 수 있다고 생각했었다. 그러나 실제로 현실에서는 그것이 불가능하다는 것이다. 바다는 '고도화(高度化)'된 사회 속에서도 여전히 인류 사회의 생활방식과 자아인식, 바다의 관리에 대해 의문을 던지고 있다.

'바다를 향한 감수성'에서는 바다에 대한 인간의 동경과 이에 대한 염려, 혹은 경외심에 대해 알아보고자 한다. 인간은 자연을 극복해야 할 대상으로 여겨왔다. 확실히 과학 기술의 발달로 인간은 자연을 극복해온 것처럼 보인다. 하지만 실제로는 이와는 다르게 자연에 대한 공포감이 종교와 문학을 탄생시켰다. 이렇듯 바다가 반복해서 인류 사회에 영향을 미치는 것은 자연과의 관계 속에서 해결할 수 없는 인간의 자기모순성이 아니었을까?

마지막으로는 바다를 연구하는 방법에 대해 살펴보고자 한다. 지금까지는 인류사와 세계사를 논할 때 진화나 발전을 기준으로 각 나라와 지역의 서열을 매기고 그에 따라 발전과 비발전을 구별했다. 그러나 '바다'를 연구할 때는 해역 및 그 해역과 관련된 지역들이 서로 역사적인 연속성을 가지면서 동시대적이라는 사실을 고려해야 한다. 이러한 시각을 지금까지의 학문 영역에서 살펴본다면, 소위 모든 근대 과학은 넓은 의미에서 국가의 안녕과 국익이라는 현실성에 기초하여 개별 국가에 봉사하는 '국학(國學)'이라고 할 수 있다. 반면 '해학(海學)'은 국학에 의해 제한된 영역을 초월하여 국가의 범위를 상대화 시킨다. 또한 국익을 기본으로 하는 해양국가의 관점에 경종을 울리고, 인류사의 시점에서 지구와 지구 환경에 대해 종합적으로 생각하는 '지구론'을 목표로 한다고 할 수 있다.

국가 및 국민경제의 틀 속에서 국가건설과 근대화, 경제적 발전, 그리고 공업화를 목표로 했던 20세기의 논리는 '아시아의 바다'가 제시하는 미래상에 의해 교체될 것이다.

4

여기서 잠시 각각의 논고를 간단히 소개하고자 한다.

바다의 패러다임

아키미치 토모야(秋道智彌)의 〈바다와 인류〉는 바다와 인류의 관계에서부터 논고가 시작된다. 아시아의 바다는 기술의 발전과 함께 인류의 확산이 이루어지면서 육지와 바다의 경계를 뛰어넘는 다양성을 가지게 되었다. 바다가 고유의 식생태(食生態)를 탄생시켰다는 점, 그리고 바다에서의 인류 확산과 문화 전파는 육지에서 이루어지는 것과는 다르다는 점을 설명한다.

가토 마코토(加藤 真)의 〈아시아의 해양 환경과 생태계〉에서는 아시아 바다의 특징을 동남아시아 주변의 산호초 해역에서 볼 수 있는 '생물다양성 중심' 이론에서 찾고 있다. 한편 태평양은 거대한 '지구 환경 유지 장치'로서 지구의 순환 시스템 역할을 맡고 있다. 그는 오호츠크 해에서 남하(南下)하여 월리시아(Wallacea. 아시아와 오스트레일리아의 야생 환경이 바뀌는 지점-역주) 다도해에서 인도양에 걸친 아시아 바다의 해양 환경을 자연 과학자의 눈을 통해 명확히 밝혀내고 있다.

바다의 아시아사

야지마 히코이치(家島彦一)의 〈서양에서 본 바다의 아시아사〉에서는 아덴(Aden. 예멘의 항구 도시-역주)이 9세기경에 동쪽의 중국에서부터 서쪽의 아프리카 동부 연안에 이르는 인도양 전체의 교역 센터였다는 점에 주목한다. 또한 그는 바다와 관련하여 우리가 해결해야 할 문제의 실마리로 '네트워크'를 제시했다. 즉, 중심지가 되는 항구 도시를 기점으로 네트워크가 대규모로 형성되었던 인도양 해역의 연관 구조를 밝혀 21세기에 나아가야 할 방향성으로 해역 네트워크 형 사회를 전망하고 있다.

하마시타(濱下)의 〈동양에서 본 바다의 아시아사〉에서는 아시아의 동쪽 바다를 대표하는 동중국해와 서중국해에서 중국을 중심으로 주변국과 조공 관계를 맺어 해상 무역이 이루어졌다는 사실을 알 수 있다. 또한 이 질서 잡힌 바다와는 달리 바다신(海神)을 섬기고, 보다 다양한 해상 민족과 육상 민족 간의 교류, 교섭, 충돌이 반복되었던 왜구적 세계에 대해서도 살펴보고 있다.

바다로 생각하는 현대

모리사키 카즈에(森崎和江)는 〈바다를 건넌 여성들〉에서 그곳에 존재하는 '바다'를 자신의 총체적인 체험을 바탕으로 묘사하고 있다. 바다를 '생업(生業)'의 터전으로 삼아 바다를 건넌 여성들의 삶을 시간의 중첩 속에서, 혹은 뒤섞여버린 민족성 속에서, 나아가서는 식민지와 탈(脫)식민지 속에서 체험과 기억을 통해 나타내고 있다.

후세 쓰토무(布施 勉)는 〈국제해양법의 새로운 사상〉에서 '21세기에 인류는 함께 생존할 수 있을까?'라는 극단적인 연구 주제를 정하고 이에 대한 답을 제시한다. 그는 이 연구를 통해 국제해양법의 주체를 '인류'로 보고 있으며, 국가 관리 밖에 있는 해양을 '인류의 소유물'로 보고 있다. 기존의 국제해양법을 새로운 시각으로 접근하고 있는 것을 볼 수 있다.

무라마츠 신(村松 伸)의 〈아시아 도시의 쉼 없는 변천〉에서는 아시아에서 도시가 형성되는 데 바다 자체는 더 이상 문제 요소가 되지 않는다고 지적한다. 도시 중에는 후허하오터(呼和浩

特. 인산산맥(陰山山脈)의 남쪽 기슭에 있는 비옥한 후허하오터 평원에 위치하며, 남동쪽으로 황허(黃河)의 지류인 다헤이허(大黑河)가 흐른다-역주)처럼 육지 속의 항구 도시였거나 육지와의 결속력이 강하고 공간의 상징성이나 의례적인 면이 부각되는 도시(근세 거대 대륙의 제국 도시라 할 수 있는 이스탄불, 이스파한, 델리, 베이징, 에도 등)가 존재한다는 사실을 강조하면서 공항 도시로 이어지는 현실에서 바다 세계를 향한 반증을 이끌어내고 있다.

바다를 향한 감수성

이이지마 와타루(飯島 渉)의 〈바다와 전염병〉에서는 류큐(琉球)·오키나와(沖繩)를 예로 들어 그 위치와 역사를 설명하며 전염병의 '유행'에 대해 이야기하고 있다. 또한 얼핏 보면 '마이너스'가 될 수도 있는 전염병에 대한 이야기가 류큐·오키나와의 역사를 이해하는 데 꼭 필요한 측면임을 지적한다. 그는 근대 이후 현대식 국가 이론의 도입과 해항 검역제도, 위생행정에 대해서도 이야기하고 있다.

나카무라 카즈에(中村和惠)의 〈상처 입은 바다〉에서는 피지의 인도계 주민들의 정체성 동요와 해결책 모색에 대해 묘사하고 있다. 피지에서의 식민지 정책은 결과적으로 피지의 토착민과 인도계 피지 인 사이의 편견을 낳았으며 인도계 피지 인의 토착화에 커다란 장애 요소로 작용했다. 인도계 피지 인들은 자아를 확립하기 위해 건넜던 바다를 다시 한 번 건너 귀향했지만 그곳에는 이미 찾아야 할 자아는 존재하지 않았다.

　위 글들은 바다라는 주제에 대해 다양한 논점과 관심으로 접근하고 있는 것을 엿볼 수 있다. 바다는 무궁무진한 이야깃거리를 지니고 있는 동시에 안이한 태도를 거부하는 엄격함을 지니고 있다. 바다를 살펴보면 무한한 가능성을 느낄 수 있지만, 그 가능성을 실현하기 위해 많은 절차와 준비가 필요하다는 사실을 알 수 있다. 그래도 잠시 동안은 바다의 포용력에 몸을 맡겨보고 싶다는 생각이 든다.

바다의 아시아 1 바다의 패러다임

| 목차 |

바다의 아시아가 열리는 세계 | 하마시타 다케시 濱下武志 5

| 제1장 | 바다의 패러다임

바다와 인류 | 아키미치 토모야(秋道智彌) 25
1. 아시아 바다와 인류의 생태사 25
2. 바다와 인류 30
3. 바다의 식생태와 순환 36
4. 바다의 전파와 교역 44
5. 월경과 교란 51
끝마치면서 55

아시아의 해양 환경과 생태계 | 가토 마코토 加藤 眞 57
1. 바다를 둘러싼 지구 순환 시스템 58
2. 태평양—아시아를 연결하는 바다 63
3. 오호츠크 해—유수를 만드는 풍요의 바다 69
4. 동해—조수 간만의 차가 없는 바다 72
5. 동중국해—중국 대륙의 땅이 내려앉은 비옥한 바다 74
6. 남중국해—맹그로브 숲에 싸인 풍요의 바다 77
7. 월리시아 다도해—산호초의 바다 88
8. 인도양—몬순 계절의 도래와 함께 범람하는 바다 95
끝마치면서 99

바다의 아시아 1 바다의 패러다임

| 제2장 | 바다의 아시아사

서양에서 본 바다의 아시아사 | 야지마 히코이치 家島彦一 103
1. 인도양 해역 세계 103
2. 네트워크의 역동성 111
3. 이슬람 네트워크의 확대 118
4. 21세기와 해상 네트워크 형 사회 127

동양에서 본 바다의 아시아사 | 하마시타 다케시 濱下武志 131

| 제3장 | 바다로 생각하는 현대

바다를 건넌 여성들 | 모리사키 카즈에 森崎和江 155

국제해양법의 새로운 사상 | 후세 쓰토무 布施 勉 178
1. 우리는 미래의 이미지를 가지고 있는가? 178
2. 전통적인 국제해양법 질서에 대한 도전 181
3. 남북문제의 벽과 파르도의 고뇌 183
4. 대륙붕 조약 제1조의 의미와 '오다 설' 185
5. 파르도와 보르제세— '인류의 공동 재산' 개념의 창시자 188
6. 파르도의 연설—역사의 전환 192
7. 파도르주의와 그 논리 194
8. 배타적 경제수역 제안이 의미하는 것 197
9. 알비드 파르도를 위한 조사 200
10. UN 해양법 조약의 기본 구조와 인류 사회 202

바다의 아시아 1 — 바다의 패러다임

아시아 도시들의 쉼 없는 변천 | 무라마쓰 신 村松 伸 205
1. 신흥콩 국제공항의 혼란 205
2. '항시 도시'의 문법 208
3. 육지의 항시 도시 211
4. 근세 도시의 서열 체계 216
5. 근대 제국 도시의 해상 네트워크 220
6. 동방으로 돌아가는 항시 도시 224

| 제4장 | 바다를 향한 감수성

바다와 전염병 | 이이지마 와타루 飯島 涉 231
1. 바다와 전염병 231
2. 류큐·오키나와 전염병사 236
3. 역사 속의 검역 240
4. '경기시대'의 전염병 244
5. '연결의 바다'와 '격리의 바다' 248

상처 입은 바다 | 나카무라 카즈에 中村和恵 250
1. 피지의 두 민족 250
2. 영국 식민지 정책과 그 후유증 257
3. 쿠데타와 라마의 추방 266
4. '칼라 파니'에서 '우리의 바다'로 273

| 사진으로 읽는 바다 | 바다로의 시선 | 몬덴 오사무 門田 修 279
감수를 마치며 285

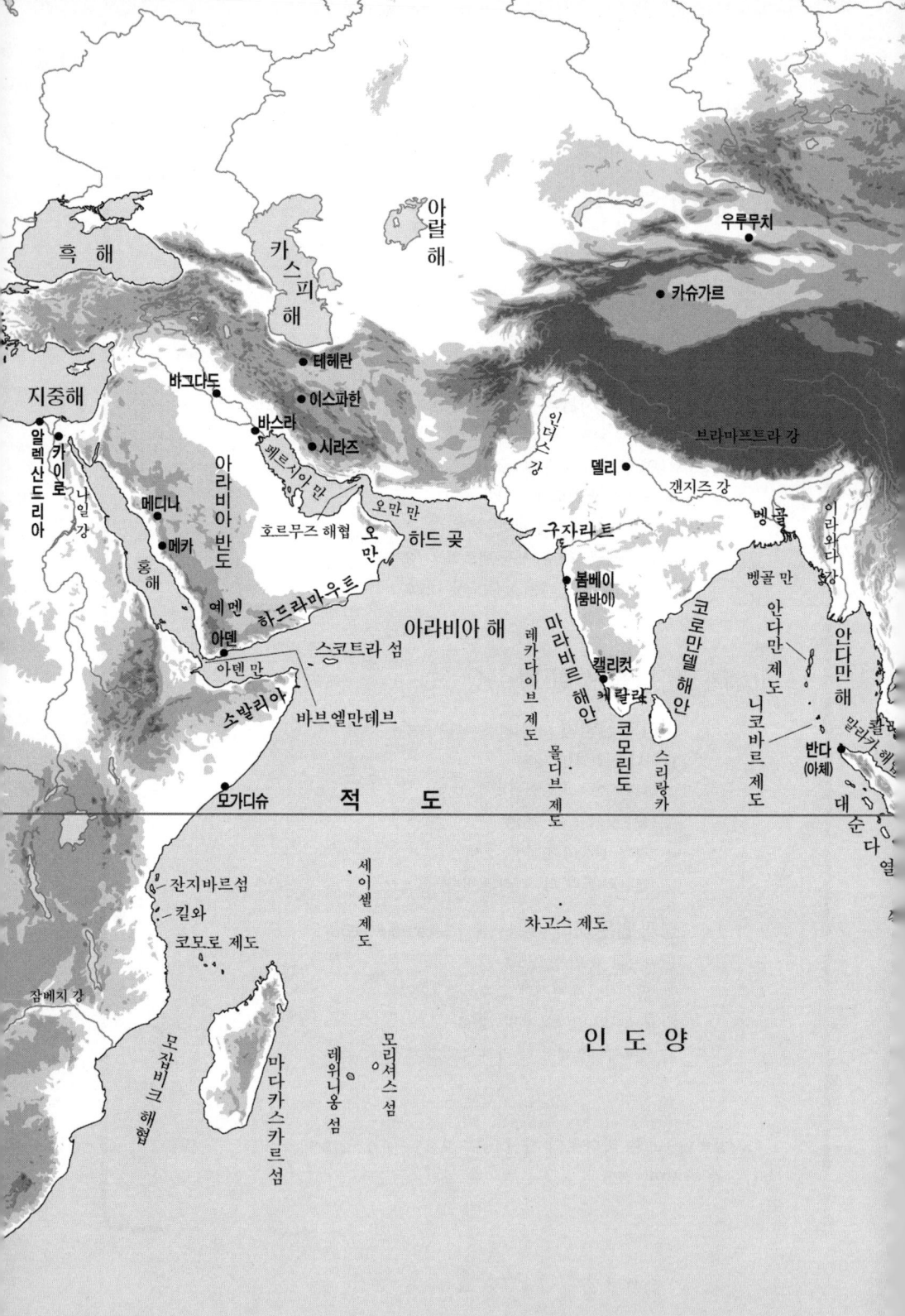

제1장

바다의 패러다임

 만물은 물을 가지고 태어나서, 물에 의해 유지된다.
- 괴테(Goethe)

앞사진 | 수라바야에서 마카사르로 향하는 인도네시아의 목조 화물선

바다와 인류

아키미치 토모야 秋道智彌

1. 아시아 바다와 인류의 생태사

아시아 바다는 인류가 해양에 적응하며 살아가는 방법과 바다의 생성 과정을 연구하는 데 아주 적합한 장소이다. 물론 머나먼 아프리카 대륙에서도 인류의 기원을 찾을 수 있지만 그곳에서는 바다를 제대로 연구할 수 없다. 중동과 유럽의 경우, 네안데르탈인(舊人)이나 크로마뇽인(新人)의 자료만으로 바다를 이해하기는 힘들다.

한편 아시아 바다와 인류와의 관계를 살펴보면, 기원전 6만 년 전쯤 오스트레일리아로 이주했던 오스트레일리아 원주민의 선조들은 몇 척의 배를 이용해 바다를 건넜을 것이다. 그 후 기술의 발전과 더불어 인류의 확산이 가속화되었고, 신석기 시대로 들어서면서 아시아 바다는 태평양 전 지역과 인도양의 마다가스카르 섬까지 오스트로네시아 어족(語族)의 본토가 되었다. 이렇듯 자료와 사료(史料), 바다라는 무대 장치, 그리고 주인공이라 할 수 있는 바다에 사는 사람 등 바다와 인류의 관계를 고찰하는 데 필요한 모든 조건을 갖춘 지역도 아시아 바다만한 곳이 없다. 또한 향료 무역이 활발히 이루어지던 곳도, 맹그로브(mangrove, 열대의 강변, 해변, 소택지의 숲-역주)나 산호초의 파괴로 지구가 병들었음을 세계에 알렸던 곳도 아시아 바다였다.

새삼스럽게 아시아를 강조할 필요는 없지만, 그곳에는 바다를 둘러싸고 추구해온 인류의 다양한 발자취가 남아 있다. 그렇다면 아시아 바다는 어디를 가리키며, 그곳에는 어떠한 문제들이 있을까? 또 아시아 바다는 인류 역사에서 어떠한 의미를 지니는 것일까? 여기서는 먼저 아시아 바다의 다양성과 그곳에서 살아온 인류의 역사를 정리해보고자 한다.

아시아 바다의 생태사

유라시아 대륙의 동쪽 끝은 넓은 바다와 육지, 섬들이 모여 수많은 해역과 지역 모델을 만들었다. 실제로 아한대(亞寒帶) 지역인 사할린을 시작으로 열대 지역인 말레이시아와 인도네시아를 거쳐 남쪽의 오스트레일리아와 서인도에 이르는 지역으로 오호츠크 해와 동해, 동중국해, 남중국해, 술라웨시 해, 자바 해, 아라푸라 해(Arafura Sea, 오스트레일리아와 뉴기니 섬 사이의 바다. 대부분 깊이 100미터 이내의 대륙붕으로 진주조개가 난다-역주), 안다만 해 등 많은 해역이 있다. 이 해역에 속해 있는 크고 작은 섬들은 수만 개가 넘는다. 대개 이 범위에 포함된 해역을 '아시아 바다'라고 부른다.

아시아 바다의 특징은 태평양과 인도양이라는 두 대양 사이에 위치하며 해안 지역에서는 얕은 바다(neritic sea)를 형성하고 있다는 것이다. 이런 형태의 바다는 아시아 바다에서만 볼 수 있으며 같은 환태평양권에 속해 있지만 환태평양의 동쪽은 캐나다 북서해안 지역과 칠레 남부를 제외하면 대체로 섬이 많지 않은 편이다. 또 카리브 해와 지중해, 북해 역시 아시아 바다의 수준에는 미치지 못한다.

지금부터는 아시아 바다의 특징을 어류상(魚類相)을 중심으로 살펴보고자 한다. 필리핀 남부에서 인도네시아 동부에 걸친 열대 지역에서는 세계에서 가장 다양한 어류상이 발견된다. 또한 어류상으로 볼 때, 종(種)의 다양성에 있어서 다소 차이가 있지만, 아시아 바다는 동쪽의 이스터 섬에서 북쪽의 하와이 제도, 서쪽의 마다가스카르에 이르기까지 인도·태평양 구역이라는 공통의 영역에 해당된다. 여기서 주목할 점은 이 해역이 오스트로네시아 어족이 확산된 범위와 거의 일치한다는 점이다. 오스트레일리아 대륙은 육지의 동물상이나 인류사의 측면에서는 인도·태평양 구역에 포함되지 않지만, 주변 해역의 어류상은 동일하다는 것이다.

앞서 이야기했듯이 아시아 바다를 남북의 축으로 살펴보면 그곳에는 유라시아 대륙 동쪽으로 연안을 따라 많은 섬들이 분포하고 있다. 또한 적도 주변에서 북쪽으로 갈수록 인도·태평양 구역의 난류계 어류상 감소하며 난류인 쿠로시오(黒潮) 해류는 쓰시마(対馬) 난류를 타고 홋카이도(北海道)까지 영향을 미치는 것을 알 수 있다. 반대로 한류계 어류상은 오호츠크 해와 동해, 북태평양 남부 등지에 주로 분포하며 냉수어(冷水漁)인 연어는 규슈(九州)까지 남하해 온다. 북방에서는 어류의 종의 수가 감소하지만 개체 수는 증가하는 것을 볼 수 있다.

아시아 바다에는 남쪽의 열대권, 남북부의 이행대(移行帶), 북쪽의 냉온대권이 연속적으로 분포하고 있다. 이 해역에 살고 있는 민족을 살펴보면, 남쪽의 오스트로네시아 어족, 대륙 지역의 오스트로아시아 어족, 중국·티베트 어족, 우랄·알타이 어족 등이 살고 있다. 이처럼 남북을 축으로 다양한 민족 분포가 나타나는 것은 그 민족의 집단 거주를 의미하는 것으로, 즉 대륙에서의 침입, 추방, 이동의 역사를 그대로 반영하고 있는 것이다.

이와 같이 사할린에서 일본열도를 거쳐 말레이시아·인도네시아에 이르는 해역에는 한류계에서 난류계까지 다양한 생물들이 서식하고 있다. 그 중에서도 일본열도는 한류와 난류가 만나는 곳으로 남방과 북방의 요소가 섞여 있는 이행대에 속한다. 또한 인류 분포의 특징을 살펴보면, 동서를 축으로 하는 경우

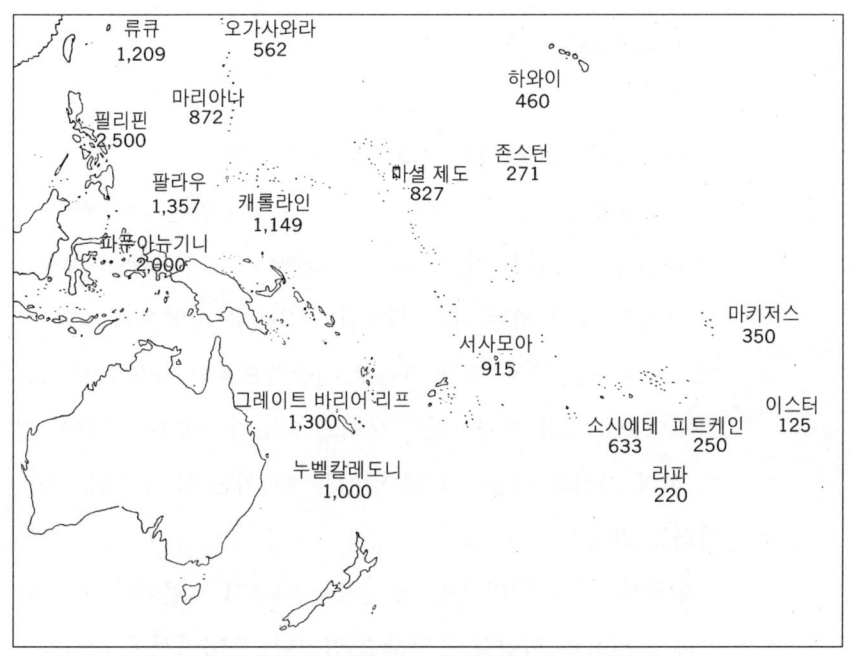

1-1 아시아·오세아니아에 사는 어류의 다양성을 나타낸 분포도(숫자는 종의 수)

에는 오스트로네시아 어족의 월등한 점유율을 들 수 있고 남북을 축으로 하는 경우에는 대륙에 있는 여러 민족들의 침입과 이동에 의한 영향을 들 수 있다. 하지만 이러한 조사는 도식적이고 정적(靜的)인 연구 방법에 불과하다. 바다와의 상호작용을 통해 전개되어온 바다의 아시아사(史)를 규명하기 위해서는 다른 틀, 즉 '경계(境界)와 이동(移動)'이 필요하다. 인류가 해역이라는 자연의 틀 위에 적응했다고 보는 것이 아니라, 제약과 일탈 속에서 어떻게 자기 확대를 이루었는지를 중시하는 입장을 취해야 한다.

2. 바다와 인류

바다의 기술과 신석기 시대

인류는 영장목(靈長目)의 일원이며 현세의 침팬지, 고릴라 등의 유인원과 동일한 선조로부터 진화했다. 그러나 진화 과정에서 초식을 주로 하는 유인원과 달리 육식을 하였으며 점차 잡식성으로 변해갔다. 또한 바다로 진출함으로써 육상의 동식물 외에도 해산물을 식량으로 이용하게 되었다. 여기서 주목할 점은 바다 자원의 이용은 다른 영장류에게서는 볼 수 없는 특징이라는 것이다.

인류의 경우, 이미 구인 단계였을 때부터 개펄이나 얕은 여울에서 필요한 식량을 조달하고 있었다. 동남아시아 각지에서는 구석기 시대에서 신석기 시대의 것으로 보이는 민물조개와 바다조개 껍질이 동굴에서 대량으로 발견되었다. 아마도 해안에서의 어로가 육지에서의 수렵보다 훨씬 쉬웠을 것이다. 한편 중위도(中緯度)에서는 오키나와의 미나토가와 인(港川人)을 제외하고 시베리아와 같은 내륙 지역에 살았던 중국 베이징의 산정동인(山頂洞人) 등이 해안에서 활동했다는 증거는 거의 없다. 북방 시베리아의 구석기 시대 유적에서는 커다란 짐승을 수렵하는 데 이용되었으리라 추측되는 석기들만 발견되었다.

신석기 시대가 되자 맨손이나 나뭇가지를 이용한 채집에서 화살, 작살, 낚싯바늘, 망, 바구니 등 다양한 도구나 어구를 이용하여 어로와 바다 수렵이 이루어졌다. 이를 입증해주는 발굴 사례가 동남아시아에서는 많지 않지만, 동남아시아에서부터 오세아니아로 확산된 오스트로네시아 어족과 일본의 조몬 인(繩文人), 북방의 수렵 어로민이 해산 자원을 식량으로 이용한 예에 대한 연구는 학계에 많이 발표되었다. 이를 살펴보면 지역이나 시대에 따라 다양한 어로 문화가 발달한 사실을 알 수 있다. 예를 들면 남쪽의 오스트로네시아 어족의 경우, 라피타식 토기(Lapita Pottery. 멜라네시아의 일부 지역과 폴리네시아, 미크로네시아에 퍼져 있던 고대 태평양 문화에서 발견되는 토기로 사람의 얼굴이나 인체를 포함하는 복잡한 기하학적 무늬가 반복적으로 나타나는 것이 특징이다-역주)를 사용한 파푸아뉴기니의 애드미럴티 제도, 솔로몬 제도, 통가 제도 등의 유적에서 비늘돔, 양쥐돔, 놀래기 같은 산호초 어류와 다랑어, 정어리 같은 외양성(外洋性) 어류의 뼈가 출토되었다. 또한 밤고둥이나 진주조개로 만든 낚싯바늘이 발견되었는데, 이것은 외양성 어류를 낚기 위해 낚시 기술이 발달했다는 것을 보여준다. 외양성 어류를 낚기 위한 낚싯바늘로 대합조개와 야광조개도 이용되었다. 한편, 뉴아일랜드 섬에서 산출된 흑요석이 4천6백 킬로미터 떨어진 사모아 제도(Samoa Islands. 남태평양 중부 폴리네시아 서부에 있는 제도-역주)에서 발견되었다는 것은 바다를 건너온 라피타 문화의 사람들과 문물을 교류했다는 사실을 입증해준다.

일본의 조몬 시대(기원전 1만 년 전에 시작된 일본의 신석기 시대-

역주) 유적에서도 다양한 도구나 어구를 이용하여 어로와 바다 수렵이 이루어졌다는 것을 입증해주는 유물들이 많이 출토되었다. 간토 지방에서는 숭어, 농어, 감성돔, 바지락, 대합 등 강 하구에서 주로 서식하는 기수성(汽水性), 연안성(沿岸性) 어패류의 뼈가 출토되었다. 또 산리쿠(三陸) 지방의 유적에서는 외양성 어류인 다랑어, 정어리와 암초성(岩礁性) 어류인 도미, 전복, 소라 등을 잡거나 채취했던 집단의 흔적이 발견도었다. 한편, 오세아니아와 마찬가지로 일본에서도 흑요석이 일정한 지역에서만 산출되었는데, 흑요석이 산출되지 않는 지역에서도 발굴되었다는 점에서 일본열도에서도 수백 킬로미터 떨어진 거리를 이동하여 물물 교류가 이루어졌다는 것을 알 수 있다.

또한 홋카이도 동부 지역에서도 사할린의 신석기 시대 유물인 뼈로 만든 낚싯바늘이나 작살 등의 어업 도구가 출토되었으며 넙치, 가자미와 같은 저생어류(底生魚類)와 바다사자, 강치, 물개, 고래 등 바다에 사는 포유 동물의 뼈와 암초성 패류도 출토되었다. 이것으로 북방에는 남방과는 달리 어로나 바다 수렵의 비중이 큰 해양 문화가 있었음을 알 수 있다. 또한 아무르강(黑龍江) 유역에서 캐낸 흑요석이 홋카이도에서도 발견되었는데, 수백 킬로미터 떨어진 지역으로 운반된 것으로 사람들이 먼 거리를 이동했음을 알려주는 것이다.

사할린에서 일본, 동남아시아를 지나 오세아니아 서부에 이르는 거대한 해역에서는 기원전 2천 년부터 기원 후 2~3세기까지 어로나 항해 등의 해양 활동이 원활하게 이루어지고 있었다. 철기가 도입되기 전까지 흑요석도 귀중품으로 인정받았으며 조간대(潮間帶. 해안의 만조선과 간조선 사이의 지대-역주), 연안, 외해(外海) 등 해양 자원을 이용하는 범위가 확대되었다는 점도 지적할 수 있다. 또한 계절에 따라 채집하는 것이 구분되고 일정화되었으며 성별에 따른 분업화도 이루어졌다.

신석기 시대 이후에는 어구의 발전과 어로 방법의 효율화 등 어로 기술의 진보가 이루어졌다. 하지만 원리상으로는 선사 시대와 별반 다르지 않았으며, 더욱이 바다에서 사용하는 도구들의 대부분은 독자적으로 발달한 것도 있지만, 육상에서 쓰이는 도구들을 그대로 옮겨 놓은 경우가 많았다. 낚싯바늘을 만들기 위해 조개 대신 금속을 이용하더라도 어구의 형태나 어로 방법이 완전히 달라지지는 않았다. 따라서 아시아의 경우, 신석기 시대에 어로 기술이 거의 완성되었다고 볼 수 있다.

배의 확산

육상 동물인 인류가 바다로 진출할 때, 수면에서의 이동을 가능하게 한 데에는 두 가지 요인이 있다. 하나는 신체 기법인 수영의 습득이고, 또 하나는 배의 발명이다. 수영은 수평이동(좁은 의미의 수영)과 수직이동(잠수기법)으로 나눌 수 있다. 현세의 인류가 수영을 했다는 증거는 체모(體毛)가 수중 환경에 적합한 유선형으로 났다는 사실과 차가운 수중에서 체온이 내려

1-2 자바 섬 중부의 보로부두르 유적의 부조(아우트리거 카누)

가는 것을 막기 위해 피하 지방이 축적된 사실에서 찾아볼 수 있다. 또한 인류가 '잠수'를 했다는 사실은 해저산(海底産) 유물과 잠수에 의해 생긴 외이도골종(外耳道骨腫. 외이도에서 발생하는 양성 골형성 종양-역주)에 의해 입증되었다. 그렇지만 폐로 유산소 호흡을 하는 인류는 수중에서 생존할 수 없을 뿐만 아니라, 단체로 수백 킬로미터 이상 떨어진 해역을 헤엄쳐 이동하는 것이 불가능하다.

    이런 점에서 볼 때 배의 발명은 인류가 바다로 진출한 이후 가장 획기적인 발명품이었다. 배의 기원과 발달사에 대해서는 많은 자료와 몇 가지 가설이 존재하지만, 선사 시대나 고대 시대에 사용한 배의 재료인 목재가 유물로 남겨지지 않은 것이 현재 논의를 마무리 짓지 못하는 가장 큰 이유이다. 하지만 배를 이용하여 원거리 혹은 지역 간의 교류가 있었다는 것을 보여주는 증거도 상당히 많다. 그 예로 조몬 토기와 남아메리카의 에콰도르 토기의 유사성, 조몬 시대의 홋카이도와 류큐 열도의 교류 등을 들 수 있다.

선사 시대에 육상 교류에 대해서는 누구도 의심을 제기하지 않지만, 바다를 통한 교류에는 부정적인 의견을 제시하는 사람들이 있다. 그러나 증거가 없다는 것만으로 섬 사이의 이동에 대한 논의가 공중분해 되어서는 안 된다. 항해술의 발명과 인간의 노력이 바다에 대한 도전을 해양과학으로 발전시켰다는 점은 틀림없는 사실이기 때문이다. 특히, 보이지 않는 육지나 섬을 향해 항해하는 '추측 항법(dead-reckoning)'의 발달은 바다로의 진출을 가속화시키는 역할을 했다. 서양의 범선이 아시아의 바다나 태평양에 출현하기 이전에 다우 선과 범선이 인도양을 항해한 것을 봐도 알 수 있듯이, 아라비아, 인도, 중국에서는 독자적인 항해술을 고안해 냈다. 이들의 영향을 받지 못한 오스트로네시아 어족조차 기원후 수세기를 거치는 동안 배를 만들고 항해술을 익혀 타이티(Taihiti. 남태평양 중부 프랑스령 폴리네시아에 속하는 소시에테 제도의 섬-역주)에서 북으로 5천 킬로미터 떨어진 하와이까지 원양항해를 나가기도 했다.

원양항해용 선박의 경우에도 이미 기원전부터 구조선(構造船. 목재를 견고하게 짜맞추어서 배의 골격을 만든 후, 이것에 외판과 갑판을 붙인 배-역주)의 건조 기술이 발달해 있었다. 집의 건축 기술과 배의 건조(建造)를 비교할 때 누수방지, 물 저항의 완화, 조타성(操舵性) 등은 집을 지을 때와는 달리 전문 기술을 필요로 하지만, 원목의 절단부터 정형(整形), 가공, 조립 등의 기술은 서로 같다. 한편 배의 건조는 필요한 노동력이나 기본 건조 계획 등을 감안하면, 육지의 발달된 기술과 많은 노동력이 필요하다는 것을 알 수 있다. 즉, 항해술과 배는 해안의 어민과 배를 타는 사람이 독자적으로 고안했다기보다는 육지 세계에서 발전시킨 '과학과 기술'을 바다에 적용시킨 것이라고 할 수 있다. 단적으로 말하자면, 인류는 산의 나무가 배로 다시 태어나면서, 바다에 대한 적응을 시작한 것이다.

3. 바다의 식생태와 순환

바다와 인류의 식생태

신석기 시대에 들어서면서 인류가 어느 정도 바다에 적응하게 되었을 때, 바다로부터 어떤 영향을 받았을까? 여기서는 해양 자원에 대해 이야기해 보고자 한다. 영양학적으로 볼 때 바닷물 속에는 영양염류가, 해조 속에는 요오드와 섬유가, 어류나 바다 포유류에는 아미노산이나 지방산이 들어 있다.

그러나 인류는 해양 자원을 섭취함에 따라 발생하는 문제점들, 즉 해산물의 과잉 섭취나 결핍증, 또는 중독증세를 나타내기도 한다. 예를 들면, 인류는 생존에 필요한 염분을 다양한 음식물을 통해 섭취하는데, 염분 섭취가 많으면 고혈압이나 뇌질환을 일으킬 위험이 있다. 염분과 함께 아연, 주석, 크롬, 스트론튬 등의 미량 원소도 동시에 몸으로 흡수되는데, 이들 원소의 결핍은 여러 가지 질병과 기능 장애를 일으키기도 한다. 또한 선사 시대 아메리카 원주민의 뼈 질환은 비타민 D의 과잉 섭취에 의한 것이다. 이는 연어류, 특히 내장의 과잉 섭취가 원인인 것으로 보인다. 극단적으로 요오드의 부족은 산지(山地) 거주민에게 갑상선비대증을 유발시켰다. 열대 해역 특유의 유독 물질인 시구아테라(Ciguatera. 해양 플랑크톤의 일종인 모조류(毛藻類)에서 만들어지는 독-역주)는 먹이 사슬을 통해 생물에 농축되어 마비, 구토, 복통, 관절통 등을 유발하며 심한 경우에는 죽음에까지 이르게 한다. 복어는 테트로도톡신(Tetrodotoxin)이라는 신경을 마비시키는 독을 가지고 있다. 섭취가 아니라 접촉을 통해 인체에 치명적인 피해를 주는 바다 생물도 많이 알려져 있다. 청자고둥, 자극선을 가진 산호, 해파리, 성게, 수염어(독가시치) 등의 어류 외에 상어에 의한 직접적인 피해도 상당수 있었다.

　반면에 해산물의 섭취는 영양학적으로 많은 이점도 가지고 있다. 예를 들면, 육류 섭취는 많은 포화지방산이나 지방의 과잉 섭취로 인하여 심장질환, 고지혈증, 뇌경색, 당뇨병 같은 여러 가지 성인병을 유발한다. 하지만 어류나 고래, 돌고래 등의 단백질에 다량으로 함유되어 있는 EPA, DHA와 조개류에 많은 타우린, 숙신산 등의 아미노산은 신체 기능을 유지하는 중요한 역할을 한다. 해조는 칼로리가 낮으며, 식물섬유와 회분

(灰分)을 함유하고 있어 성인병 예방에 좋다.

이처럼 해산물의 일상적인 섭취는 인체의 신체 기능 유지에 효과적이다. 하지만 그 섭취량은 세계적으로 많은 차이가 있다. 현대의 동물성 단백질 섭취량을 축육(畜肉)과 어육(魚肉)의 소비량으로 나누어 비교해보면, 아시아에서는 타이, 필리핀, 일본 등에서 어육 소비량이 높다. 특히 투발루 공화국(Tuvalu. 남태평양의 9개 환초섬으로 구성된 나라-역주)의 경우 1990년대 중반의 자료에 따르면 연간 개인 어육 소비량은 약 100킬로그램이라고 한다. 한편 유럽이나 아메리카, 아프리카 등에서는 축육의 소비량이 압도적으로 많다. 또한 한국, 일본, 동남아시아, 태평양 지역, 아일랜드 등을 제외하고는 해조류를 먹는 곳이 없다. 뉴기니의 어민들도 내륙 농경민과 물물 교환을 할 때에는 옥덩굴(모래가 덮인 조간대의 바위 위나 조수 웅덩이에서 자라는 녹조식물-역주)을 교환물로 이용했는데, 내륙 농경민은 옥덩굴에서 염분을 섭취했다. 페루 산악 지역에 사는 주민은 잉카 시대부터 해안에 떠다니는 해조를 먹었으며, 중국에서도 윈난 성(雲南省) 산지에서 다시마를 먹었다고 한다.

이러한 상황은 인류사를 통해 볼 때 주목할 만한 것이다. 본래 축육은 인류가 가축을 기르면서 시작되었지만, 어육은 어업을 통해 자연계에서 억지로 빼앗은 것이다. 한편, 축육과 어육의 관계는 복잡하다고 말할 수 있다. 다시 말해 새우, 방어, 도미 등 다양한 어종에서 양식이 이루어지고 있는데, 이 양식에는 상당량의 어비(魚肥. 말린 물고기를 빻아 만든 비료-역주)를 이용하고 있다는 것이다. 또 어류 양식용뿐만 아니라 돼지나 닭의 배합 사료로 다획성 소형 어류를 이용한다. 홋카이도 산 청어와 혼슈(本州)에서 양식된 정어리가 에도(江戶) 시대에 발달한 목면, 채종(菜種), 쪽 등의 환금 작물과 함께 비료의 재료로 사용되었고, 태평양에서 잡은 페루산 멸치도 유럽의 양돈업(養豚業)에 사료로 한몫을 했다.

바다의 순환과 인류

바다로부터 얻은 식량은 인류의 생활에 크게 공헌했다. 육지에서와 마찬가지로 바다에서도 생물들은 생태계 안에서 먹이 사슬을 통해 생물 상호간의 먹이 관계를 형성해왔다. 또한 이것은 물질 순환을 통해 생태계의 평형을 유지하고 있다.

바다는 또 하나의 거대한 생산의 장이다. 식물 플랑크톤은 태양 에너지와 영양염류를 통해 자라며, 식물 플랑크톤은 동물 플랑크톤, 1차 소비자, 2차 소비자, 3차 소비자, 분해자(分解者)로 연결되는 복잡한 먹이 관계로 형성되어 있다. 해양 생태계 안에서 생물 현존량이 가장 많은 해역은 수심 2백 미터 이하의 대륙붕이다. 아시아의 바다는 유라시아 대륙 동쪽의 대륙붕에 위치하여 인류에게 다양한 해양 자원을 제공해왔다. 또 이 대륙붕에는 석유나 천연 가스 같은 에너지 자원도 풍부하게 매장되어 있다. 해양 자원과 함께 해저 에너지 자원을 둘러싼 다툼

이 일어난 것도 아시아 바다의 특징이다.

아시아의 중·저위도에는 산호초가 발달한 얕은 바다로 이루어져 있다. 산호초 해역은 육상의 열대 우림보다도 생물 현존량이 많고 여러 종의 다양한 생물을 볼 수 있다. 산호초 해역에서는 동일한 어류를 많이 낚는 어업보다도 다양한 종류의 생물을 소량으로 포획하는 어업이 발달했다. 또한 이곳의 어업적 특징은 규모가 작고 지역성이 강하다는 것이다.

아시아의 해양 자원은 다음과 같이 세 가지 유형으로 구분할 수 있다. 첫 번째는 광역 회유성(回遊性) 자원이다. 여기에는 대형 고래류와 다랑어, 가다랑어, 바다거북 등 온수계 회유어(回遊漁. 일 년 또는 평생을 규칙적으로 이동하는 물고기)와 연어, 송어 등 냉수계 회유어가 포함된다. 이들은 번식을 하고 먹이를 찾기 위해 대양을 회유한다. 이러한 회유성 때문에 자원의 이용권을 둘러싼 여러 가지 문제와 분쟁이 발생했다. 두 번째는 연안 해역의 플랑크톤이나 작은 어류를 잡아먹는 다획성(多獲性) 어류이다. 꽁치와 전갱이, 정어리, 고등어 등이 그 예이며 계절에 따라 두릿그물(그물로 물고기를 둘러 막고 그 아래쪽을 죄어 고기가 빠져 나가지 못하게 하여 잡는 그물-역주), 자리그물(일정한 곳에 쳐놓고 물고기를 잡는 그물-역주), 낚시 등을 이용하는 어로 작업이 이루어지고 있다. 세 번째는 육지와 바다가 맞닿은 곳인 감조역(感潮域. 조석간만의 영향으로 하루에 두 번씩 수위가 변화하는 지역-역주)이나 둔치, 개펄, 맹그로브 지역의 자원을 이용하는 경우이다. 이 지역은 조석(潮汐)의 영향을 받기 때문에 염분의 농도나 건조 변화에 적응한 다양한 생물이 분포한다. 이곳에 서식하는 생물의 규모는 작지만 다양한 어업이 발달했다.

그러나 세 가지 유형의 해양 자원은 인류가 일방적으로 빼앗는 것이라고 볼 수 있다. 그래서 저인망 어업, 연승 어업(얼레에 감은 낚시줄에 여러 개의 낚시를 달아 물 속에 넣어 두고 물살에 따라 감았다 풀었다 하여 물고기를 낚는 어업. 주낙이라고도 한다-역주), 선망(=드릿그물) 어업에 의한 자원의 남획이 문제되기 시작했다. 또한 대규모 어업과 함께 청산화합물(靑酸化合物)이나 독물, 다이너마이트를 사용한 어업이 심각한 환경 문제를 일으키고 있다. 이러한 어업은 생물의 재생산력을 손실시키거나 저하시킴으로써 해양 자원에 커다란 문제가 되고 있다.

이에 대해 아시아에서는 해조나 해초, 새우, 어류, 조개류 등을 안정적이고 지속적으로 획득하는 해면 양식업도 광범위하게 실시되고 있다. 특히 인도네시아나 필리핀, 타이완에서는 예전부터 감조역에서 해조류를 먹이로 하는 밀크피시 양식이 이루어져 왔다. 무엇보다도 밀크피시는 성장이 빠르고 염분 농도의 변화에 강하다는 것이 특징이다. 또한 맹그로브 지역에서는 새우(특히 바다 새우) 양식도 활발히 이루어지고 있다. 새우 양식이 이루어지면서 발생한 문제점들, 즉 인공사료와 항생물질의 투여 등에 의해 맹그로브 숲이 파괴되고 있다는 것이다. 또한 환경 파괴와 빈부의 격차 증대, 전통적 소규모 어업의 쇠

1-3 맹그로브와 새우 양식지

퇴 등 양식업으로 인해 발생한 여러 문제점들이 지적되고 있다.

한국이나 일본에서도 해면 양식업을 광범위하게 실시하고 있는데, 고급 요리에 쓰이는 도미, 방어, 넙치, 복어 등이 대표적인 어종이다. 하지만 여기에서도 물고기의 질병을 방지하기 위하여 살포한 포르말린의 약해(藥害)나 가두리 그물의 부식 방지를 위해 사용하는 유기연계 화합물이 생물에 끼치는 영향 등 많은 문제점들이 지적되고 있다.

이러한 문제점들을 극복하기 위해 여러 가지 방법들을 논의하고 있다. 생산성은 떨어지지만 해수의 순환이나 자연사료를 이용하는 등 환경을 배려한 저예산형 어업과 맹그로브 숲에 해조, 새우, 어류 등 여러 가지를 복합적으로 양식하는 다각적 경영을 검토하고 있다. 또 물고기를 먹이로 하지 않는 해조나 조개류 양식에 대해서도 논의하고 있다.

무엇보다도 바다의 순환을 무시하는 행동은 생각지도 못한 엄청난 해양 문제를 발생시킨다는 점을 유의해야 한다. 육상에서 만들어지는 여러 가지 유해 물질이 바다에 직접 투기되거나 하천이나 지하수를 통해 바다로 흘러들어간다. 이런 물질 중에서도 바다 생물에게 가장 치명적인 것은 수은, 카드뮴, 주석 등의 유기화합물이다. 연안 지역에는 선박 도장용 페인트에 함유된 유기주석이 조개류의 생식 이상을 초래했으며, 양식용 그물의 부식 방지에 사용된 이산화연에 의해 기형 물고기가 생겨나기 시작했다. 현재 가장 위험시되는 다이옥신, 환경 호르몬(내분비교란 화학물질)이 먹이 사슬의 상위에 위치한 바다 포유류에 축적되어 세포핵 속의 유전자를 손상시킨다는 보고가 나오고 있다. 또 해면을 떠다니는 플라스틱 봉지를 먹이인 줄 알고 먹은 바다거북이나 휴대 라이터를 먹고 사망한 레이산 알바트로스에 관한 내용도 있다.

바다의 물질 순환은 광대한 영역에서 일어난다. 육지에서 배출하는 다양한 물질은 한편에서는 정화되지만, 다른 한편에서는 그대로 먹이 사슬을 통해 농축된다.

현재 많은 선진국들은 대형 바다 동물인 고래를 보호하는 입장에서 포경에 반대하고 있다. 한편 고래나 바다 포유류에 생활 의존도가 높은 에스키모나 이누잇(Innuit) 사람들은 얄궂게도 포경을 반대하는 선진국뿐만 아니라 개발도상국이 방류한 폐기물로 인해 오염된 동물을 먹을 수밖에 없는 상황에 있다. 경제의 세계화(globalization)도 중요하지만 지구의 물질 순환에 눈을 돌리는 것도 잊어서는 안 될 것이다. 현재 바다는 생명 순환의 중요성을 인류에게 강조하고 있는 것이다.

4. 바다의 전파와 교역

바다를 건너 이주하는 경우나 문물의 이동을 생각할 경우, 시간과 공간의 축을 재확인할 필요가 있다. 해역마다 다른 명칭이 있다고 해서 마치 하나하나의 해역이 사회나 경제, 교역의 단위가 된다고 단정하는 것에는 문제가 있다. 바다를 통해 인류가 확산되었을 뿐만 아니라 다양한 문물과 정보가 전파되었기 때문이다. 그렇다면 바다와 육지의 전파 메커니즘(mechanism)에는 현저한 차이가 있는 것일까? 여기서는 몇 가지 사례를 바탕으로 이에 대해 생각해보고자 한다.

문화 전파의 생물 유추론

바다를 건너 다른 곳으로 이주하여 공간을 넓힌 인류 확산의 예는 앞에서도 말한 오스트로네시아 어족에서 찾아볼 수 있다.

그들의 확산 범위는 동쪽으로는 이스터 섬, 북쪽으로는 하와이 제도, 남쪽으로는 뉴질랜드, 서쪽으로는 아프리카의 마다가스카르까지이다. 이들의 확산 범위를 알 수 있는 것은 전파의 중심이 된 동남아시아의 섬 지역과 가장자리 지역 간의 언어의 동족성(congnates)과 문화 요소의 유사성(cultural affinity), 가장자리 지역에 오래된 요소가 잔존하는 시대-영역설(age-area hypothesis), 그리고 섬 지역의 특수화(Specialization)로 설명할 수 있다. 이와 유사한 현상은 생물의 분포에서도 잘 나타나는데, 앞에서 말했듯이 어류의 분포가 인도·태평양 구역에 속한다는 것이다. 또한 생물과 인류 문화의 관계에서 해류나 바람, 또는 새에 의한 종자의 살포(撒布) 현상이나 표류라든지 우연한 전파에 대해서도 흥미롭게 유추해 볼 수 있다.

바다의 관점에서 인류의 확산과 문화 전파의 실태를 좀더 자세히 살펴보면 육지와는 현저하게 다른 특징이 있다는 것을 알 수 있다. 예를 들면, 육지의 경우에는 산악 지역이나 큰 하천 등의 자연 장애물이 인류의 이동이나 문물의 전파를 방해하는 커다란 요소들이다. 바다의 경우는 외견상으로 육지와 같은 장애물이 발견되지 않는다. 하지만 해류나 무역풍, 계절풍, 빙하, 암초 등 환경적인 요소와 접안(接岸) 시설의 문제점, 육지의 거주 조건, 원주민과의 적대·우호관계 등 해역 특유의 장애 요소가 존재한다.

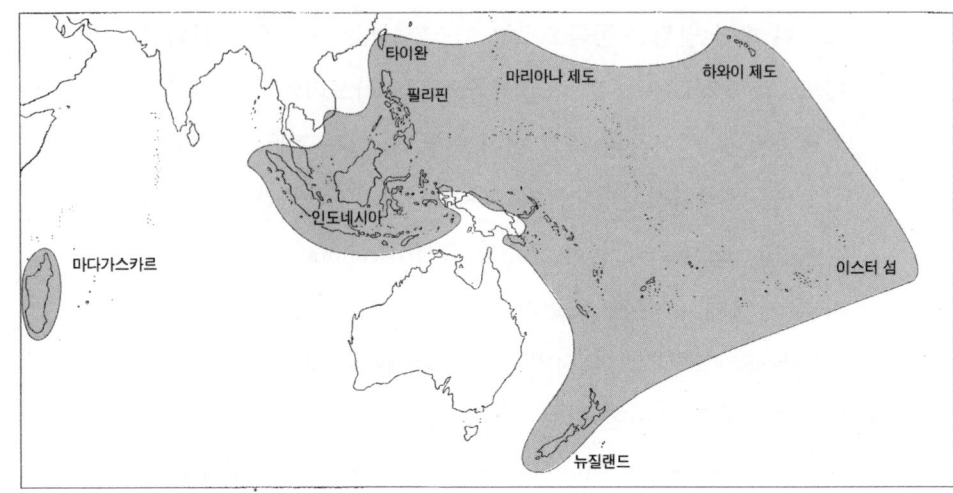

1-4 오스트로네시아 어족의 확산 범위

바다를 건넌 재배 식물

바다를 통한 재배 식물과 가축의 전파는 중요한 의미를 지니고 있다. 예를 들면, 중국에서 재배되기 시작한 벼가 일본에 전래된 것은 이미 상식적인 일이 되었지만, 벼가 전래된 시기나 장소에 대해서는 많은 논쟁을 불러일으킨다. 하지만 벼 자체가 배를 통해 운반되었다는 사실만은 확실하다. 그 후 벼는 규슈에서 기나이(畿內), 도카이(東海), 간토 등 점차 동쪽으로 전래되었으며 야요이 시대(弥生時代. 기원전 200년에서 서기 300년경까지로 수도작(水稻作)의 개시와 더불어 금속 도구가 제작·사용되었다-역주) 중기에 이미 타래야나기(垂柳) 유적(아오모리 시(靑森市))까지 전파되었다. 이 사실은 벼가 육로가 아니라 바다를 통해 동쪽으로 이동했다는 점을 보여준다. 한편 아시아의 열대 지역으로 전파된 벼는 동남아시아에서 가장 중요한 식량이 되면서 광범위하게 재배되기 시작했다. 해발 수십 미터의 맹그로브 습지에서 해발 2천 미터의 산악 지역에 이르기까지 갖가지 생태 환경에 맞게 재배하게 되었으며 벼는 섬에서 섬으로 전파되었다. 한편 오스트로네시아 민족은 벼를 가지고 이동했지만, 오세아니아에 진출한 오스트로네시아 민족만은 벼를 가지고 가지 않았다.

보리, 피, 메밀 등의 잡곡류는 대륙 지역에서 중위도 위쪽에 위치한 홋카이도나 일본, 타이완으로 전파되었다. 그러나 벼와는 달리 직접 동해나 타타르 해협(Tatar Strait. 러시아의 하바로스크 지방과 사할린 사이에 있는 해협-역주)을 지나 전파된 것으로 보인다.

태평양으로 진출한 오스트로네시아 민족은 벼 대신에 동남아시아에서 자라는 타로(taro. 열대 아시아와 태평양의 여러 섬이나 아프리카, 남아메리카 등지에서 자라는 여러해살이풀. 많은 양의 녹말을 저장한 땅속줄기를 식용으로 사용한다-역주), 얌(yam. 열대와 아열대 지방의 고온다습한 곳에서 자라는 마과의 덩굴성 식물의 총칭-역주), 바나나 같은 근재(根栽) 혹은 영양번식 작물이나 돼지, 개, 닭 등의 가축을 배로 수송했다. 이동에 이용된 배의 규모나 형태는 추측에 의존할 수밖에 없지만, 알려진 바에 의하면 폴리네시아에서 주로 쓰이는 배로 보아 배 두 척을 연결하여 넓은 갑판을 이용할 수 있는 쌍동선(雙胴船)을 이용하였다. 쌍동선의 적재 능력은 수 톤 이상이었고, 돛을 달고 달리면 수개월 이상의 원양항해를 할 수 있었다.

각각의 재배 작물을 바다를 건너 운반할 때에는 여러 가지 에피소드가 생긴다. 특히 중남미가 원산지인 고구마는 세 개의 해양 경로를 거쳐 세계로 확산되었다. 그 중 하나가 바타타 루트(batata route)이다. 이는 콜럼버스가 서인도제도에서 유럽으로 가지고 온 후 다시 포르투갈 선박이 인도양을 지나 아시아로 전파한 것이다. 또 선사 시대의 잉카 인 혹은 폴리네시아 인이 남아메리카에서 오세아니아로 가지고 간 쿠마라 루트(kumara route)와 16세기 중엽 이후 태평양을 횡단하는 갈레온 선(galleon. 16세기 초에 등장한 3~4층 갑판의 대형 범선으로 무역과 군용으로 사용했다. 모양은 다양하지만 세 개 이상의 마스트와 몇 문의 대포를 갖추었으며, 선수와 선미가 높고, 무게는 5백~2천 톤 정도였다-역주)을 통해 필리핀으로 전파된 카모테 루트(camote route)가 있다. 옥수수나 카사바(cassava. 남아메리카 원산의 낙엽 관목. 덩이뿌리에 녹말과 비타민 C가 풍부해 식용으로 쓰인다-역주)는 중남미가 원산지인 재배 작물로 유럽과의 접촉 초기에 아시아 해역 세계에도 전파되었다. 반면 뉴기니가 원산지인 사탕수수나 인도네시아 동부가 원산지인 바나나는 오늘날과 같이 아시아뿐만 아니라 세계적으로 재배되고 있다. 이처럼 재배 작물이 바다를 건너 전파되는 과정을 보면 다양한 것을 알 수 있다.

아시아의 교역

역사 시대에서 현대에 이르기까지 아시아의 열대 지역에서 생산되는 후추, 정향(丁香. 몰루카 제도 원산의 상록 소교목. 봉우리와 열매에서 짜낸 기름이 향료로 쓰인다-역주), 육두구(肉豆蔲. 몰루카 제도 원산의 높이 20미터 가량의 상록활엽 교목으로 씨가 건위제, 강장제, 향미료 등으로 쓰인다-역주), 침향(沈香. 인도와 동남아시아에 분포된 상록 교목으로 수지가 향료로 쓰이며, 줄기는 약재로 사용된다-역주), 수지(樹脂), 단향(檀香. 자바 섬 원산의 상록 기생성 교목. 목재의 가운데 부분과 뿌리 부분을 수증기로 증류하여 단향유를 얻는다-역주), 육계(肉桂. 중국 원산의 상록활엽 교목. 줄기와 뿌리의 껍질이 맵고 향기가 있어 약용이나 향료로 쓰인다-역주) 등의 삼림 산물은 아랍 세계 및 유럽과의 중요한 교역품이었다. 또 해삼, 상어 지느러미, 진주조개, 바다제비집 등은 아시아 각지에서 중국으로 수출되었다. 북방에서는 해삼과 다시마, 청어, 가리비, 고래기름, 고래뼈 그리고 물개와 같은 바다짐승의 모피가 중요한 해산 교역품이었다.

일본에서는 전복, 해삼, 말린 오징어, 해조, 대구와 연근해의 어류 등이 천황에게 바치는 토산물이었으며 바쿠한 시대(幕藩時代. 도쿠가와 이에야스(德川家康)가 에도(江戶=東京)에 도쿠가와 바쿠후(幕府)를 개설한 뒤 메이지 유신(明治維新)으로 폐쇄하기까지의 약 260년 동안의 기간. 봉건제도의 강화를 도모하여 쇼군(將軍)을 정점으로 하는 바쿠한 체제를 확립하고 사농공상(士農工商)의 신분질서를 엄중히 하였다-

역주)에는 주요 상납품으로 이용되었다. 이것들은 명·청과의 무역에서 중요한 수출품이 되기도 했다.

일본의 사례에서 분명히 알 수 있듯 다양한 산물을 산지에서 모으고 교역지로 운반하기 위한 바다 네트워크는 도서(島嶼) 지역 간에 상당히 발달되어 있었다. 많은 상인들이 마을 혹은 하천 유역에 모인 산물을 큰 집하장으로 수송하기 위해 중개 역할을 맡았다. 또한 상인들이 운반해온 산물에 대한 임금이나 보수, 혹은 교환품으로 쌀, 술, 된장, 간장, 소금, 옷, 목재 등의 다양한 상품이 거래되었다. 즉, 생산지에서 운반된 물건뿐만 아니라 그 대가로 어떠한 물건이 거래되었는가에 주목하지 않으면 아시아 바다에서 전개되어온 해상 교류의 실태를 알 수 없다. 어민과 농민 사이의 교류에서는 어패류와 농산물이나 일용품의 교역이 기본이었는데, 상인과 유럽 인의 개입으로 교역의 양상이 매우 복잡하게 되었다. 예를 들어, 유럽의 강압적인 무력에 의해 1830년대에서 1860년대에는 오세아니아의 피지에서 단향이 거래되었고, 역시 19세기 중엽에 필리핀 남부에서부터 술루 해에 걸친 지역에서는 해삼이나 노예가 거래되었다. 즉, 권력 투쟁을 위해 강력한 전투무기인 총포가 해역 세계의 교역을 지배했던 것이다. 바다의 교역 네트워크가 권력 투쟁과 정치색으로 물들었던 적이 있다는 사실을 이해해 둘 필요가 있다.

5. 월경과 교란

월경성과 경계성

　배를 이용한 인류와 물자 이동의 가장 큰 특징은 월경성(越境性)이다. 예를 들면, 아오모리(青森) 현의 산나이마루야마(三內丸山) 유적에서 출토된 많은 유물들 중에서 남해산(南海産) 조개 제품이 발견되었다. 또한 홋카이도의 훈카 만(噴火灣)에 있는 다테 시(伊達市)의 '우스(有珠) 10유적'에서도 아마미 제도(奄美諸島. 일본 규슈 남단과 타이완 사이에 있다-역주) 남쪽에서 서식하는 조개로 만든 팔찌를 한 여성의 뼈가 발견되었다. 쓰가루 해협(津軽海峽. 일본 혼슈와 홋카이도 사이의 해협-역주)을 사이에 둔 남(南)홋카이도와 아오모리를 하나의 문화권으로 묶을 수는 있어도, 문화권에 대한 사고방식만 가지고는 남해와의 관계를 설명할 수 없다. 이렇듯 바다는 하나로 연결되어 넓게 펼쳐져 있지만, 우리도 모르는 사이에 바다를 이해하는 데 평면적인 넓이를 분석의 틀로 삼는 경향이 있었다.

　지금까지 인류는 하나로 연결되어 있는 바다에 인간이 인의적으로 경계선을 만들어놓았다고 해도 과언이 아니다. 바다에 선을 긋기 시작한 배경으로는 수심, 해류, 해양 기상, 육지의 성질과 분포 등 자연적이고 생태학적인 조건과 정치, 경제, 종교 등의 다양한 활동을 들 수 있다. 그러나 인의적으로 바다에 선을 그으면서 눈에 보이지 않는 경계선의 설정 범위와 방법,

그리고 논리가 문제시되었다.

한편, 경계론에서는 바다에 선을 그어 그 경계에 대한 의미를 찾고자 했었다. 이런 바다의 경계론에는 크게 두 가지의 상반된 사상이 관여하고 있다. 하나는 '바다는 누구의 것도 아니다'라는 사상이며, 또 하나는 '바다는 우리의 것'이라는 사상이다. 전자는 '바다는 광대하기 때문에 누구의 것도 아니다'라는 공유론을 의미한다. 한편 후자는 소유권, 이용권, 점유권 등을 주장하는 입장이다.

선사 시대부터 바다에 일정한 소유권이 존재했다는 증거는 없다. 반면에 토지 소유 문제는 고대부터 존재했다. 물론 현재의 어민이나 연안 주민은 마을 근처의 바다를 관습적으로 소유하거나 특별히 그들만 이용하기 위해 규제를 만들었다. 아시아를 예로 들면, 한국과 일본 등의 문명권에서는 바다에 대해 관례적으로 마을이나 공동체 단위별로 소유하고 있었다. 동남아시아 지역에서도 근대 국가의 성립을 기점으로 바다는 개인의 소유인가, 국가의 소유인가라는 문제에서 위로부터의 '국유 선언'을 발포했다. 하지만 최근에 발생한 어업 분쟁이 말해주듯이 국가에서는 모두의 것이며 누구의 것도 아니라고 정한 해면(海面)이 실제로는 마을이나 공동체를 통해 점유하면서 양자 사이에 대립 구조를 형성하기 시작했다.

또한 근대국가의 성립과는 별개로 국제적으로도 해면의 소유나 영유를 둘러싼 문제가 나타나게 되었다. 17세기 서양에서는 네덜란드의 그로티우스(Hugo Grotius, 1583~1645. 법학자. 국제법의 아버지, 자연법의 아버지로 불린다. 해양은 어느 나라의 영유에도 속하지 않으며, 어느 누구도 자유로이 이용할 수 있다고 주장하였다-역주)가 《해양자유론》(1609년)을, 그리고 영국의 셀던(John Selden, 1584~1654. 법학자·정치가·역사가. 바다는 영유가 가능하며, 영국 국왕은 영국을 둘러싼 해양의 영유자라고 주장하였다-역주)이 《해양폐쇄론》(1635년)을 주장하면서, '해양 이용을 제한할 것인가, 말 것인가'를 둘러싸고 정치적 논쟁이 일어났다. 3해리(海里), 12해리설, 그리고 200해리 배타적 경제수역(EEZ, exclusive economic zone. 자국 연안으로부터 200해리까지의 모든 자원에 대한 독점적 권리를 행사할 수 있는 UN 국제해양법 상의 수역. 1해리는 1,852미터이다-역주) 주장에 이르기까지 해양법 운용을 둘러싼 논의가 1995년까지 계속되었다. 바다에 대한 소유와 분할은 각각의 국가나 지역이 벌이는 정치적, 군사적, 경제적 권익 싸움이라고 해도 무방하다. 바다에 대한 국가 단위의 분할은 세계적 규모의 새로운 질서를 만들어냈지만 지역과 공동체가 각기 소유권을 주장하게 만들기도 했다.

교란과 해양 전파

종이에 물이 스며들 듯 서서히 이웃 섬에서 이웃 섬으로 바다의 경계를 넘어서 여러 가지 문물과 정보가 전파되었다. 한편으로는 문물과 정보가 천천히 전파되는 것과는 달리, 대륙

사이를 한 번에 횡단하는 원거리 간의 전파도 있었다. 전파되는 과정에서 때때로 외래의 동식물이 토착 생태계를 어지럽히는 경우도 있다. 이입종(移入種)에 의한 생태계의 교란은 재배 식물뿐만 아니라 쥐, 곤충, 세균 등 동물을 포함하여 다양한 형태로 나타났다.

그 결과, 이입된 외래종이 재래종을 몰아내거나 종간 경쟁을 심화시켰으며, 그 후에는 이입종에 의해 지역 생태계에 변화가 생기기도 했다. 일본열도의 '곰쥐에서 불연속 분포 현상'을 살펴보면, 곰쥐는 육지에서 배에 의해 바다를 건너 들어온 것으로 보인다. 이 현상은 미토콘드리아 DNA를 이용한 분석을 통해 확실히 입증되었다. 세계적으로 맹위를 떨치고 있는 뎅그열(dengue fever. 이집트숲모기와 흰줄숲모기를 주 매개종으로 하여 사람과 원숭이를 감염원으로 한다. 5~7일간 고열, 심한 두통, 근육통, 발진 등을 보이고 치사율은 거의 없다-역주)도 육상이 아닌 해상 경로를 통해 확산되었을 것으로 보인다. 이는 뎅그 열의 주 매개체인 이집트숲모기의 확산과 관련이 있다. 왜냐하면 이집트숲모기는 알(卵) 시기에 건조 기후에 강해, 장기간의 항해에도 견딜 수 있기 때문이다.

한편, 인간이 매개체가 되어 병원균을 다른 대륙으로 옮긴 유명한 예가 매독(梅毒)이다. 콜럼버스가 서인도제도에서 유럽으로 옮긴 후, 다시 유럽의 선원에 의해 병원균이 태평양의 섬에 퍼지게 되었다. 이렇듯 바다를 통한 교류는 인간의 몸과 생활에 생각지도 못한 영향을 주었다.

끝마치면서

바다로의 진출은 신인(호모 사피엔스) 단계에서 도구의 발전과 함께 급속히 확산되었다. 일본을 예로 들면, 지금부터 1만 2천 년~1만 3천 년 전 규슈 남부에서 바다를 넘나드는 교역이 행해졌다. 또한 5천 년 전 조몬 중기에는 일본열도의 남쪽과 홋카이도가 교역 네트워크로 연결되어 있었다. 즉 생물학적인 특성이나 진화의 틀을 초월해서 인류가 다시 한 번 바다로 진출하게 된 것이다. 그 후 역사 시대에 들어서면서 배와 항해술의 발달과 교역권의 역사적인 전개, 해양 자원의 이용, 해양이 가져온 혜택과 재해, 해양의 영유와 지배 등 바다와 인류의 관계는 복잡한 양상을 보이게 되었다. 실제로 인류는 문명과 사회, 문화, 경제, 정치, 기술적인 측면에 걸쳐 바다와 폭 넓은 관계를 맺어왔다.

이처럼 바다가 인류의 역사에 기여한 일은 헤아릴 수 없을 만큼 많지만, 인류가 이러한 사실을 쉽게 잊고 살아간다는 것이다. 최근에는 사람들의 시점이 바다를 중심으로 생각하고, 바다에 주목하게 되었다. 사실, 바다를 희생시키면서 육지를 개발한 결과로 심각한 해양 오염과 바다에 사는 동물들의 유전자에 치명적인 피해를 입혔다. 또한 무한한 바다 자원을 소유하려는 잘못된 생각에서 비롯된 집단 간의 경쟁이나 수산 자원의 남획과 같은 일이 세계 각지에서 보고되고 있다. 밝은 미래를 위해서는 육지 중심적인 생각에 대한 반성과 바다 세계에 대한 재고(再考)가 요구된다.

아시아의 해양 환경과 생태계

가토 마코토 加藤 真

열대 우림은 지구에서 가장 다양한 종류의 생물들이 사는 곳이다. 그곳에는 종자식물과 종자식물에 의지해 살아가는 곤충 등 아직까지 발견되지 않은 수만 종의 생물들을 포함해 매우 다양한 생물들이 서식하고 있다. 열대 우림의 최대 지역은 남아메리카 대륙과 동남아시아의 열대 지역일 것이다.

그렇다면 바다 세계에서 다양한 종류의 생물들이 서식하는 곳은 어디일까? 바다 세계에서 다양한 생물이 서식하는 곳은 온대 지역이나 열대 지역과 한류 지역이 아닌 난류 지역이며 대서양이 아닌 태평양, 즉 동남아시아 주변의 산호초 해역이다. 이처럼 다양한 생물이 서식하고 있는 산호초 해역 덕분에 그 주변에 위치한 아시아의 바다도 다양한 생물이 사는 바다가 될 수 있었다. 다시 말해서 아시아 바다의 특징을 한마디로 말한다면 그것은 바로 생물의 다양성일 것이다.

1. 바다를 둘러싼 지구 순환 시스템

대기의 순환계

지구에는 대기의 순환이 있고 바다에는 해수의 순환이 있다. 세계 각지의 기후는 이 두 가지 순환계의 상호작용에 지배를 받고 있다.

기본적으로 대기의 순환은 태양 복사 에너지의 편재(偏在)로 인해 발생한다. 적도 부근에서 뜨거워진 대기는 상승하고, 극 부근에서 차가워진 대기는 하강하여 양 지역 사이에 대기의 대순환이 일어난다. 하지만 지구는 자전하기 때문에 적도로 향하려는 바람은 저위도에서 서쪽으로 꺾어져 동풍(무역풍, 貿易風)으로 변하고, 중위도 부근에서는 동쪽으로 꺾어져 서풍(편서풍, 偏西風)으로 바뀐다. 양반구에서 적도를 향해 불어온 바람은 적도에서 상승기류를 만들고 구름을 발생시켜 많은 비를 내리게 한다. 이것이 열대수렴대(熱帶收斂帶. 북동무역풍과 남동무역풍이 모여드는 열대저압대-역주)이다. 상공에서 식은 대기는 고위도로 향하다 아열대 지역(무역풍대)에서 하강한다. 아열대 지역에서는 날씨가 좋은 날이 계속되며 비도 적게 내린다.

동남아시아의 적도 부근은 일 년 내내 열대수렴대에 속해 있

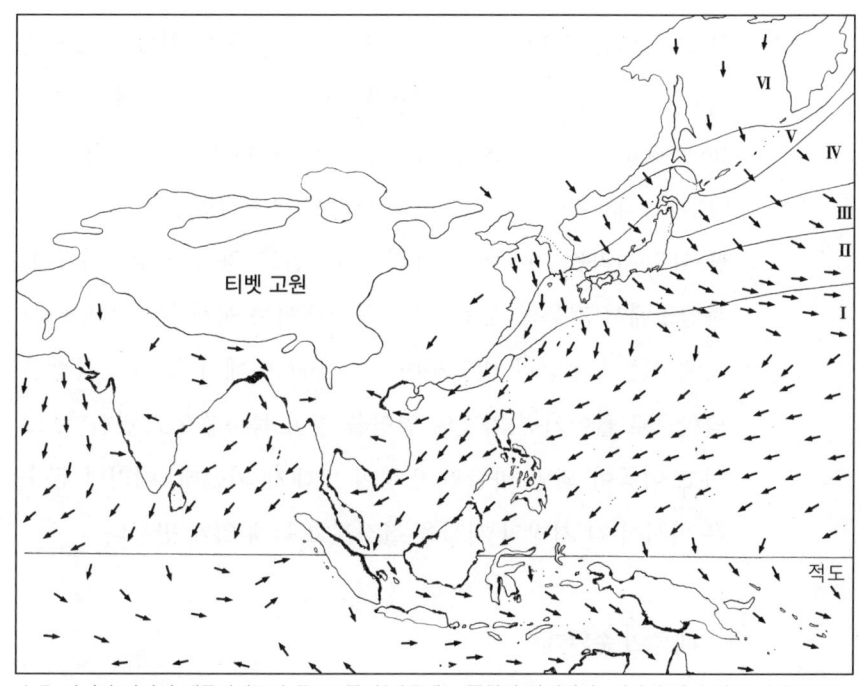

1-5 아시아 바다의 생물지리구와 동(冬)풍계(여름에는 풍향이 반전한다. 해안에 검게 칠한 지역은 맹그로브 숲을 나타낸다.)
Ⅰ: 열대, Ⅱ: 아열대, Ⅲ: 온난대, Ⅳ: 냉온대, Ⅴ: 아한대, Ⅵ: 한대

기 때문에 고온다우(高溫多雨)한 계절이 계속된다. 지구의 자전축은 23.5도 기울어져 있어서 열대수렴대는 북회귀선(北回歸線)과 남회귀선(南回歸線)사이를 계절 주기로 움직인다. 따라서 적도에서 조금 떨어진 곳은 열대수렴대에 들어가는 시기에는 강수량이 많고, 열대수렴대에서 벗어나면 강수량이 감소하기 때문에 우기와 건기의 차이가 뚜렷하다.

대기의 순환은 비열(比熱. 물체 1그램의 온도를 1도 높이는 데 필요

한 열량-역주)이 다른 육지와 바다의 배치 혹은 지형의 영향을 받는다. 아시아의 대륙 배치와 티베트 고원의 존재는 몬순(monsoon, 계절풍(季節風). 겨울에는 대륙에서 대양(大洋)을 향해 불고, 여름에는 대양에서 대륙을 향해 불어, 약 반 년 주기로 풍향이 바뀌는 바람-역주)이라는 아시아 고유의 풍계 변화 양식을 생성시켰다. 북반구에서 겨울의 경우, 일본 부근에서는 북서풍이, 동남아시아에서는 북동풍이 발달하며, 동남아시아에서 부는 북동풍은 남반구로 들어가면 자전의 영향을 받아 북서풍으로 변한다. 그리고 여름이 되면 바람의 방향이 반대가 되는데, 이러한 몬순은 아시아 각 지방의 계절을 결정짓고 특색 있게 만든다.

해류의 순환계

대기 순환은 태양 복사열의 지역차로 인해 일어나지만, 해류는 바람에 의해 발생한다. 저위도에서 서쪽으로 부는 무역풍과 중위도에서 동쪽으로 부는 편서풍으로 인해, 북반구에서는 시계 방향, 남반구에서는 시계 반대 방향으로 해류의 큰 흐름이 생긴다. 이 바다의 순환 시스템이 각지의 해양 환경을 지배하고 있는데, 아시아 최대의 해류는 태평양 서안으로 북상하는 쿠로시오 해류이다.

해안에는 조수 간만의 차가 커서 그 진폭과 리듬이 해안의 자연을 결정짓는다. 대부분 하루에 두 번의 간만이 있는데, 장소에 따라서는 일조부등(日潮不等. 두 번의 간만 가운데 한 번의 진폭

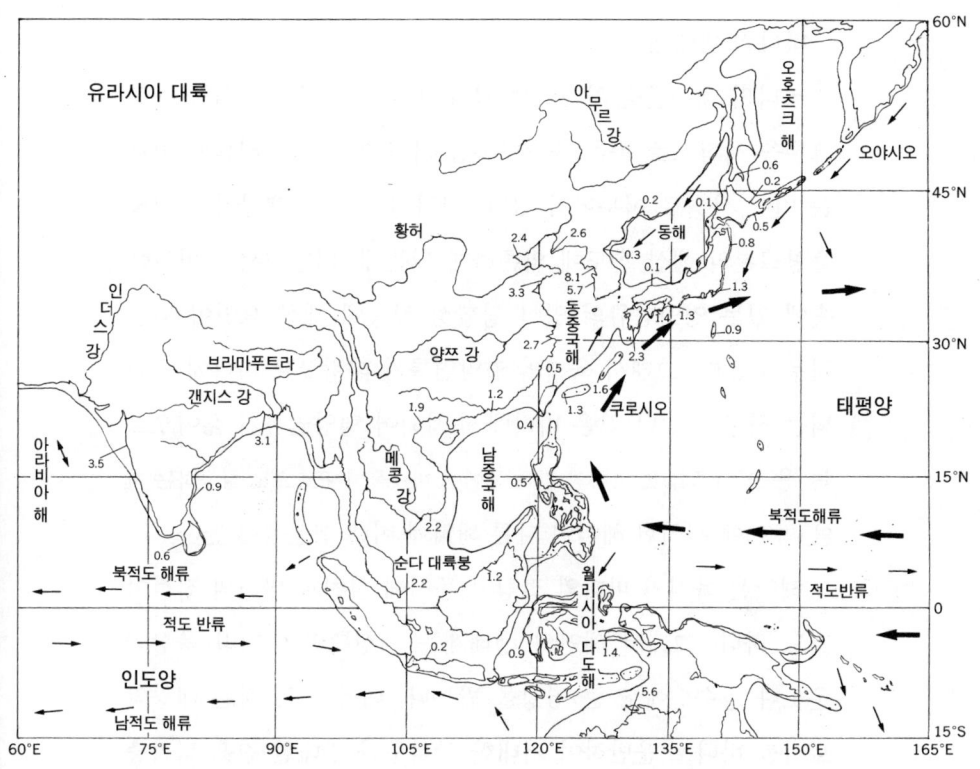

1-6 아시아의 대륙붕과 해류, 그리고 지역별 최대 간만차(단위 : 미터)

이 매우 작아지는 상태-역주)이 있어서 간만이 하루에 한 번 밖에 일어나지 않는 경우도 있다. 일반적으로 태평양 연안에서는 최대 2미터 정도의 간만차가 있지만, 만(灣)의 형태와 지형에 따라서는 한국 서해안의 인천과 같이 간만의 차가 10미터에 달하기도 한다.

61

바다의 생태계

바다의 대부분을 차지하는 외양(外洋)의 생태계는 식물 플랑크톤을 시작으로 동물 플랑크톤을 거쳐 어류나 고래류에 이르는 먹이 사슬로 이루어져 있다. 따라서 바다의 생산성은 식물 플랑크톤의 생산 속도에 의존하게 되는데, 외양에서는 바닷물 속에 있는 영양염류의 양이 광합성 작용에 제한 요인이 되는 경우가 많다. 그래서 육지의 영양염류가 다량으로 바다에 공급되는 하구(河口)나 깊은 바다에 축적되어 영양염류가 끓어오르는 용승역(湧昇域. 바다의 깊은 곳에서 바닷물이 표층으로 상승하는 지역-역주)에 위치한 해역이 다른 해역에 비해 생산성이 높다.

해안은 육지와 바다의 접점인 동시에 하천과 바다의 접점이기도 하다. 그래서 해안의 생태계는 지형뿐만 아니라 육상의 온도나 강수량에도 큰 영향을 받는다. 대륙의 큰 강은 대량의 토사를 바다로 운반하여 거대한 삼각주나 광대한 진흙 퇴적층을 형성한다. 하구 부근에는 간척지가 펼쳐지는데, 온대 지방이라면 염성습지가, 열대 지방이라면 맹그로브 숲이 갯펄을 둘러싸듯이 발달한다. 암초 해안의 경우, 아열대 지역과 온대에서는 갈조류가 번성하지만, 열대 지역에서는 산호로 뒤덮이게 된다. 여기서는 아시아의 일곱 바다―태평양, 오호츠크 해, 동해, 동중국해, 남중국해, 월리시아 다도해, 인도양―에 대해 각 지역의 지리적, 지형적, 기후적 조건과 그곳에 생식하는 생물들로 구성된 생태계를 소개하고자 한다.

2. 태평양—아시아를 연결하는 바다

지구 환경 속의 태평양

세계 바다의 45.8퍼센트의 면적을 차지하는 태평양은 거대한 지구 환경을 유지시켜주는 장치이기도 하다. 즉, 태평양은 지구의 온도나 대기의 이산화탄소 농도를 일정하게 유지시켜주는 역할을 담당한다. 또한 태평양을 순환하는 많은 해류는 지구의 환경을 지배하고 있을 뿐만 아니라 수 년을 주기로 발생하는 지구의 거대한 기후 변동에도 영향을 미친다.

태평양 동쪽의 멸치 어장으로 잘 알려진 페루 앞바다는 남극해에서 북상하는 페루 해류(남아메리카의 서쪽을 북상(北上)하는 한류(寒流). 훔볼트 해류라고도 한다-역주)와 그로 인해 발생하는 용승류의 영향으로, 적도 바로 아래에 위치하면서도 수온은 20도 전후를 유지한다. 이런 낮은 수온 때문에 주변의 대기가 안정되어 이 지역에는 비가 거의 오지 않는 편이다. 한편 태평양 반대쪽에 위치한 인도네시아 주변은 수온이 30도 전후로 비가 많이 내린다. 그런데 4~5년에 한 번씩, 페루 앞바다의 수온이 2~3도 상승하고 그 상태가 반 년 이상 지속되는 경우가 있다. 이 때에는 용승류 작용이 정지되고 멸치 어획량이 감소하는데, 이러한 현상을 엘니뇨 현상이라고 한다. 엘니뇨 현상이 나타나면 인도네시아 주변에서는 바닷물의 온도가 낮아지고 구름의 활동이 약해져 비의 양이 감소한다. 또한 곳에 따라서는 평균

최저기온이 낮아지기도 하는데, 이 때문에 열대 우림의 꽃이 일제히 개화하는 경우가 많다. 이러한 엘니뇨는 지구 규모로 일어나는 대기 시스템의 진동과 밀접한 관련을 맺고 있다. 보통 이러한 진동을 남방진동(南方振動. 인도양과 남반구의 적도태평양 사이의 기압 진동-역주)이라고 부른다.

태평양을 순환하는 해류는 대기의 순환 시스템과 연동할 뿐만 아니라 각지의 해양 환경도 결정짓는다. 아시아 동쪽 끝은 드넓은 태평양을 마주하고 있는데, 이곳의 해양 환경은 위도와 해류에 따라 크게 변화해 〈1-5〉와 같은 생물지리구(生物地理區)를 형성시킨다.

오야시오를 따라서

태평양 북서단에 위치한 알류샨 열도(Aleutian Islands. 북태평양에 있는 전형적인 호상열도(弧狀列島). 대부분은 미국 알래스카 주(州)에 속하지만, 날짜 변경선을 사이에 둔 서단부의 코만도르스키예 제도는 러시아에 속한다-역주)에서 치시마(千島) 열도에 이르는 해안은 베링 해에서 남하한 한류인 치시마 해류가 흐르고 있다. 베링 해의 대륙 해안은 겨울의 혹독한 추위 때문에 얼어붙어 유수를 뒤덮인다. 알류샨 열도는 유빙(流氷)을 볼 수 없는 곳으로 그 서단에 있는 코만도르 제도는 거대한 스텔러바다소(海牛, steller's sea cow. 두공과의 포유류. 북방항로의 개척자들의 식량이 되어 남획한 결과 멸종했다-역주)가 서식했던 장소로 유명하다. 그러나 다시마 등의 갈조류를 주식으로 삼았던 8미터나 되는 스텔러바다소는 1741년 서구인이 발견한 후 불과 27년만에 멸종했다.

차가운 치시마 해류는 치시마 열도와 일본열도를 따라 남하하는데, 일본에서는 이 흐름을 오야시오(親潮)라고 부른다. 오야시오가 흐르는 이 해역은 플랑크톤이 풍부해 생산성이 매우 높은 곳으로, 요각류(橈脚類) 등 동물 플랑크톤을 먹이로 하는 정어리, 꽁치, 전갱이, 고등어 등이 많이 잡힌다. 오야시오는 긴카산(金華山) 앞바다에서 보소(房総) 반도 앞바다에 걸친 해역에서 쿠로시오와 만난다. 일부는 쿠로시오의 밑으로 가라앉아 더 남쪽으로 내려간다.

쿠로시오를 따라서

한편 일본열도 남해안에는 머나먼 필리핀 앞바다에서 북상한 난류인 쿠로시오 해류가 흐르고 있다. 쿠로시오 해류는 폭 백 수십 킬로미터, 깊이 8백 미터, 시속 5~9킬로미터에 달하는 세계적으로 손꼽히는 해류이다. 쿠로시오 해류는 남방계의 해양 산물을 운반할 뿐만 아니라 일본열도를 온난한 기후로 만들어준다.

일본열도의 남해안은 급격한 각을 이루며 수천 킬로미터의 심해 속에 가라앉아 있다. 대륙붕에서 심해에 이르는 이 해역은 고유한 생물이 많은 곳으로 알려져 있다. 이곳에는 세계에서 제일 큰 거미게, 여섯 종류의 슬릿 쉘(slit shell. 전형적인 탑 모양의 조개로 옆모습이 삼각형과 비슷하다. 모든 나선이 부드럽고 보기 좋게 생겼으며, 크림 색과 핑크 혹은 붉은색의 혼합색을 띠고 있다. 안쪽은 진주빛 광택을 내고 있으며 마지막 나선 부분에 아주 깊은 골이 파여 있다-역주) 류, 세 종류의 보석산호류 외에 다양한 성게류, 바다술(metacrinus rotundus. 극피동물 관절목 바다술과(科)의 바다나리류로 생김새가 백합과 비슷하여 바다백합이라고도 한다-역주)류, 반색동물(半索動物, Hemichordata. 체강동물의 한 문(門)을 이루는 해양 동물-역주)류, 완족동물(腕足動物, Brachiopoda. 부족류와 같이 두 장의 각을 갖고 있는 고착성 동물-역주) 등 매우 특색 있는 생물상(生物相)이 형성되어 있다.

혼슈 남해안의 수심 1백 미터에서 3백 미터에 걸친 대륙붕에는 진흙 바닥이 펼쳐져 있으며 저인망 어획이 행해지고 있는 곳이다. 파랑눈매퉁이와 가시발새우가 주된 어획 대상이며, 먹장어와 은상어, 가시줄상어류, 꼬리치, 꼭갈치류, 아귀류, 황성대류, 대주둥치, 빨강부치, 큰새우붙이, 플랩잭 옥토퍼스(flap-jack octopus) 등 매우 특이한 모습을 한 심해생물(深海生物)과 함께 대량의 불가사리와 해삼류가 잡힌다.

일본열도의 태평양 해안선은 매우 복잡하며 곶의 끝에는 자갈밭이 펼쳐져 있다. 또 만에는 아름다운 풍경의 백사장이, 깊은 내만(內灣)에는 개펄이 발달되어 있다. 쿠로시오 해류가 밀려오는 해변에는 고조대(高潮帶)에 홑파래와 파래류, 김류가 번성하고 있다. 저조대(低潮帶)에는 톳과 지충이, 청각채류가 번성하고, 조하대(潮下帶)에는 모자반류와 우뭇가사리류, 산호조가 번성하고 있다. 감태(甘苔)와 대황이 자라는 암초에는 그것들을 먹이로 하는 소라나 전복류가 많다. 일본 연안의 암초 지대는 다양한 종류의 해조류가 있으며, 식용으로 이용되고 있는 해조의 종 수도 세계 1위를 달리고 있다.

앞바다의 암초 지대에서는 왕새우를 잡기 위한 걸그물(옆으로 긴 사각형의 그물을 어군의 통로에 수직으로 펼쳐서 대상물이 그물코에 꽂히게 하여 잡는 어구-역주) 어업이 활발히 이루어진다. 야행성인 왕새우는 밤에 먹이를 찾아 배회하다가 걸그물에 걸려들게 되는데, 이 그물에는 왕새우와 함께 다양한 저생생물도 걸려든다. 산호충류(부채뿔산호 등), 조개류, 게류, 성게류, 불가사리류, 바다나리류 등 쿠로시오 해류에서 자라는 다양한 암초성 생물을 왕새우잡이 걸그물 속에서 발견할 수 있다.

사라져가는 자연 해안

곰솔 해안림으로 둘러싸인 아름다운 풍경의 모래사장과 갈대밭으로 둘러싸인 내만의 개펄은 일본 해안의 가장 큰 특징이다. 외양과 접한 바닷가의 얕은 곳에서는 접시조개가 파도 사이를 이동하며, 모래 속에는 대합이 많이 살고 있다.

내만의 개펄에는 진흙 속에 수많은 매재생물(埋在生物)이 살고 있다. 바닷물 속의 플랑크톤을 걸러먹는 생물로는 바지락조개, 대합, 동죽조개, 자패(紫貝), 떡조개, 새꼬막, 죽합, 흑비단

고둥, 쏙류, 개불류, 날개갯지렁이류 등이 있다. 또한 진흙 속의 유기퇴적물을 골라먹는 생물로는 갯고둥과 칠게류, 쏙붙이, 검정갯지렁이, 브로치연잎성게 등이 있다.

개펄에 바닷물이 차면 매재생물을 노리는 문절망둑, 보리멸, 가자미, 가오리, 꽃게 등이 만조(滿潮)를 타고 올라온다. 또한 바닷물이 빠지면 도요새와 작은 새들이 개펄로 내려온다. 이같은 생물들의 활동과 먹이 사슬이 바닷가의 풍요로움을 형성하고 있으며, 한편으로 내만의 정화 기능을 담당하고 있다. 하지만 이 같은 자연 해안은 매립과 준설, 호안(護岸) 공사로 인해 거의 사라져 가고 있다.

개펄의 앞바다에는 속씨식물인 거머리말이 주로 서식하는 해중림(海中林)이 펼쳐져 있다. 이러한 해초는 통기(通氣) 조직이 발달한 뿌리를 통해 얕은 바다의 모래땅에 적응한 식물이다. 거머리말의 뿌리 주위에는 키조개가 살고 있고, 바다선인장과 실꽃말미잘도 자라고 있다. 그 잎의 그늘에는 무수한 보리새우와 꼬마새우, 옆새우, 카프렐라 등이 서식하고 있다. 그리고 이들을 잡아먹기 위해 해마와 실고기 등 다양한 물고기의 치어(稚魚)가 거머리말 주위에 모여든다. 또 바닷물이 잘 통하는 모래땅의 얕은 강에는 창고기와 까나리가 많이 살고 있으며, 이 까나리를 잡아먹기 위해 참돔과 쇠돌고래, 아비 등이 모인다. 그런데 이러한 얕은 여울의 대부분이 바닷모래 채취나 준설에 의해 사라지고 있다.

류큐 열도에서 타이완과 필리핀을 경유하여 뉴기니에 이르는 해안은 바다의 생물지리구에서 말하는 열대 지역에 속하며, 맹그로브 숲과 산호초가 발달되어 있다. 육지의 경우 열대 지역이 적도 주위로 한정되어 있는 데 비해, 해수의 큰 비열과 강한 흐름은 바다의 열대 지역을 고위도 지역까지 범위를 확장시켰다.

3. 오호츠크 해—유수를 만드는 풍요의 바다

유수의 바다

시베리아 대륙과 캄차카 반도(Kamchatka Peninsula. 러시아 극동에 있는 반도-역주), 치시마 열도, 사할린, 그리고 홋카이도에 둘러싸인 바다가 오호츠크 해이다. 카라코람 산맥에서 시작된 아무르 강은 몽골의 대초원과 시베리아의 대삼림을 지나 연해주 평원을 통과하여 오호츠크 해로 흘러간다. 이 때문에 폐쇄성이 강한 오호츠크 해의 염분 농도(30.9퍼센트)는 태평양(34.9퍼센트)보다 상당히 낮다. 또한 염분의 농도가 낮아진 물은 고위도의 혹독한 겨울에 얼어붙는데, 봄이 되면 그 일부는 유빙이 되어 떠내려간다. 유빙은 남치시마 섬이나 홋카이도 연안까지 흘러간다.

'유빙의 천사(sea angel)'라고 불리는 클리오네(Clione)는 한

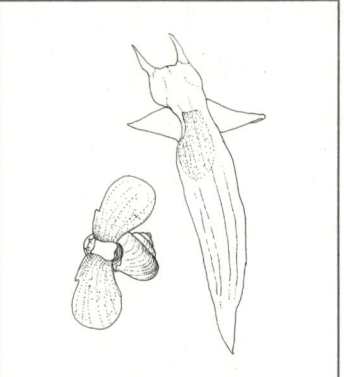

1-7 오호츠크 해를 대표하는 플랑크톤 클리오네(우)와 그 먹이인 떠돌이고둥(좌)

류 지역을 대표하는 고등 플랑크톤이다. 클리오네, 즉 무각익족류(無殼翼足類)는 날개 모양으로 변형된 다리를 사용하여 헤엄치며, 그 우아한 모습과는 대조적으로 떠돌이고둥(유각익족류)만을 골라 게걸스럽게 먹는 포식자(捕食者)이다. 떠돌이고둥도 고등 플랑크톤의 일종으로, 점액망을 분비하여 망에 걸린 규조(硅藻)나 와편모조(渦鞭毛藻), 원석조(圓石藻) 등을 잡아먹는다. 영양염류가 풍부한 북쪽 바다에는 이들 식물 플랑크톤이 넓게 증식하고 있으며, 그것이 클리오네와 같은 동물 플랑크톤의 높은 밀도를 유지시키고 있다.

풍요의 바다

이처럼 오호츠크 해의 높은 생산성은 동물 플랑크톤을 먹이로 하는 어류의 풍요로움을 낳았다. 청어나 육지와 바다 사이를 회유하는 연어과, 바다빙어과 등이 그 대표적인 어류들이다. 연어, 사할린송어, 홍연어, 송어, 홍송어(이상 연어과), 바다빙어, 열빙어, 날빙어(이상 바다빙어과) 등은 오호츠크 해의 중요한 수산 자원으로, 오호츠크 해의 풍부한 어종은 풍부한 삼림과도 관계가 있다. 특히 연어는 무리를 이루어 강의 상류까지 거슬러 올라가 큰곰과 부엉이뿐만 아니라 북쪽 대지의 사람들(아이누 족, 니부히 족, 나나이 족)에게 필요한 영양분을 공급한다.

플랑크톤은 가라앉아서 저생생물들의 먹이 사슬에 합류한다. 오호츠크 해의 평균 수심은 838미터이지만, 대륙붕의 해저에는 왕게, 털게, 물레고등류 등의 저생생물이나 대구, 명태, 빨간대구, 넙치과, 가자미과 등의 저어(底漁)가 많이 서식하고 있다.

오호츠크 해안은 겨울의 극심한 추위와 강한 바람, 그리고 파도 때문에 황량하지만, 바다 속 세계는 전혀 다르다. 내만의 해저 모랫바닥에는 거머리말이 하늘거리는 광경이 펼쳐져 있다. 거기에는 보리새우와 꼬마새우 같은 갑각류가 살고 있는데, 그것들은 줄무늬도화새우의 먹이가 된다. 주변의 얕은 바다나 개펄에는 모시조개, 호두조개, 고막, 바지락조개, 개량조개, 북방대합, 비단조개 등의 이매패류(二枚貝類)가 많고, 또 그것들을 잡아먹는 갈색띠매물고둥(이른바 고둥)과 돌구슬우렁이 등도 많다.

암초 해안의 해저에는 번성한 다시마 숲으로 이루어진 대형 갈조류가 발달해 있으며, 다시마류를 먹는 성게류도 풍부하다. 예전에는 이 성게를 먹는 해달이 많이 살았지만 해달의 가죽을 얻기 위해 마구잡이로 사냥해 그 수가 눈에 띄게 줄어들었다.

4. 동해―조수 간만의 차가 없는 바다

폐쇄성이 높은 바다

연해주와 사할린, 한반도, 일본열도에 둘러싸인 동해는 1천 350미터의 평균수심을 가진 분지 형태의 해역이다. 동해는 소야(宗谷) 해협과 마미야(間宮) 해협을 통해 오호츠크 해와 연결되어 있고, 또 쓰시마 해협을 통해 동중국해와 연결되어 있는데, 이 해협들의 수심은 2백 미터도 되지 않는다. 아마 해퇴기(海退期. 빙하기에는 해수면이 2백 미터 가량 하강했다)에 동해는 다른 해양으로부터 독립되어 염분 농도의 저하와 심층 생물상의 격변이 일어났을 것이다. 태평양 심해의 다양한 생물군(샛비늘치류, 앨퉁이류, 민태류 등)이 동해에는 거의 살지 않는 것도 이 같은 추측을 뒷받침한다.

동해의 수심 2백 미터 이하에는 오호츠크 해나 베링 해의 심층수보다 찬 동해고유냉수(東海固有冷水)라고 불리는 수온 0.1~0.4도의 심층수가 있다. 이곳에는 청자갈치, 물메기, 도루묵, 주먹물수배기, 도화새우, 북쪽분홍새우 등의 특색 있는 생물들이 많이 분포한다. 심해 중층(中層)에는 수수께끼의 물고기로 유명한 산갈치가 생식하고 있으며, 극히 드물지만 해안에 표착(漂着)하기도 한다. 한반도 동해안에는 명태의 어획이 두드러진다.

동해의 생물상을 더 화려하게 한 것은 쿠로시오 해류의 분류인 쓰시마 해류를 타고 온 남방계 생물들이다. 날개오징어, 조개낙지, 가시복이 대표적인데, 겨울폭풍이 분 후에 해안에 대량으로 표착하는 경우가 있다. 이들 생물은 겨울철에 수온이 낮아지는 동해에서는 번식할 수 없을 것으로 추측되고 있어, 이것들이 동해로 유입하는 것을 사멸회유(死滅回遊)라고 부른다.

일본의 풍경

동해 연안의 호쿠리쿠(北陸) 지방에는 겨울이 되면 강한 북서 계절풍이 불어와 파도가 강하게 밀려들고 눈이 내리는 어두운 날이 계속된다. 풍부한 플랑크톤과 플랑크톤이 분비하는 유기물을 다량 함유한 해수는 거품이 일기 쉬운데, 그 하얀 거품은 바람을 타고 해변가로 날아온다. 이것이 겨울에 노토(能登) 반도 등에서 볼 수 있는 '바닷물의 꽃(潮花)'이다.

동해는 태평양에서 독립한 해역이기 때문에 조수 간만의 차이가 거의 없어 연안에는 개펄이 발달하지 못했다. 일본의 동해 연안은 '우라니혼(裏日本. 동해와 접한 혼슈 지역-역주)'이라고도 불리는데, 이는 어둡고 긴 겨울뿐만 아니라 조수 간만의 차이가 없는 바다라는 점에서 이름의 유래를 찾을 수 있다. 그러나 바다 속에는 삼나무말과 곰피 등 동해 고유종을 비롯한 훌륭한 해조 군락이 번성하고 있다.

5. 동중국해—중국 대륙의 땅이 내려앉은 비옥한 바다

푸른 바다에서 누런 바다로

중국 대륙과 한반도, 그리고 류큐 열도(琉球列島. 남규슈에서 타이완으로 이어지는 활 모양의 열도-역주)에 둘러싸인 동중국해는 대륙의 만(灣) 안으로 들어감에 따라 황해, 발해(渤海)로 이름이 바뀐다. 류큐 열도 부근에서는 파랗던 바다 색깔이 만 안으로 들어가면서 진흙과 같은 황색을 띠기 때문이다.

동중국해는 얕은 바다로 이루어져 있으며 그 광대한 대륙붕은 해퇴기에 대륙의 일부였다고 생각된다. 당시 옛 황허는 한반도 서안에서 규슈 서안으로 흘러 남하하여, 오키나와 본섬의 남측에서 태평양으로 흘러나간 듯하다. 옛 양쯔 강도 옛 황허의 하구 부근에서 태평양으로 흐른 것으로 보인다. 이들 큰 강의 하구에는 류큐 열도에 둘러싸인 큰 내만(內灣)이 존재하고 있었는데, 현재 그곳에서 진화했던 것으로 보이는 강내만성(强內灣性)의 생물 군집이 황해 연안과 아리아케 해(有明海. 일본 규슈 북부 사가 현(佐賀縣)에 면한 바다로 조수 간만의 차가 심하며, 넓은 개펄과 풍부한 수산 자원을 보유하고 있다-역주)에 남아 있다.

동중국해에서는 냉온대 지역에서 열대 지역까지 다양한 해역을 볼 수 있다. 북단의 만 안에 위치한 발해에서는 냉온대성 생물상을 볼 수 있으며, 류큐 열도 연안에서는 산호초가 발달한 열대성 생물상을 볼 수 있다. 황해의 중앙에는 저층냉수가 일

년 내내 존재하며, 그곳에는 대구, 청어, 용가자미, 꼼치 등의 냉수성 어류가 분포하고 있다. 이들 어류는 동해의 동중국해로 흘러들어오는 한류를 타고 온 유존개체군(遺存個體群)들이다.

풍부한 저어 자원

황허나 양쯔 강 등 대륙의 큰 강에서 운반되는 풍부한 영양염류는 동중국해를 생산성 높은 바다로 만들고 있다.

동중국해의 얕은 바다에는 광대한 모래와 진흙 바닥이 펼쳐져 있는데, 그곳에는 동갈민어과의 고기들이 많다. 그것들은 잘 발달한 부레를 진동시켜 소리를 내며, 귀 안에 있는 큰 석회질의 이석(耳石. 동갈민어의 별명인 석수어라는 이름도 이 이석에서 유래하였다-역주)으로 그 소리를 들을 수 있다. 아마 이 고기들은 탁하고 진흙이 많은 바다에서 개체 간에 정보를 전달하기 위해 소리를 내는 능력과 청각을 발달시켰을 것이다. 동중국해의 동갈민어과 어류에는 수조기, 흑조기, 부세, 큰민어, 민어, 민태, 황강달이, 눈강달이 등이 있으며 매우 많은 양의 수가 서식하고 있다. 그곳에는 동갈민어과 이외에 달강어(성대과), 병치매가리(전갱이과), 개서대(참서대과), 가오리(가오리과), 대하(보리새우과) 등도 많았다고 한다. 하지만 1950년대부터 저인망 어업이 활성화되면서 마구잡이 어획으로 이들 저생생물의 개체수는 현저히 감소하고 있으며, 흑조기, 큰민어, 달강어 등은 멸종 위기에 처해 있다.

1-8 한국 서해안의 간척지에서 행해지고 있는 맛조개잡이 광경(우: 조개가 숨어 있는 구멍에 소금을 넣고 올라온 맛조개를 잡으려는 장면 좌: 꼬챙이로 맛조개를 끄집어내는 장면)

간만의 차이가 큰 세계

황해와 접해 있는 한반도의 서해안은 해안선이 복잡하며, 그 곳에 생긴 무수한 내만은 아시아에서 조수 간만의 차가 가장 큰 곳이다. 간만의 차가 10미터에 달하는 곳도 있는 개펄에서는 바지락, 말백합, 맛조개, 가무락조개, 우럭, 키조개 등의 조개류와 함께 가리맛조개, 꼬막, 개맛, 짱뚱어 등의 강내만성(强內灣性) 간석지 생물도 볼 수 있다. 또한 개펄에서는 김 양식이 활발히 이루어지고 있으며, 간만을 이용한 건간망(建干網. 서해에서 썰물 때 드러난 바닥에 말뚝을 박고 치는 그물로서 밀물이 나갈 때 고기가 걸리게 한다-역주)도 볼 수 있다. 한국의 수산시장에서는 동중국해의 다양한 어류와 풍부한 간석지의 산물(産物)들을 진열하고 있다.

　일본에서는 매립과 오염으로 거의 사라진 자연 개펄 생태계가 한국 서해안에는 일부가 아직 남아 있다. 바닷물의 흐름이 좋은 개펄에는 진흙 깊숙이 구멍을 파고 사는 개불이 많다. 한국에서는 개불을 생식하기 때문에 가격이 비싸며, 간조시가 되면 개펄은 개불을 잡는 사람들로 붐빈다. 지금 일본에서는 맛조개의 눈(수관을 내놓고 있는 구멍)에 소금을 집어넣어 솟아올라 온 맛조개를 잡는 모습도, 굵은 꼬챙이를 맛조개가 숨어 있는 구멍에 찔러 넣어 맛조개를 끄집어내는 모습도 거의 볼 수 없게 되었지만, 한국의 개펄에는 그러한 모습이 아직 남아 있다. 아지랑이가 피어오르는 드넓은 개펄에서 맛조개를 잡는 광경은 환상적이다.

6. 남중국해—맹그로브 숲에 싸인 풍요의 바다

베트남 해안을 따라서

　중국 남부에서 인도, 인도차이나 반도를 지나 말레이 반도에 이르는 해안선은 타이완에서 필리핀, 보르네오(칼리만탄) 섬을 지나 대순다 열도(Greater Sunda islands. 말레이 제도 가운데 수마트라, 자바, 보르네오, 술라웨시 및 주변의 작은 섬들-역주)에 이르는 도서군(島嶼群)과 마주하고 있다. 그리고 그 사이에 동남아시아를 감싸안은 바다, 즉 남중국해가 펼쳐져 있다. 북부 아열대를 제외한 남중국해의 대부분은 열대 지역에 속한다. 도서 지역에는 산호초가 발달했으며 큰 강이 흘러드는 대륙 지역에는 산호초의 발달이 미약한 대신 맹그로브 숲이 발달했다.

남중국해의 서북단에 있는 하이난 섬(海南島) 너머에는 통킹 만(Gulf of Tonking.

1-9 베트남, 알롱 만의 개펄에서 백합을 캐는 노인과 건간망에 걸린 고기를 잡는 소녀

중국 남해안과 레이저우(雷州) 반도와 하이난 섬 및 베트남 북부 해안으로 둘러싸인 만-역주)이 있으며, 그 한쪽에는 무수한 석회암 봉우리가 바다에 우뚝 솟은 광경으로 유명한 알롱 만(Along Bay. 통킹 만의 북서부에 있는 내만. 할롱 만이라고도 한다-역주)이 있다. 잔잔한 파도가 이는 바다 위를 대나무로 짠 배가 떠다니고 하구에는 맹그로브 숲이 펼쳐져 있다. 바닷물이 빠지면 넓은 개펄이 드러나는데, 그곳에는 만을 가로지르듯이 건간망이 쳐져 있다. 사람들은 바닷물이 빠질 때쯤 개펄로 나와 그물에 걸린 숭어나 양태, 주둥치, 감성돔, 새우류 등을 잡고, 서렴(鋤簾. 긴 손잡이가 달린 삼태기의 일종-역주)으로 조개류를 캐낸다. 중국 윈난 성에

서 베트남 평원까지 흘러 내려온 홍하(紅河)는 붉고 탁하지만, 그 속에 포함된 영양염류는 남중국해를 풍요롭게 한다.

홍하 남쪽에는 남중국해로 흘러 들어가는 최대의 강, 메콩 강이 있다. 티벳 고원에서 발원한 메콩 강은 중국의 쓰촨·윈난 성의 산악 지역을 통과해 미얀마를 가로질러 타이, 라오스, 캄보디아, 베트남으로 흘러 내려간다. '어머니의 강'이라고 불리는 이 강은 인도차이나 반도 각지의 수전(水田)에 풍요의 흙과 은혜의 물을 제공할 뿐만 아니라 남중국해에도 대량의 영양염류를 공급한다.

최근 라오스에는 많은 수의 대형 댐이 건설될 예정이다. 이들 댐은 많은 마을과 숲을 잠기게 하고 고유종이 많은 어류상에 타격을 주며 메콩의 계절 리듬을 파괴시켜 결국에는 남중국해의 풍요로운 환경에도 영향을 줄 것이다.

순다랜드의 맹그로브 숲

남중국해의 남반부에는 순다 대륙붕이라 불리는 광대한 대륙붕이 펼쳐져 있다. 이 바다를 둘러싸고 있는 말레이 반도, 수마트라 섬, 자바 섬, 보르네오 섬은 예전에는 하나의 연속된 대륙(순다랜드)의 일부였다. 아시아에서 가장 다양한 식물이 서식하고 있는 열대 우림 지역으로 일 년 내내 비가 많이 내리며, 숲을 적신 비는 다시 강을 이루어 남중국해로 흘러든다.

열대 우림 사이를 흐르는 강물은 맑지만, 옅은 갈색을 띠고

표1 순다 열도의 담수어류상

과(科) 또는 목(目)	수마트라	보르네오	자바	셀레베스
1차적 담수어				
오스테오글로시 과(Osteoglossidae)	1	1	0	0
노톱테리 과(Notopteridae)	2	2	2	0
잉어과(Cyprinidae)	107	139	44	0
볼락과(Balitoridae)	13	47	6	0
기름종개과(Cobitidae)	10	19	7	0
메기목(Siluriformes)	64	82	29	0
농어목(Pristolepididae)	3	3	1	1*
등목어목(Anabantoidei)	18	31	7	0
가물치과(Channidae)	9	9	4	1
걸장어과(Mastacembeloidei)	5	7	4	0
합 계	232	340	104	2*
2차적 담수어(바다에 기원을 둔 담수어)				
순다뱅어과(Sundasalangidae)	0	1	0	0
송사리과(Adrianichthyidae)	0	0	0	5
난태생 송사리과(Aplocheilidae)	1	1	1	1
합 계	1	2	1	6
주연성 담수어(바다와 담수역을 왕복하는 물고기)				
색가오리과(Dasyatidae)	0	2	0	0
청어과(Clupeidae)	0	3	0	0
학공치과(Hemiramphidae)	2	7	2	14
동갈치과(Belonidae)	1	1	0	0
송사리과(Oryziidae)	1	1	1	7
세레베스 레인보우 과(Telmatherinidae)	0	0	0	16
망둥어과(Chandidae)	3	5	1	0
네줄벤자리 과(Teraponidae)	0	0	0	1
다트니오 과(Datnioididae)	0	1	0	0
물총고기과(Toxotidae)	1	1	0	0
문절망둑목(Gobioidei)	23	20	31	24
참복과(Tetraodontidae)	6	9	2	0
합 계	37	50	37	62
총 합 계	270	392	142	68
고유종률	6%	27%	8%	26%

출전) Kottelat et al. 1993을 기초로 작성
주) *=이입종으로 생각됨.

있다. 이는 낙엽에서 생긴 부식질(腐植質)과 탄닌을 다량으로 함유하고 있기 때문이다. 그곳에 식생하는 잉어과와 기름종개과, 메기목 등의 1차적 담수어(일생을 담수에서만 보내며 선조가 모두 담수성인 물고기)의 종 수는 무려 340종에 달하고, 그 가운데는 원시적인 계통군으로 알려진 아시아 아로와나와 나이프피시도 포함되어 있다. 이웃한 술라웨시 섬에서는 1차적 담수어가 전혀 살지 않는데, 두 지역이 서로 다른 대륙이었다는 사실을 말해주는 이 생물상의 단절은 '월리스 선(Wallace Line. 생물지리학상의 경계선으로 자바 섬 동부의 발리 섬과 롬보크 섬 사이의 롬보크 해협에서 보르네오 섬과 셀레베스 섬 사이의 마카사르 해협을 거쳐 민다나오 섬과 상기에 섬 사이를 지나는 선. 이 선을 경계로 동부는 오스트레일리아 지구, 서부는 동양 지구에 속한다-역주)'으로 유명하다. 남중국해에 접해 있는 보르네오 섬이나 수마트라 섬의 평야에는 해퇴기에 형성된 광대한 이탄(泥炭) 습지림이 펼쳐져 있다. 이 습지림에 차 있는 물은 산성이며 커피색을 띤다. 이곳은 공기 호흡을 할 수 있는 버들붕어와 구라미, 등목어 등이 살고 있다.

    순다랜드의 동쪽 연안은 지형이 평탄하고 흐름이 느린 강이 많기 때문에 바닷물이 강의 상류까지 거슬러 올라온다. 이 광대한 기수역(汽水域. 강물이 바다로 들어가 담수와 해수의 혼합 작용이 일어나는 곳-역주)에는 맹그로브 숲이 발달되어 있다. 이곳이 바로 남중국해 남부에서 말라카 해협과 자바 해로 이어지는 순다대륙붕 지역이다. 이 맹그로브 숲을 구성하고 있는 대표적인

1-10 사라와크의 쿠칭에 있는 맹그로브 숲의 경관

식물로는 리조포라 과, 소네라티아 과, 사군자과, 마편초과, 멀구슬나무과, 야자나무과 등이 있다. 이 식물들은 내염성(耐鹽性)이 강하고 지주근(支柱根)이나 기근(氣根)이 잘 발달되어 있어 간만의 차가 있는 진흙땅에 쉽게 적응해왔다. 또한 이곳의 식물들은 떠다니는 종자나 열매를 바닷물에서 발아시켜 분포 지역을 넓혀왔다. 이런 남중국해의 맹그로브 숲은 종의 수가 세계에서 가장 다양한 곳이기도 하다.

맹그로브 숲의 먹이 사슬

맹그로브 숲의 식물들은 충분한 햇빛과 영양염류를 공급받아 동화 작용이 이루어지는데, 그 동화물질은 낙엽이나 낙지(落枝)의 형태로 하구(河口) 생태계에 전달된다. 바윗게나 갯고둥이 외에는 낙엽을 직접 섭취하는 생물이 그리 많지는 않지만, 진흙 위에 떨어진 낙엽과 나뭇가지는 균류나 세균류 등에 의해 분해된다. 또한 그 분해 산물인 유기퇴적물은 맹그로브 숲의 먹이 사슬에서 중요한 위치를 차지한다. 진흙에 구멍을 파고

1-11 사라와크 주의 쿠칭 시 시장에서 팔리는 맹그로브 숲의 해산물(왼쪽부터 블런트 클리퍼, 흰얼룩무늬갈고둥, 청게)

사는 달랑게과의 게류(칠게나 농게류)가 대표적인 유기퇴적물식자이다. 진흙이나 전석(轉石), 맹그로브의 기근(氣根) 위에는 유기퇴적물이나 규조(珪藻)를 먹는 갯고둥과나 갈고둥과, 대추귀고둥과 등의 조개가 많이 서식하고 있다. 이 중 얼룩비틀이고둥이나 블런트 클리퍼와 흰얼룩무늬갈고둥 등은 맹그로브 숲을 대표하는 식용(食用) 조개이다.

맹그로브 숲의 낙엽과 낙지에서 나온 풍부한 유기퇴적물은 하구나 그 부근 바다 밑으로도 대량으로 공급된다. 이 유기퇴적물을 효율적으로 이용하는 생물은 새우류(주로 보리새우과와 징거미새우과)와 숭어류이다. 유기퇴적물의 풍부함을 반영하듯이, 남중국해의 맹그로브 숲 주변의 하구나 바다에는 상당히 많은 종류의 새우가 살고 있다. 새우들은 대부분 낮에는 모래 속에 숨어 있다가 밤에 활동한다.

해저 진흙 속에는 유기퇴적물이나 플랑크톤을 먹는 갯지렁이나 갑각류가 많은데, 감조대에는 이들 저생동물을 먹이로 하는 물고기도 많다. 노랑가오리과, 노랑촉수과, 글라스피시 과, 동갈돔과, 줄벤자리 과, 주둥치과, 실꼬리돔과, 흑조기과, 보리멸과, 게레치 과, 병어과, 날가지숭어과, 구굴무치과, 망둑어과, 넙치과, 참서대과 등이 저생동물을 먹이로 하는 물고기들이다. 날가지숭어류는 가슴지느러미의 뼈대가 길고 실과 같이 가늘게 뻗어 있으며 눈이 퇴화되어 심해어와 같은 모습을 하고 있다. 날가지숭어류는 탁한 하구의 진흙 바닥에서 지느러미를 사용하여 먹이를 찾으며 외부의 접근을 탐지하기도 한다.

저생생물을 잡아먹는 생물 가운데 남중국해를 특징짓는 생물로 투구게가 있다. 투구게는 고생대부터 별다른 진화 없이 살아온 생물로 거미에 가까운 절지동물이다. 남중국해에는 세 가지 종의 투구게가 살고 있는데, 그것들은 주로 타이(Thailand)에서 식용으로 이용되고 있다. 강이 바다로 운반한 영양염류에 의해 바다의 하구 부근에서는 식물 플랑크톤이 크게 증식하는데, 이 플랑크톤도 유기퇴적물과 함께 감조 지역을 풍요롭게 만든다. 그리고 하구 지역에서는 이 식물 플랑크톤을 청어과(밴댕이속, 준치, 전어류), 멸치과(싱어, 반지), 색줄멸과, 실고기과, 학공치과, 전갱이과 등의 물고기들이 먹고 산다. 또한 널리 양식되고 있는 밀크피시의 어린 물고기도 하구에 모여 있는 것을 볼 수 있다.

유기퇴적물과 플랑크톤을 기점으로 하는 감조 지역의 먹이 사슬은 보다 덩치가 큰 육식성 어류나 게 종류와 연결되어 있다. 노랑가오리과, 물멸과, 장어과, 갯장어과, 바다동자개과, 가물치과, 바리과, 고등어과(점삼치류), 갈치과, 퉁돔과, 꽃게과(특히 톱꽃게) 등이 대표적인 포식자들이다. 장소에 따라서는 이 먹이 사슬의 정점에 흉상어과의 상어류가 있다.

감조 지역의 수중 먹이 사슬은 육상 생태계와도 연결되어 있다. 맹그로브 숲을 흐르는 강에는 나무 위에서 수면으로 떨어지는 곤충류가 많다. 그 곤충을 노리는 것이 물총고기과나 학공치과 물고기들이다. 물총고기는 수면에 있는 곤충을 물총으로 떨어뜨려 잡아먹는 특유의 묘기까지 보여준다. 사라와크의 맹그로브 숲에 바닷물이 차면 그 바닷물을 타고 많은 학공치 떼가 숲 속으로 들어오는 경우가 있다. 학공치들은 맹그로브 낙엽 사이에 숨어 있다가 밀려온 바닷물에 떠오른 곤충이나 옆새우를 잡아먹는다. 한편 물가에는 학공치를 노리는 물왕도마뱀이 숨어 있다.

물고기나 게를 잡으러 육상에서 날아오는 새도 있는데, 은머리흰따오기, 황새과, 필리핀 펠리컨, 물총새류 등이 대표적인 새들이다. 이 외에도 백로류(중대백로), 도요새, 물떼새(검은가슴물떼새, 개꿩, 흰물떼새, 마도요, 깝짝도요, 세가락도요, 뒷부리도요) 등도 많다. 시베리아에서 동남아시아에 걸쳐 아시아 각지의 습지가 새들을 통해 하나로 이어져 있음을 새삼 깨닫게 된다.

그밖에 맹그로브 숲의 바다 동물을 노리는 육상 포식자로는 악어류(세렝겔악어와 바다악어), 수달류(작은발톱수달, 수마트라수달), 게잡이원숭이 등이 있다. 남중국해의 맹그로브 숲을 대표하는 포유류라면, 맹그로브 나무 위에서 소네라티아와 마편초의 어린잎을 먹으며 평화롭게 사는 코주부원숭이가 있다.

현재 맹그로브 숲 생태계의 정점에 있는 포식자는 물론 건간망 어업, 걸그물 어업, 끌그물 어업, 부망 어업 등 다양한 방법으로 고기를 잡는 인간이다. 하지만 이런 식의 고기잡이는 소규모인 경우가 많아서 결코 생태계를 파괴할 정도는 아니다. 맹그로브 숲의 생태계에서 가장 큰 위협이 되는 것은 새우 양식장과 펄프나 연료를 목적으로 한 벌채일 것이다.

열대 지역의 개펄

강 하구에서 바다로 이어지는 곳에는 개펄이 펼쳐져 있다. 만약 온대 지역이라면 이런 개펄에는 바지락 같은 이매패(二枚貝)가 많이 서식하겠지만, 열대 지역의 개펄에는 이매패의 개체수가 그다지 많지는 않다. 이는 이매패가 남획되었기 때문이 아니라, 어린 조개를 잡아먹는 새우가 많기 때문일지도 모른다.

남중국해의 개펄을 대표하는 이매패에는 잠쟁이가 있다. 잠쟁이는 둥글고 납작한 이매패로, 어디에 몸이 들어 있는지 궁금할 정도로 껍질이 편평하다. 잠쟁이는 식용으로도 이용되지만, 그 껍질은 창(窓)이나 장식으로 이용되어 왔다.

1-12 사라와크 주 쿠칭 시 근교의 개펄에서 발견한 맛조개잡이 광경

사라와크 주 쿠칭 시 근교의 내만에는 소네라티아 숲과 그에 이어지는 광대한 개펄이 있는데, 그곳에서 간조 때 맛조개를 잡는 모습을 볼 수 있다. 이곳의 맛조개는 온대 지역의 맛조개와 비교하면 조금 작고, 조개의 눈도 간신히 소금을 넣을 수 있을 정도다. 그래서 대오리 끝에 소금을 묻혀 그것을 조개의 눈에 찔러 넣어 솟아올라온 조개를 잡는다. 또 끝이 뾰족한 쇠꼬챙이로 맛조개를 찔러 잡기도 한다. 누가 발명한 방법인지는 알 수 없지만, 비슷한 형태의 맛조개잡이 방법이 아시아 각지의 바닷가에서 계승되고 있다는 사실에서 아시아의 바다는 하나라는 감동을 느낄 수 있다.

순다 대륙붕의 생물상

개펄 앞으로는 한때 대륙의 평야였던 진흙 바닥의 얕은 바다가 펼쳐져 있다. 강에서 영양염류가 다량으로 공급되는 순다 대륙붕의 생산성은 매우 높아 얕은 바다의 바닥층에는 저생생물과 물고기들이 많이 살고 있다. 순다 대륙붕의 서북단에 위치하는 시암 만(Siam Bay, 타이 남부의 만. 타이 만(Gulf of Thailand)이라고도 한다-역주)은 어업이 활발한 곳으로 알려져 있는데, 그곳에서 식용으로 어획되는 이매패에는 종밋, 홍합, 그린뮤셀, 고막, 농조개, 가리비 등이 있다.

또 시암 만은 저인망 어업이 성행하는 곳으로도 유명하다. 저인망 어업의 가장 중요한 어획 대상은 블랙타이거새우 등 보리새우류와 실꼬리돔과, 노랑촉수과, 매퉁이과, 뿔돔과, 전갱이과, 퉁돔과, 상어과, 가오리과 등의 물고기이다. 이러한 어획물의 대부분은 작은 물고기로, 양식장으로 가거나 오리, 닭 등의 사료로 쓰인다. 저인망에 대한 이 같은 남획의 영향으로 시암 만의 저어 자원은 감소하는 추세에 있다.

7. 월리시아 다도해―산호초의 바다

언제나 고요한 푸른 바다
필리핀, 보르네오 섬, 자바 섬으로 이어지는 외단 섬들과 뉴니기 섬 사이에 펼쳐져 있는 해역은 많은 섬이 떠 있는 산호의 바다이다. 술루 해, 셀레베스 해, 플로레스 해, 몰루카 해, 반다 해, 아라푸라 해 등은 세계에서도 손꼽히는 곳으로 생물의 다양성과 아름다운 경관을 자랑하는 이들 바다를 '월리시아 다도해'라고 부른다. 하얀 백사장에는 코코넛 나무들이 줄지어 있고 얕은 바다 위에는 해상 가옥이 늘어서 있다. 아우트리거(outrigger. 안정성 확보를 위해 카누, 보트 등의 측면에 부착된 부재(浮材) - 역주)를 단 배들이 바다 위를 떠다니는 광경은 이 바다의 대표적인 경관일 것이다. 이러한 광경은 산호초의 발달과 태풍이 오지 않는 열대수렴대의 기상 조건을 잘 말해주고 있다.

동남아시아는 열대 우림이 발달한 지역으로 유명하지만, 소순다 열도(말레이 반도에서 몰루카 제도까지 뻗어 있는 순다 열도 중 발리 섬에서 동으로 웨타르 섬까지 이르는 열도-역주)에서 몰루카 제도에 걸친 지역은 비가 매우 적다. 이것은 오스트레일리아의 건조 지대에서 불어오는 계절풍 때문인데 특히 7월부터 9월까지가 제일 건조한 시기이다. 한편으로는 강수량이 적기 때문에 민물이 바다에 미치는 영향도 적어 산호초 발달에 도움을 주고 있다.

산호초 생태계

산호초는 열대의 얕은 바다에서만 발달하는, 탄산칼륨으로 이루어진 거대한 구조물이다. 역사적으로 보면 암초를 만드는 생물은 남조류(藍藻類)와 석회조류, 해면(海綿) 등으로 다양한데, 현재 지구상에서 가장 활발히 활동하는 조초생물(造礁生物)은 조초산호이다.

조초산호는 석회질의 골격을 가진 군체성(群體性)의 말미잘(강장동물문 산호충강)로 촉수에서 분비되는 점액을 사용하여 플랑크톤을 잡아먹으며, 갈충조(褐蟲藻)라는 해조류(편모조류)를 체내에 살게 하여 그 동화물질을 얻는다. 갈충조는 동화물질을 제공하는 대신 산호에서 이산화탄소와 영양염류를 얻으며, 산호의 체내(體內)라는 안전하고 쾌적한 생식 장소를 제공받고 있다. 일반적으로 산호초 지역은 영양염류와 플랑크톤이 적다고 알려져 있는데, 투명한 바다는 플랑크톤의 양이 적다는 것을 반영하는 것이기도 하다.

산호초에는 조초산호 외에도 광합성 공생(종속영양생물이 해조류를 체내에 살게 하여 광합성 능력을 얻는 공생)을 하는 생물이 많다. 산호초의 초호(礁湖)에는 별모래, 카르칼리나, 마지노포라 등의 대형 유공충이 엄청나게 많이 살고 있다. 유공충은 석회질의 골격을 가진 다핵단세포의 아메바(원생동물)이며, 체내에 갈충조를 공생시키고 있다. 또 산호초에 많이 사는 대왕조개류는 항상 껍질을 반 정도 위로 열고 외투막에 빛을 받는데, 그 외투막 속에 갈충조가 공생하고 있다. 그밖에 흰꽈리조개, 해면, 흰덩이멍게(이 멍게는 갈충조가 아니라 원핵녹조(原核綠藻)와 공생한다) 등 산호초에는 해조류와 공생하는 무척추동물이 매우 많다. 다시 말해 산호초의 생태계는 광합성을 하는 많은 해조류가 다른 무척추동물의 체내에서 공생하는 생태계라고 할 수 있다.

산호초 생태계에서 이 같은 광합성 공생이 많이 이루어지는 이유는 석회화와 광합성이 서로 연관되어 작용하기 때문이다. 석회화는 바다 속에 풍부하게 존재하는 칼슘이온 Ca^{2+}와 중탄산이온 HCO^{3-}의 사이에서 일어나는 다음과 같은 반응이다.

$$Ca^{2+} + 2HCO^{3-} \Leftrightarrow CaCO_3 + CO_2 + H_2O$$

이 반응은 양방향으로 진행하는 평형반응이며, 광합성으로 이산화탄소가 소비되면 이 균형이 우측으로 기울면서 석회화가 촉진된다. 온도가 낮은 바다는 이산화탄소의 농도가 높기 때문에(기체의 용해도는 온도에 반비례한다) 석회화가 일어나기 힘들기(더 많은 에너지가 필요하다) 때문에 열대 지역에서 암초가 쉽게 생겨나는 것이다.

산호초 생태계가 민물의 영향이 적은 장소에서만 발달하고 있다는 사실은 산호초 보호에 있어서 암시하는 바가 크다. 산호초가 잘 발달되어 있는 장소라도 육지의 개발로 인해 적토(赤土) 등의 현탁물질(懸濁物質)이 산호초로 다량 유입되면 투명도가 낮아져 산호와 공생하는 조류의 광합성 속도가 감소할 뿐만 아니라 현탁물질이 산호의 촉수에 쌓여 점액을 이용한 플랑크톤 포식을 방해한다. 또 육지에서 흘러온 영양염류가 증가하게 되면 식물 플랑크톤이 크게 늘어나게 되고, 나아가서는 넓적다리불가사리와 같은 예기치 않은 생물이 크게 증가하는 계기가 될 수도 있다. 바다의 부영양화는 산호초 생태계를 불안정하게 만드는 요인임을 명심해야 한다.

산호초의 생물다양성

월리시아 다도해의 산호초는 오스트레일리아 북부와 함께 세계에서 가장 조초산호의 종류가 많은 곳으로 기록되어 있다. 이곳에 있는 조초산호는 약 70속(屬), 4백 수십 종에 달한다. 또한 이곳의 어류나 조개는 세계에서 가장 다양하다고 알려져 있다. 예를 들면 플로레스 해(Flores Sea. 말레이시아 셀레베스 섬과 소순다 열도 폴로레스 섬 사이에 있는 바다-역주)의 마우메레 만에 서식하는 어류만 해도 망둑어과(140종), 놀래기과(118종), 청줄돔과(96종), 동갈돔과(72종), 바리과(61종), 청베도라치 과(41종), 나비고기과(38종), 쥐돔과(41종), 양쥐돔과(33종), 얼게돔과(22종), 곰치과(20종) 등 1천 133종이 기록되어 있다. 이러한 생물다양성이 반드시 수산 자원의 풍부함을 의미하는 것은 아니지만, 이 바다가 지닌 최대의 가치라고 할 수 있다.

또한 1998년, 한 뉴스가 세계를 떠들썩하게 했던 적이 있다. 술라웨시 섬 앞바다에서 실러캔스(coelacanth)가 잡혔다는 것이다. 실러캔스는 '살아 있는 화석'이라는 이름에 걸맞게 지구상에 남아 있는 마지막 총기류(總鰭類. 고생대 데본 기에 나타난 무리이다. 공기호흡을 하는 내비공(內鼻孔)과 몸을 지탱하기 위한 가슴지느러미와 배지느러미가 발달하였다. 중생대 백악기에 거의 전멸하였으나 한 계통인 실러캔스 류만 생존하고 있다-역주)이며 지금까지 인도양의 코모로 제도 앞바다에서만 출현했다. 월리시아 다도해에 사는 실러캔스는 이후에도 다른 개체가 잡혀서 실러캔스 과(科)의 두 번째 종으로 기재되었다. 월리시아는 곤드와나 대륙(Gondwana continent. 지질 시대의 고생대 말기부터 중생대 초기에 걸쳐 남반구에 존재했던 것으로 추측되는 대륙-역주)이 분열해 표류한 대륙덩어리로 구성되어 있는데, 이 실러캔스는 대륙 표류 역사의 산 증인이라고 할 수 있다. 바다의 신비는 산호초에만 그치지 않는다.

해초조장의 생태계

산호초의 초호 안에는 또 다른 세계가 있다. 바로 다양한 말잘피속(屬)과 눈여뀌바늘과 같은 해초가 자라고 있는 조장(藻場)이다.

해조와 해초 위에 착생하는 조류가 해초조장의 생산성을 매우 높게 만든다고 추정된다. 착생조는 여러 생물의 먹이가 되지만, 해초를 직접 먹는 생물은 흰수염분홍성게 등의 성게류와 독가시치과 등의 어류, 그리고 푸른바다거북과 듀공 정도로 그다지 많지 않다. 듀공은 과거에 해초조장의 중요한 식식자(植食子, herbivore. 식물체를 빨아먹거나 뜯어먹는 동물-역주)였으나 남획으로 그 수가 감소해 현재는 사람의 활동권에서 멀리 떨어진 해초조장에 작은 개체군이 남아 있을 뿐이다.

초호 안에 펼쳐진 해초의 초원은 흰모래와 만나 '남해의 낙원'이라고 불릴 만한 광경을 연출한다. 이 같은 모래땅을 대표하는 생물은 해삼이나 별벌레아재비, 별벌래류, 갯지렁이, 쏙붙이, 가재아재비류 등의 퇴적물식자로, 종 수와 개체 수가 매우 많다. 흰모래는 산호나 유공충(有孔蟲) 등의 석회질 유해로 되어 있는데, 모래가 흰색을 유지하는 이유는 퇴적물식자들이 항상 모래를 휘저으면서 청소하고 있기 때문이다.

해삼의 종류에는 하루 종일 모래 위에 있으면서 계속 모래를 먹는 해삼(검정해삼, 흰발검정해삼, 홍해삼)과 낮에는 모래 속에 숨어 있다가 밤에만 모래 위로 올라와 모래를 먹는 해삼이 있다. 한낮에 모래 위에 있는 해삼은 쿡 찌르면 끈적한 내장을 토해내 포식자의 식욕을 떨어뜨리는 종류가 많다. 해삼은 중화요리의 재료로 수요가 많아, 각지에서 남획되고 있다.

해초가 우거진 모래땅은 아름답고 반들반들한 조개의 천국이기도 하다. 반색동물을 포식하는 송곳고둥류, 별벌레를 먹는 붓고둥류, 갯지렁이 등을 잡아먹는 청자고둥이나 대추고둥류, 성게나 해삼을 먹는 계란고둥이나 메추라기위고둥류, 이매패에 구멍을 뚫고 알맹이를 먹는 구슬우렁이류 등이 모래 속에 숨어 있다.

해초조장을 대표하는 물고기로는 독가시치류, 구갈돔류, 통돔류, 바리류 등이 있다. 그런데 어린 물고기 가운데는 해조(海藻)의 잎에 몸을 숨기고 생활하는 것들도 상당히 많다. 해초조장은 유기퇴적물의 공급원이 되며 주변 지역에 사는 생물의 안전한 보금자리인 것이다.

8. 인도양—몬순 계절의 도래와 함께 범람하는 바다

남아시아의 바다

인더스 문명을 일궈낸 인더스 강과 힌두 문화를 낳은 갠지스 강은 인도의 대지를 적시면서 인도양으로 흘러들어간다. 남아시아 세계는 이 두 큰 강과 인도양에 둘러싸여 있다고 해도 과언이 아니다.

인도 남쪽 연안에는 서쪽으로 향하는 북적도 해류가 흐르고 있다. 몬순의 풍향이 반 년 단위로 반전하는 데 반해, 아라비아 해류는 계절에 따라 흐름이 달라진다. 일반적으로 인도양의 생산성은 높지 않지만, 큰 강이 흘러 들어가는 하구 부근, 그리고 겨울에 용승 지역인 아라비아 해와 대순다 열도의 남해안은 생산성이 높은 편이다. 인도양의 생물다양성은 동남아시아에 비해 높지 않지만 그 생물상은 일부 이어받고 있다. 그 예로는 대순다 열도의 북서쪽으로 이어지는 니코바 제도와 안다만 제도(Andaman Islands. 벵골 만의 동부에 있는 제도-역주)의 맹그로브

1-13 인도양과 접한 해안선(수마트라 섬 파당 부근)

숲이나 인도 남쪽에 떠 있는 몰디브 제도(Maldives Islands. 인도양 중북부, 스리랑카 남서쪽에 위치해 있는 제도-역주)와 차고스 제도(Chagos Islands. 인도양 서부, 마다가스카르 섬의 북쪽에 위치해 있는 제도-역주)의 산호초를 들 수 있다. 한편 벵골 만에는 광대한 하구 삼각주가 펼쳐져 있다. 그곳에는 특색 있는 맹그로브 숲이 형성되어 있다.

갠지스 · 브라마푸트라 강 삼각주

히말라야 산맥에서 시작되는 갠지스 강은 힌두스탄 평원을 지나 브라마푸트라 강과 합류해 벵골 만으로 흘러들어간다. 이 거대한 갠지스 · 브라마푸트라 강 삼각주는 세계에서도 손꼽히는 저지대로, 인도양 연안에서 가장 큰 감조 지역을 형성하고 있다. 몬순기인 7월에서 10월에는 강이 범람하여 감조 지역의 염분 농도가 낮아지고 넓은 대지가 물 속에 잠긴다. 하지만 가장 건조한 5월에서 6월에는 육지가 모습을 드러내며 바닷물은 이 시기에 상류까지 거슬러 올라간다.

이 같이 매년 범람을 반복하는 삼각 지대에 생긴 맹그로브 숲은 매우 특징적인 식물상을 가지고 있다. 남중국해의 맹그로브 숲의 대부분을 차지하는 리조포라 속(屬)을 비롯해 대극과, 마편초과, 리포조라 과, 소네라티아 과, 멀구슬나무과, 말레이시아소철종려(야자나무과) 등이 숲을 구성하는 주요 식물상이다.

이 광대한 맹그로브 숲에서 쌓이게 되는 대량의 낙엽과 낙지, 그리고 그것들에 의해 만들어진 유기퇴적물은 새우류를 비롯한 수많은 저생생물을 먹여 살린다. 또한 큰 하천이 운반한 영양염류로 주변의 감조 지역에서는 플랑크톤이 크게 늘어난다. 세계에서 가장 큰 청어과 고기가 그 플랑크톤을 먹이로 크게 번성하고 있다. 이 어류는 몸길이가 약 60센티미터에 달하는 힐사(Hilsa)이다. 힐사의 아주 가는 새파(鰓耙. 아가미를 구성하는 미세한 반복(反復)구조)는 탁한 물 속에서 플랑크톤을 걸러 모으고, 진흙 입자는 버리는 역할을 한다. 힐사는 몬순기에 강을 거슬러 올라가 침수된 범람원에서 번식을 한다. 힐사는 중요한 식용어로, 벵골 만 전체에서 그 어획량이 20만 톤에 달한다고 한다.

이 밖의 어류로는 멸치속, 준치속, 밴댕이속, 싱어속 등의 청어과와 숭어과, 날가지숭어과, 민어과, 꺽지과 등이 있다. 한편 쇠돌고래와 갠지스 강 돌고래는 이들 물고기를 잡아먹는다. 갠지스 강 돌고래는 탁한 강물에 적응하기 위해 시력이 퇴화된 대신 청각과 반향정위(反響定位) 능력을 발달시켰다.

갠지스·브라마푸트라 강 삼각주에 남아 있는 맹그로브 숲에는 벵골호랑이와 인도악어, 그밖에 다양한 야생조류가 살고 있다. 하지만 갠지스 강 흐름의 인위적인 변화와 관개용 취수, 홍수 빈도의 감소에 따른 바닷물의 상류 유입, 맹그로브 숲의 농지 전환, 남아 있는 맹그로브 숲의 도벌, 연안의 호안 공사, 어린 새우의 남획과 이에 따른 기타 생물의 혼획(混獲) 등은 세계에서도 보기 힘든 특이한 생태계를 파괴하는 요인들이다.

서아시아 세계로

인도 반도를 서쪽으로 돌아가면 대지가 점차 건조해지는 것을 볼 수 있다. 하구에는 소규모의 맹그로브 숲이 발달한 장소가 있는데, 그 후배지(後背地)는 열대 초원이 된 경우가 많다. 좀더 서쪽으로 가면 해안에 맞닿아 있는 대지는 사막으로 되어 있다. 겨울에 중앙아시아에서 불어오는 북동풍과 여름에 아프리카에서 불어오는 남서풍 모두 건조한 바람이기 때문이다. 한편으로는 이 겨울에 아프리카에서 불어오는 남서풍은 소말리아와 오만 앞바다에 용승류를 일으키고, 아라비아 해의 식물 플랑크톤의 생산성을 높여 준다.

아라비아 반도에는 사막이 펼쳐져 있지만, 바다 속에는 상상할 수도 없는 세계가 숨어 있다. 바다로 유입되는 육수(陸水)가 적어 연안에 산호초나 해초조장이 형성되어 있다. 이처럼 페르시아 만에는 듀공이 사는 해초대가 펼쳐져 있으며, 홍해 연안에는 형형색색의 물고기들이 헤엄치는 산호초가 발달해 있다. 서아시아는 육지와 별로 인연이 없는 세계이지만, 바다 속에 풍부한 생물다양성을 가진 세계라고 할 수 있다.

끝마치면서

다양한 생물이 살고 있는 아시아의 바다에서는 사람과 바다와의 관계 또한 다양하다. 해안선의 풍경은 지역에 따라 천차만별이지만, 해안에 사는 사람들은 모두 바다와 관계된 생업을 가지고 바다의 은혜를 누리며 살고 있다. 조석 간만의 차이도 지역마다 다르지만, 바닷물이 빠진 개펄에는 반드시 조개를 잡거나 자갈놀이를 하는 사람들의 모습이 보인다. 이처럼 빈번하게 사람들이 바다로 발을 옮기는 지역은 아시아 외에는 없을 것이다.

하지만 아시아의 바다는 크게 변화해 가고 있다. 매립과 오염으로 바닷가의 자연이 훼손되고 있고, 각지에서 진행되고 있는 댐 건설이나 맹그로브 숲의 개발, 산호초의 부영양화 등으로 인해 바다 생태계가 조금씩 파괴되고 있다.

세계에 자랑할 만한 아시아 바다의 생물다양성과 아시아 사람들이 성장해온 바다와의 다양하고 풍요로운 관계가 훼손되는 일 없이 언제까지나 계속 되길 바란다.

제2장
바다의 아시아사

 생명 자체의 주제는 연속과 변화이다.
- 조지 라이거(George Reiger)

앞사진 | 아프가니스탄 노동자들을 태우고 아라비아 해를 항해하는 여객선

서양에서 본 바다의 아시아사

야지마 히코이치 家島彦一

1. 인도양 해역 세계

중계 무역항으로 번영한 아덴

옛날부터 홍해는 인도양과 지중해를 연결하는 통로로서 중요한 역할을 했는데, 그 출입구에 위치한 항구가 아덴이다. 9세기 중반의 지리학자 이븐 쿠르다드비(Ibn Khurd dhdih)는 당시 아덴 항에 대해서 다음과 같이 말했다.

"아덴은 대규모 기항지(寄港地) 가운데 하나이다. 그곳에는 농업도 목축업도 하지 않지만, 용연향(龍涎香), 침향(沈香), 사향(麝香) 등의 향료와 신두(인더스 강 하류 지역과 구자라트 일부 지방), 인도 대륙, 중국, 동아프리카 해안, 에티오피아, 이란, 바슬라, 지다, 수에즈 등지에서 온 상품(商品)이 있다."

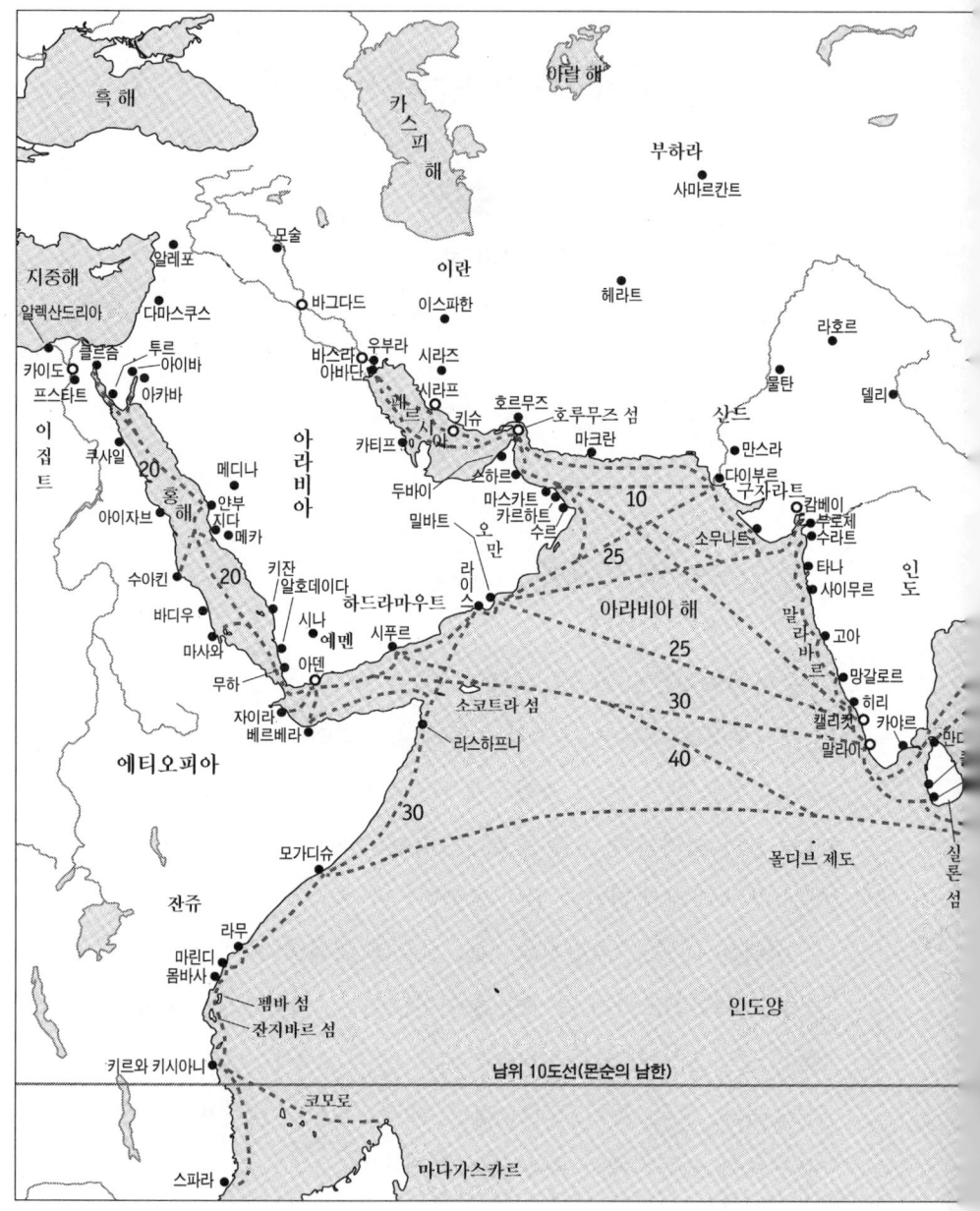

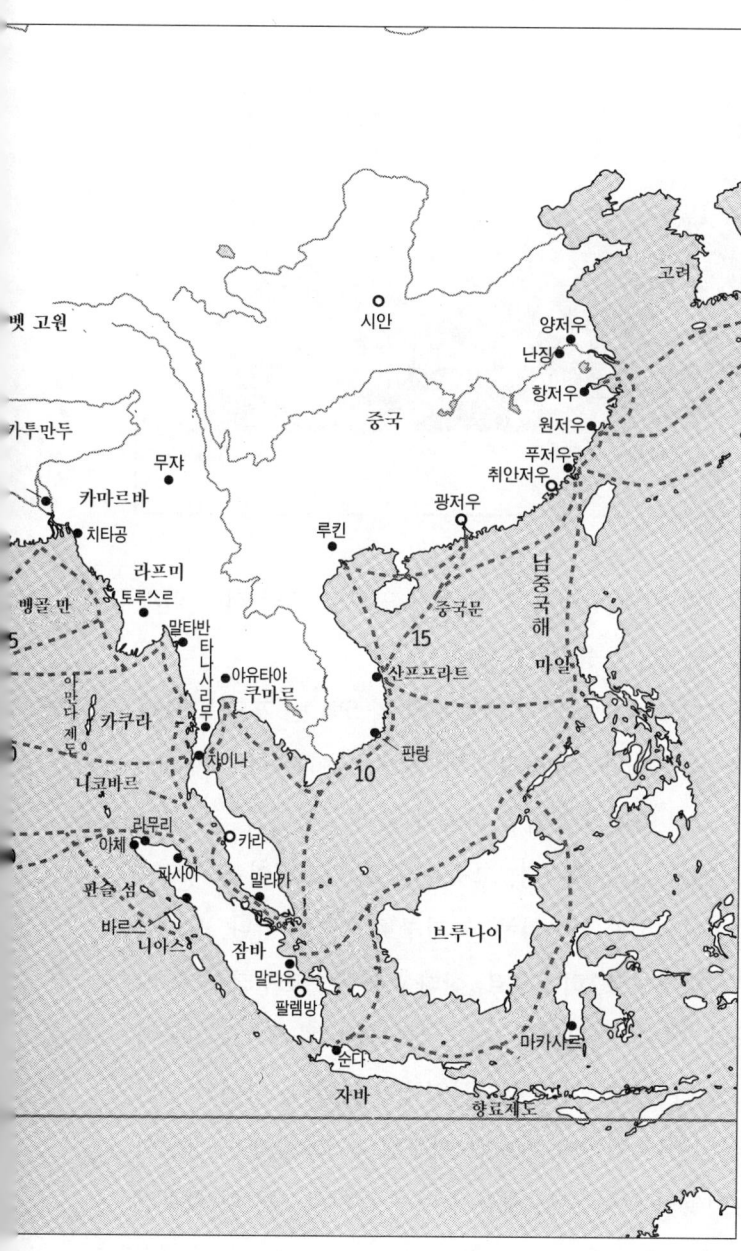

2-1 8~15세기의 계절풍을 이용한 인도양 해역 세계의 주요 항로(숫자는 항해 일수)

2-2 아덴 항의 다우 조선소

당시에 이미 아덴 항의 교역 활동이 인도양 해역 전 지역과 깊게 관련되어 있었음을 알 수 있다.

이븐 쿠르다드비가 살던 시대로부터 약 5백 년 후인 1331년에 아덴을 방문한 모로코 출신의 여행가 이븐 바투타(Ibn Baṭṭūṭa)는 당시 아덴의 모습을 다음과 같이 설명했다.

"아덴은 매우 더운 곳이다. 그곳은 주로 인도인이 드나드는 항구로 캄베이, 타나, 카우라무, 카리쿠토, 판다라야나, 샤리아트, 만잘루, 파카누르, 히나우르, 신다부르 등으로부터 대형 배가 들어왔다. 인도 상인들은 이집트 상인과 마찬가지로 그곳에 임시 숙소를 마련하고 거주하는 사람들이 많았다. 아덴의 주민은 모두 상인이나 짐꾼이 아니면 어부였다. 그 중에는 굉장히 부유한 상인들이 있었는데, 재산이 너무 많아서 자신의 화물만을 운반하는 큰 배를 가지고 있는 상인도 있었다."

이븐 바투타가 앞에서 열거한 항구는 모두 인도 서해안에 있는 항구들이며, 특히 카우라무와 카리쿠토, 판다라이나는 당시 중국의 정크 선이 빈번하게 출입하는 교역항으로 번창했다. 그 당시 인도양 해역 세계는 인도 남서 해안의 항구들을 중심으로 아라비아 해와 인도양을 건너온 다우 선과 남중국해, 벵골 만에서 온 중국의 정크 선이 만나는 곳이었다. 즉, 아시아와 아프리카에 걸친 해역이 한 곳에 모여 교역을 하는 중요한 기능을 가지고 있었다. 아덴에 관한 기록을 한 가지 더 소개하고자 한다. 이것은 포르투갈이 처음으로 중국에 파견한 또메 삐르스 (Tomé Pires, 1468~1540-역주) 대사가 쓴 《동방제국기(東方諸國記)》에 나오는 1510년대 아덴의 상황이다.

아덴은 이집트의 카이로 사람들이나 인도 전 지역에 걸쳐 인도 사람들과 거래를 했다. 아덴 시내에는 많은 재산을 가진 상인들과 다른 왕국에서 온 많은 사람들이 숙소를 마련해 거주하고 있었다. 아덴은 상인의 집합지로, 큰 거래가 이루어지는 세계 4대 도시(호르무즈, 캄베이, 말라카, 아덴) 가운데 하나였다. 아덴의 상인은 바브엘만데브 해협의 내부(홍해)에서 지다와 거래를 했는데, 그곳으로 상당량의 향약(香藥)을 가지고 가서 교역을 했다. [동북아프리카 지방의] 달락 제도와는 직물을 거래하여 진주모(眞珠母)를 들여왔고, 제이라(자이라) 및 베르베라와는 거친 직물과 방물을 거래하여 황금, 말, 노예, 상아를 수입했다. 그들은 소코트라 섬과 거래하여 직물과 낙타의 여물, 소코트라 알로에, 용혈(龍血. 용혈수의 수지)을 들여왔다. 그리고 호르무즈와는 말과 카이로의 상품을 교환하여 황금, 식료, 밀, 쌀, 향료, 진주모, 사향, 생실 및 그 밖의 갖가지 약품을 가지고 돌아왔다. 또한 캄베이에는 카이로의 상품과 아편을 가지고 가서 다량의 직물(그들은 이것을 가지고 아라비아 반도나 섬들과 거래했다), 씨앗, 유리구슬, 캄베이의 염주, 각종 옥수(玉髓) 및 말라카의 향약, 정향나무, 육두구(肉豆蔻), 두구화(豆蔻花), 단향, 리치아 쿠베바(자바후추의 열매), 진주모와 같은 물건을 가지고 돌아왔다. [중략]

캄베이는 인도양의 주요 항로로 이곳에는 아덴으로 가는 항로와 말라카로 가는 항로가 있다.…… 아덴[의 상인]은…… 캄베이에 거래를 하러 와서 말라카에서 온 물품, 즉 정향, 육두구, 두구화, 단향, 차조기, 견직물, 진주모, 사향, 도자기 및 말라카의 상품 중 땅에서 생산되는 쌀, 밀, 소프워트(Soapwort, 비누풀), 인디고, 버터, 기름, 옥수, 세빌리아 제(製)와 같은 질 나쁜 도기, 그리고 갖가지 직물을 제이라, 베르베라, 소코트라, 키르와, 메린디, 모가디슈 및 아라비아 각지와 거래하기 위해 가지고 돌아갔다. 이 거래는 아덴 배와 캄바야 배 사이에서 독점적으로 이루어졌다.

이상의 기록을 볼 때, 9세기에서 16세기에 걸친 기간 동안 농경지도 음료수도 없는 황량한 아덴 항은 중계 무역을 경제기반으로 삼았다는 사실을 알 수 있다. 또 그 교역 시장권은 한쪽으로는 홍해를 통해 카이로와 알렉산드리아의 시장과 연결되어 있었으며, 다른 한쪽으로는 중국, 동남아시아, 인도, 페르시아 만, 아라비아, 동아프리카 해안에 이르기까지 광대한 아시아의 각 지역과 연결되었다는 사실을 알 수 있다. 더불어 15~16세기에는 페르시아 만의 호르무즈, 인도의 캄베이, 말라카 해협의 말라카와 나란히 해상 네트워크의 중심으로서 중요한 역할을 담당했으리라 생각된다.

중심이 되는 항구 도시

또메 뻬르스는 16세기 초 말라카에서 무역을 하던 사람들과 그들의 출신지에 대해 언급한 적이 있는데, '그 항구에서는 84개의 언어가 제각기 구사되는 모습을 볼 수 있다' 라고 말했다. 그리고 카이로, 메카, 아덴의 이슬람교도, 아비시아(에티오피아) 인, 키르와, 메린디, 호르무즈 인, 페르시아 인, 루므 인 등 62개국의 상인들을 열거했다. 이처럼 항구 도시들이 공통으로 지닌 성격은 아시아 바다의 주연(周緣)·도서 지역에서 다양한 사람들이 모여 교역거래가 이루어지고 부가 축적되었으며 이슬람교를 중심으로 하는 각종 종교가 전해졌다는 것이다. 또 다양한 문화와 정보의 교류가 활발히 이루어지는 세계주의의 거점이 되기도 했다.

 중심이 되는 항구 도시는 해상 네트워크를 통해서 다른 항구 도시와 상호 유기적인 관계를 맺고 있으면서 동시에 영역국가의 육상 네트워크에 둘러싸인 거점이기도 하다. 양 네트워크의 접점 및 사이에 위치하는 항구 도시는 사람과 물건, 그리고 정보가 모이는 곳으로 '만남의 기능'을 수행한다. 이처럼 항구 도시는 육지 영역국가의 직접적인 영향을 받는 경우도 있지만, 해역을 통해 펼쳐지는 장대한 네트워크를 가지고 있음으로써 육지의 도시와는 다른 역사 공간, 즉 '해역 세계'에 속한다고 할 수 있다.

 그렇다면 항구 도시를 중심으로 한 해상 네트워크 세계, 즉 아시아의 해역 세계는 어떠한 조건에 의해 성립되었고 언제부터 발달했으며 어떠한 역사적 변천을 겪어 온 것일까? 또 아시아의 '육역 세계'의 영역국가와 왕조는 그 주변을 둘러싸고 있는 아시아의 '해역 세계'와 어떠한 문화적, 경제적 관계를 유지해 온 것일까?

 여기서는 7세기 이후 이슬람 세계의 형성과 전개 가운데 인도양 서부 해역과 아라비아 해, 벵골 만을 무대로 하는 서아시아의 해역 세계, 즉 인도양 해역 세계에 대해 살펴보고자 한다.

2. 네트워크의 역동성

해상 네트워크

네트워크란 단어는 최근 여러 분야에서 사용되면서 매우 애매하고 다양한 의미를 가진 용어가 되었다. 여기서 주장하는 네트워크란 네트워크의 기본적인 성격인 '관계성(relations)' 자체에 기초하여 다양한 연결 기능(신축·확산·팽창·가변·재편성·상호보완)을 분석하기 위한 기본 개념임을 강조하고 싶다.

그렇다면 네트워크라는 측면에서 역사적 배경을 토대로 '인도양 해역 세계'의 성립에 대해 살펴보자.

항구 도시와 항구 도시 사이에 생성되는 교역관계를 네트워크로 볼 때, 인도양 해역에서는 오래 전부터 서로 필요한 교역 물자를 구하기 위해 항구 도시 간의 해상 네트워크가 이루어지고 있었다. 인도양 해역 세계 간에 네트워크가 성립된 요인을 필요로 하는 교역 물자가 서로 다르다는 점에서 살펴보면, ① 자연 생태계의 차이, ② 인구 거주분포의 차이, ③ 문화·문명 간의 차이를 들 수 있다(표 1 참조).

자연 생태계의 차이

일반적으로 교환은 '생산 과잉이 원인'이라고 보는 경우가 많다. 즉, 생산 과정에서 잉여생산물이 만들어지면 그 잉여생산물을 다른 필요재와 교환하게 됨으로써 교역·유통 관계가

표1 지역별 생태계 · 생산물 · 생활 문화의 차이와 교통 네트워크

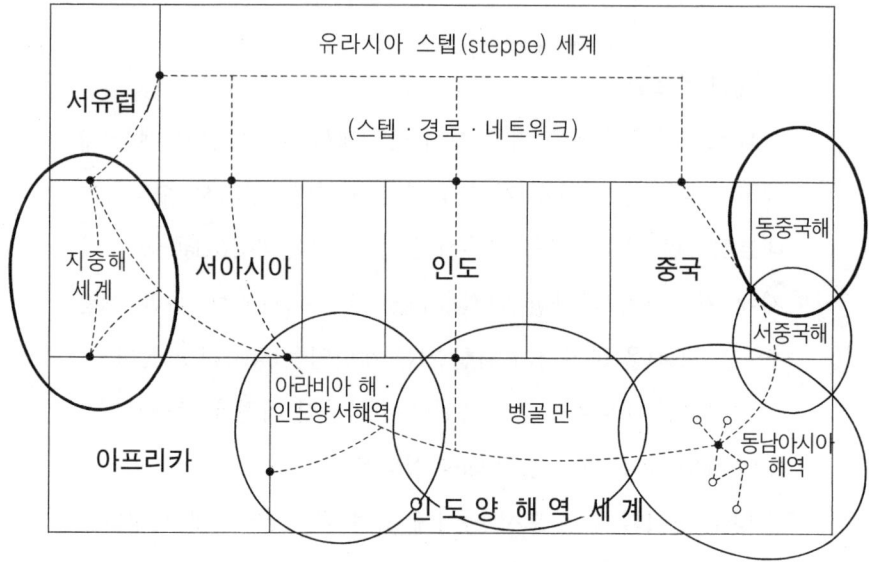

성립되고 발달한다는 것이다. 그러나 교역의 원리는 멀리 떨어진 두 곳 사이의 서로 다른 생태계 조건과 이로 인해 생기는 인간의 생활 문화, 그리고 생산물의 종류, 수, 질, 시간 등 '차이'를 보완하는 과정에서 생기는 '관계성'에 있다고 할 수 있다.

인도양 해역 세계는 아프리카 대륙의 동쪽과 유라시아 대륙의 남쪽으로 펼쳐진 홍해, 페르시아 만, 아덴 만, 아라비아 해, 벵골 만 해역, 연안 지역과 도서 지역으로 구성되어 있다. 약 북위 25도 선에서 남위 10도 선까지의 범위가 인도양 해역 세계에 해당된다. 아시아의 동쪽 해역 세계는 유라시아 대륙의 동쪽 테두리를 띠 모양으로 둘러싼 동해, 동중국해, 남중국해,

내륙 세계 삼림(북) 건조 스텝	목축 이동(정착) 인구 소산	• 가축 관리 • 부계 혈통 • 유목 · 기마(騎馬) 사회
육지 세계 중위도 온대 대하천	정착 농업 도시 시장 소비지 정보 문화 전파 인구 조밀	• 정착 농업 지역 • 부계 통합 • 국가 체제
해역 세계 바다 · 섬 열(아열)대 몬순 다우 삼림 다도해	다양하고 풍부한 식생 삼림 자원 해저 자원 바다로 이동 인구 소산	• 모계 · 쌍계(雙系) 사회 • 이주해온 사람들을 수용하는 너그러운 사회 구조

해역 세계'이다. 반면 인도양 해역 세계는 남쪽으로는 남극까지 이어지는 광활한 바다가 펼쳐져 있고 마다가스카르와 스리랑카를 제외하면 섬이 매우 적은 편이다. 또한 인도 아대륙과 아라비아 반도가 남쪽으로 크게 뻗어 있어서 아라비아 해, 벵골 만, 페르시아 만, 홍해, 오만 만, 아덴 만이라는 깊은 입강(入江)을 형성시켰고, 안다 만, 니코바르, 래카다이브, 몰디브 등 남북으로 길게 이어진 환초가 있는 '먼 거리의 광대한 세계'이다. 즉 인도양의 공간적 넓이 자체가 자원의 다양성, 혹은 지역적, 시간적 '차이'를 만들어낸 주 원인이 되는 것이다. 더욱이 유라시아 대륙의 남부에는 인도양을 둘러싸고 난링(南嶺) · 원

표2 육상 캐러밴과 항해 시기와의 연계

월	지중해 이탈리아 ↔ 튀니지 / 이집트 ↔ 시리아	서아시아의 캐러밴 이동 이집트 ↔ 시리아 / 예멘 ↔ 페르시아만	홍해 수아킨 ↔ 지다 / 예멘	인도양 예멘 ↔ 페르시아만 / 동남아시아 ↔ 인도 동아프리카 ↔ 인도 / 페르시아만
1				
2	겨울 항해 폐쇄기	← 겨울의 캐러밴 이동	← 겨울 항해기	← 겨울 원양 항해기
3				
4	← 봄 원양 항해기			초여름 원양 항해기 →
5				
6				
7	여름 원양 항해기 →	← 여름의 캐러밴 이동	여름 항해기 →	여름 항해 폐쇄기
8				
9				늦여름 원양 항해기 →
10				← 쌍방 항해기 →
11	← 가을 원양 항해기			
12	겨울 항해 폐쇄기			← 겨울 원양 항해기

유라시아 대륙의 남부에는 인도양을 둘러싸고 난링(南嶺)·윈난 고지(雲南高地), 히말라야 산맥, 서고츠 산맥, 자그로스 산맥 등 동서·남북 간의 육상 교통에 장애가 되는 고산 지역과 연결되어 있다는 것이 인도양 원양 항해가 발달하게 된 원인 중에 하나라고 볼 수 있다.

이 해역의 자연 현상이 갖는 특징은 약 6개월을 주기로 방향이 바뀌는 계절풍(아라비아 해와 벵골 만에서는 남서풍과 북동풍, 남중국해에서는 남동풍과 북서풍)이 연간 60퍼센트 이상 출현한다는 점이다. 또한 이 계절풍의 영향으로 사람들 사이에 유사한 생업 형태(벼농사, 뿌리채소 재배를 중심으로 한 농업, 어업 및 해운 등)와 공통된 생활 문화, 시간 리듬, 그리고 세계관이 탄생하였다. 아열대와 열대의 계절풍권에는 많은 종과 다양한 식생이 분포하고 있으며 동물이 생식하는 삼림 지대와 맹그로브 숲이 해안 지역에 형성되어 있다. 얕은 바다에는 산호초가 끝없이 펼쳐져 있다. 그리고 이곳에는 중국과 인도, 서아시아, 지중해 세계 등 중위권 지역의 도시와 영역국가에서 소비되는 진기한 삼림 자원과 해산물이 많이 생산된다. 한편 중위도의 많은 도시는 그 대가로서 산물을 가공·생산·중개한 완성품을 제공하며 서로의 '차이점'을 교역을 통해 교환하는 상호관계를 쌓아왔다.

또 계절풍과 그 바람의 마찰 작용으로 발생한 취송류(吹送流, Monsoon current)를 항해에 최대한 이용함으로써 일 년 중에 정해진 시기와 원하는 방향으로 해역 내를 안전하고 이동할 수 있게 되었다. 표 2는 인도양과 지중해의 항해 일정표 및 서아시아 지역을 중심으로 한 육상 캐러밴(caravan, 隊商)의 이동 시기와의 관계를 나타낸 것이다. 표에서 알 수 있듯이, 근대 이전 내륙 지역의 교통 수단과 도시의 시장 활동은 주로 인도양의 계절풍 항해에 맞춰 이루어졌다.

인간의 거주 분포 차이

아라비아 해와 페르시아 만이나 홍해의 가장자리 지역에서는 기원전부터 아랍 계나 이란 계의 선원과 상인들이 삼각형 돛을 단 봉합형 배(배의 외판을 고정하기 위해 쇠못을 사용하지 않고, 판에 구멍을 뚫어서 야자나무 섬유로 짠 가는 끈으로 꿰맨 배)를 이용하여 동아프리카와 인도 서해안이나 인더스 강 유역과 교류를 했다. 또 인도 아대륙 서해안의 구자라트·콩칸 지방과 말라바르·코로만델 해안, 벵골 지방이나 동남아시아의 오스트로네시아·말레이 계 사람들은 열대 지역에서 생산되는 야자나무, 티크, 나왕, 망고나 대나무 같은 목재를 사용하여 통나무배, 봉합형 배, 아우트리거 식 배 등 다양한 종류의 선박을 만들어 냈다. 그리고 일 년 동안 주기적이고 일정한 방향으로 부는 계절풍이나 취송류의 리듬과 별에 대한 지식을 숙지하여 신속하고 정확하게 대륙과 도서 간을 횡단하는 항해술을 익혔다. 지역 간의 이동이 확산되면서 각지에서 많은 상인들과 이주자들이 항구 도시로 모여들었으며 항구 도시는 이동과 정착의 거점이 되었다. 하지만 항구 도시와는 대조적으로 그 뒤에는 인구가 희박한 배후지가 펼쳐져 있다. 하지만 식민지 지배기인 18세기 말 이후에는 아열대 삼각주나 삼림 지대가 급속히 개발되어 인구 분포에 커다란 변화가 일어났다.

한편 인간의 이동과 확산에는 많은 요인이 존재한다. 정세 불안이나 사회 · 경제 변동, 자연 재해, 굶주림 등이 발생하면 그것이 계기가 되어 인구의 대이동이 이루어졌다.

문화 · 문명 간의 차이

인도양의 주연 · 도서 지역에는 열대 · 아열대 우림으로 뒤덮인 섬들과 바다가 넓게 분포하기 때문에, 네트워크의 거점인 항구 도시를 제외한 대부분의 지역은 자연 경제를 기반으로 한 부족 사회와 폐쇄적인 문화가 지배적이다. 항구 도시가 부와 권력, 문화, 정보가 모인 곳이라고 한다면, 그 뒤로 펼쳐진 도서 · 해안 지역과 내륙 지역은 바다와 산의 자원을 제공하는 원료 공급지라고 할 수 있다.

표1을 통해서도 알 수 있듯이 인도양 북쪽에 위치한 중위도의 육지 세계에는 중국, 인도, 서아시아, 지중해 세계 등 서로 다른 큰 문명권이 자리잡고 있다. 예로부터 이곳에서는 영역국가와 왕조의 흥망이 반복되어 왔다. 특히 서아시아 지역은 지중해와 인도양을 연결하는 동서축과 유라시아 대륙과 아프리카 대륙을 연결하는 남북축의 십자로에 위치하여 다른 지역보

다 먼저 유통 경제와 도시가 발달한 곳이다. 7세기 이후의 서아시아 지역은 지중해와 인도양이라는 두 해역 세계를 연결하는 중간 지역으로 육지와 바다에 걸쳐 이슬람의 도시 네트워크가 형성되었던 곳이다.

이와 같이 다양한 '차이'에도 불구하고, 그 사이에 존재하는 사람, 물자, 정보의 흐름은 해역과 해역 사이의 네트워크를 활성화시켰으며 육지와 바다 사이에 경제적, 문화적 상호보완 관계를 맺게 해주었다. 또한 시대의 변화와 함께 해상 네트워크의 교역 경로와 거점, 범위, 중심 인물, 취급 상품의 종류 등에도 변화가 나타났다.

3. 이슬람 네트워크의 확대

인도양으로의 이슬람 네트워크 확대

이슬람 네트워크가 확대된 요인으로는 ① 신의 길(신앙)을 위한 무력 성전(지하드), ② 자연, 정치, 사회, 경제 환경의 변화에 따른 인간의 이동과 지역 재편 운동, ③ 상업 활동에 따른 이슬람 경제권의 확대, ④ 특히 12세기 중반 이후 수피즘(이슬람 신비주의)의 새로운 전개, ⑤ 메카 순례와 성자묘·성지 참배의 융성 등이 있다.

현재 인도양 전 해역 세계에 미치는 이슬람의 영향은 아시아와 아프리카에서 일어난 성전에 의한 정복과 확대가 아니라 교역 활동이나 도시화 과정과 관련이 있다. 서아시아 지역을 중심으로 하는 거대한 제국, 즉 우마이야 왕조(Umayyad Dynasty. 661~750. 무아위야 1세가 다마스쿠스를 수도로 하여 세운 이슬람 왕가-역주)와 아바스 왕조(Abbas Dynasty. 750~1258. 옴미아드 왕조의 뒤를 이어 동방 이슬람 세계를 지배한 왕조-역주) 왕조의 성립과 이슬람 도시의 발달은 이슬람교도뿐만 아니라 기독교, 유대교, 조로아스터교 등 모든 종교와 상인의 활발한 상업 활동을 촉진시켰다. 또한 '지중해·서아시아 세계'라는 이전의 활동 영역을 초월하여 진귀한 보물이 넘치는 인도양 해역을 향해 확장해 나가게 되는 계기가 되었다. 《아라비안 나이트》에 나오는 뱃사람 신밧드의 이야기나 브즈룩 븐 샤프리샬(Buzurk b. Shahriyār)이 쓴 《인도의 신비 Kitāb 'Ajā'ib al-Hind》는 9세기에서 10세기에 걸친 인도양 해역을 무대로 하여 아랍 계와 이란 계 상인들의 실제 활약상을 전하고 있다. 그 활약 범위에는 동쪽으로는 중국의 광둥에서 동남아시아, 인도, 그리고 서쪽으로는 동아프리카 해안의 펨바 섬, 스파라(잠베지 강의 하구 부근), 마다가스카르 일부가 포함된다. 일찍이 아라비아 어(語)는 페르시아 어와 함께 해상 공통어로서 운수, 거래, 계약, 금융, 정보 등의 커뮤니케이션 수단으로 널리 사용되었다.

교역이 확대되고 많은 사람들이 이동하면서 새로운 통상로가 개척되었고, 인도양 주연·도서 지역에 함선의 대기와 음료

수 보급, 화물의 재적(再積), 산물의 집산(集散)과 거래 등의 중계 기능을 담당하는 항구 도시가 잇따라 발달하였다. 그 결과 9~10세기에는 인도양 해역의 주요 항구 도시가 48개에 달했고, 12~13세기에는 더욱 증가해 67개가 되었다. 항구 도시에는 각지에서 온 다양한 사람과 물자, 정보가 모여 조직적인 면에서 내륙의 영역국가와는 다른 체제의 개방적인 항구 도시가 형성되었다. 항구 도시의 화려한 도시 생활과 수준 높은 물질 문화, 그리고 경제의 번영은 토착 지배자와 일반인들이 이슬람교로 개종하는 데 크게 공헌했다.

여기서 주목해야 할 점은 15세기 말 포르투갈 함대가 인도양에 진출하기 이전의 인도양 해역 세계의 많은 항구 도시에는 해상 공격에 대비한 방어용 주벽(周壁)이 존재하지 않았다는 사실이다. 오히려 내륙 유목민의 공격이나 영역국가의 침략을 막기 위해 육지에 주벽을 쌓았다. 이 사실은 이슬람 영향권에 있었던 인도양 해역이 이슬람교도들에 의해 독점된 '이슬람의 바다'가 아닌, 많은 사람들이 공유한 개방적인 바다였다는 사실을 말해준다.

그러나 포르투갈, 네덜란드, 영국과 같은 서유럽 열강 세력은 인도양 해역을 군사력으로 지배하기 위해 해상 교통의 요지에 견고한 요새를 쌓고 대포를 설치하였다. 또한 전함을 배치하여 바다 위를 순찰함으로써 바다를 육지와 같이 배타적이고 독점적인 곳으로 변화시켰다. 그 후, 아시아의 해역 세계는 강력한 국가 권력에 의해 크게 변모하기 시작했다.

한편, 지중해 세계는 동쪽과 남쪽의 이슬람 세계, 북쪽의 서유럽·기독교 세계, 그리고 북동쪽의 비잔틴·그리스 세계로 이루어져 있었다. 이처럼 세 개의 다른 세계가 정립하는 '긴장과 대립의 바다'로서의 성격을 가지고 있었다. 이를 결정적으로 보여주는 것은 많은 지중해 항구 도시가 바다를 향해 견고한 요새를 쌓았다는 사실이다. 지중해 세계는 인도양 해역 세계와 비교할 때 사방이 육지로 둘러싸인 비교적 좁은 해역이며, 온대형의 자연생태적 조건을 가지고 있다. 이러한 이유로 지중해 세계는 정치적인 지배의 논리가 압도적인 해역이라고 볼 수 있다.

이슬람 개종의 전설

이슬람 네트워크가 인도양 해역 세계에 전파된 과정을 보여주는 흥미로운 이야기가 하나 있다. 그것은 몰디브 제도의 역사를 기록한 하산 타쥬 우딘(Ḥasan Tāj al-Dīn)의 《연대기 al-Ta'rikh》에 남아 있는 섬 사람들의 이슬람 개종에 관한 이야기이다. 다음은 그 이야기를 요약한 것이다.

몰디브 섬 사람들을 무지와 우상숭배의 죄에서 구원하고 이슬람의 길로 이끈 성자는 이란의 타브리즈 출신인 유스프 샴 우딘(Yusūf Shams al-Dīn)이었다. 그는 고향 타브리즈에서 돌연 모습을 감추더니 몰디브 제도에 나타났다. 섬 사람들이 우상숭배에 빠져 있다는 사실을 안 그는 그들의 죄를 깨우치기 위해 기적을 연출하기로 마음먹었다. 그는 하늘을 찌를 듯한 굽은 목을 가진 거대한 괴물을 나타나게 해 섬의 왕과 주민들을 공포에 떨게 했다. 겁에 질린 그들은 한 사람도 빠짐없이 이슬람교로 개종할 것을 맹세하였고, 왕은 술탄 무하마드로 개명한 후에 다른 섬들로 사자를 파견하여 이슬람교로 개종할 것을 권했다. 이 때 그들이 이슬람으로 개종한 시기는 헤지라 력(曆) 548년(서기 1153년)의 일이었다.

왕은 그 성자의 가르침을 충실히 지켰고, 이슬람 법(法)에 기초하여 국가의 행정과 사법 제도를 정비하였다. 그 후 성자인 유스프는 수도 말레에서 생을 마쳤으며, 그가 매장된 묘는 이후 이슬람교도들의 참배 성지가 되었다. 왕은 성자가 죽은 후에도 이슬람교도로서 경건한 자세로 공정한 나라를 다스렸다.

그러던 어느 날이었다. 왕은 말레 사람들에게 다가오는 금요일에 배 한 척이 도착하면 자신은 그 배를 타고 메카 순례를 위해 여행을 떠나겠다고 말했다. 금요일이 되자 배 한 척이 나타났다. 모스크에서 예배를 마친 후 왕은 수행자 없이 배에 올랐다. 그러자 배는 마치 새가 날아가듯이 사람들의 시야에서 사라졌다고 한다.

위의 내용과는 다소 차이가 있지만, 이븐 바투타 또한 섬 사람들의 이슬람 개종과 관련된 유사한 전설을 기록하였다. 여기서 주목해야 할 점은 다음과 같다. ① 몰디브 제도의 이슬람교가 바다에서 온 성자가 일으킨 기적을 계기로 했다. ② 왕의 적극적인 개종을 통해 섬 사람들에게도 널리 이슬람교가 전파되었다. ③ 모범적인 이슬람 신봉자였던 왕은 어느 날 갑자기 왕권을 버리고 배를 타고 메카 순례 여행에 나서 행방불명이 되었다.

흥미롭게도 이 같은 유형의 전설은 인도 남서해안의 말라바르 지방이나 래카다이브 제도의 미니코이 섬에서도 현재까지 널리 전해지고 있다.

체르만 페르말 전설

이슬람 개종에 관한 가장 오래된 기록은 16세기 초반의 바로스(João De Barros)와 바르보사(Duarte Barbosa)가 기록한 내용으로 말라바르 지방의 체르만 페르말(Chieruman Perummal)에 관한 전설이다. 이 외에도 미니코이 섬의 주민들이나 케라라 해안의 이슬람교도 사이에서 전해 내려오는 전설이 있다. 바로스는 인도의 말라바르 지방에 확산된 이슬람교의 역사에 대해 다음과 같이 설명하였다.

약 6백 년 전(서기 9백 년경), 말라바르 지방 전역을 지배했던 사람은 체르만 페르말이라는 우상교도들의 강한 왕이었다. 그 왕은 후추를 구하려 인도로 간 메카의 이슬람교도들과 교류하면서 이슬람교를 수용했다. 그 후, 왕은 아무도 살지 않는 해변에서 온 배를 타고 메카를 향했는데, 그곳에서 죽었다고 전해진다. 왕은 말라바르를 떠나기 전에 영토를 친족들에게 나누어주고 다시는 고국으로 돌아오지 않을 것이라고 맹세한 후 여행을 떠났다고 한다.

내가 지금 이 전설을 인용한 이유는 14세기 말에 쓰인 《파사이 왕 이야기 Hikayat Raja-Raja Pasai》와 17세기 초의 《스자라 물라유 Sujarat-Mulayu》에 기록된 말레이 왕의 이슬람 개종 전설과 매우 유사하기 때문이다. 파사이(파세)는 수마트라 섬의 동북단에 위치한 쿠알라 파사이 하구 근처에 있으며, 왼쪽으로는 스무도라, 오른쪽으로는 파사이라는 항구 도시가 있었다. 14세기 초 스무도라를 방문한 이븐 바투타는 이 땅의 왕과 주민이 이슬람교로 개종했고 왕이 술탄 매릭 아자힐(al-Malik al-Ẓāhir)이라 불리며 주변 지역에 성전을 전파했다.

파사이 왕의 이슬람교 개종

《파사이 왕 이야기》는 수마트라 섬에 있는 파사이 왕국의 역사에 관한 전설과 민화를 모은 것으로, 말레이 어의 히카야트(hikayat)에 속하는 문학 작품 가운데 하나이다. 파사이 왕 메라실(Merah Silu)은 사마도라(스무도라)에 마을을 건설했다. 한편 그 소식을 들은 메카의 샤리프(sharif. 예언자 무하마드의 자손·후예에 해당하는 지도자)는 예언자가 남긴 전설에 따라 나호다(배의 경영자)인 샤이프 이스마엘이 탄 배를 사마도라에 파견했다. 그 배가 도중에 마타바르에 기항(寄港)하자, 마타바르의 술탄 무하마드는 왕위를 아들에게 물려주고 이슬람 신비주의 수행자(파키르)의 모습으로 변장하여 배에 올랐다. 그 후 수행자는 판슬섬과 라무리(수마트라 섬 북부의 항구)를 지나 사마도라에 도착했다. 그에 앞서 파사이 왕 메라 실은 꿈 속에서 예언자 무하마드를 만나 영험을 얻는다. 수행자가 메라 실을 만나 코란을 건네주자 메라 실은 그것을 막힘 없이 읽을 수 있었다. 이를 통해 수행자는 그곳이 예언자가 말한 장소임을 알게 된다. 샤이프 이스마엘은 메라 실에게 메카의 샤리프에게 받은 기념 예복을 건네고, 술탄 매릭 아사리프(al-Malik al-Ṣāliḥ. 선행에 힘 쓰는 왕이라는 의미)라는 칭호를 준다. 그 후 샤이프 이스마엘은 용연향(龍涎香), 장뇌(樟腦), 침향 등 동남아시아의 특산품을 가지고 메카로 돌아갔지만, 수행자는 이슬람교 전파를 위해 사마도라에 머물렀다. 후에 이 사마도라의 술탄은 파사이의 땅을 발견하고 그곳에 궁전과 마을을 건설했다. 파사이를 거점으로 왕권을 확립한 최초의 술탄은 매릭 아타힐이었다. 3대 후인 술탄 아프마드의 시대에 인도의 카랑가 지방에서 한 척의 배가 도착한다. 그 배에 타고 있던 요가 수행자는 지팡이를 큰 뱀으로 변하게 하는 요술로 술탄을 속이려 했지만, 오히려 이슬람교를 신봉하는 술탄의 영력(靈力)에 의해 기절하게 된다. 그 후 요가 수행자는 이슬람교로 개종하고 술탄으로부터 펠무다르 페르마르 (Perumudal Perumal), 즉 체르만 페르말이라는 이름을 받았다고 한다.

《스자라 물라유》는 말라카 왕국을 통치했던 왕들의 역사를 그린 것으로, 앞에서 말한 파사이 왕의 이슬람교 개종과 술탄으로의 즉위에 대한 이야기를 그대로 인용하고 있다.

《스자라 물라유》를 편찬한 사람의 의도는 긴밀한 교류를 갖고 있는 말라카와 파사이 왕조의 관계를 이야기함으로써, 말라카 왕국의 권위와 정통성을 돋보이게 하려는 것이었다고 추정된다. 여기서 주목해야 할 점은 파사이 왕의 전설에는 다음과 같은 다른 점이 있다는 것이다. ① '메카에서 온 배'는 도중에 마타바르 지방(확실히 인도 남서쪽의 말라바르 해안을 가리킨다)에 들렀다. ② 마타바르 왕은 왕권을 버리고 나라를 떠나 이슬람 신비주의 수행자가 되어 유랑 여행을 계속하다가, 사마도라(스무도라)에 이르러 파사이 왕의 이슬람교 개종에 중요한 역할을 담당했다. 결국, 수행자의 방문 → 왕의 이슬람 개종 → 국민들에게 이슬람교 전파 → 배 도착 → 왕의 실종과 유랑이라는 전설의 패턴은 몰디브나 말라바르 왕의 이슬람교 개종 전설과 일치한다. 아마도 이렇게 서로 연관된 설화가 탄생했다는 점은 인도양의 네트워크에서 사는 사람들 사이에 메카~몰디브~마라발~파사이~마라카로 연결되는 네트워크가 동일한 정신

세계를 보여주는 것이며 서로 공유하고 있었다는 것을 알 수 있다. 어쨌든 이들 개종 전설은 인도양 해역 세계에서 이슬람 네트워크가 확대된 과정을 보여주고 있다.

4. 21세기와 해상 네트워크 형 사회

'틈새 세계' 로서의 해역

토지 지배를 기반으로 성립된 육지국가, 즉 영역국가에게 바다(해역)는 경계가 정해지지 않은 존재였다. 영역국가에게 바다는 새로운 문물과 문화 정보가 유입되는 곳으로 성가신 사람과 같은 존재였다. 따라서 바다를 나누고 국경화함으로써 명확한 국가 이념이나 국가 통치의 틀을 만들어 가는 일은 영역국가의 중요한 임무가 되었다. 하지만 바다에 사는 어민이나 뱃사람, 그리고 바다를 이동하는 상인들에게 바다는 최적의 세계였다. 그들은 국가와 국가 사이의 '불분명한 경계', 즉 정치 지배가 미약한 '틈새'를 주요 무대로 자유롭고 활발한 활동을 펼쳐왔다.

처음에 말했듯이 15~16세기의 아덴은 인도양 해상 네트워크에서 중요한 역할을 담당했다. 바스코 다 가마가 쓴 수행원 기록이나 포루트갈 어와 이탈리아 어로 쓰인 여행기, 지리서 등을 보면, 동아프리카 해안에서 중국에 이르는 인도양과 동중국해에 고도로 발달한 교역 네트워크가 퍼져 있었다는 사실을 알 수 있다. 또한 그곳에는 각지에서 모인 다양한 사람들이 살았으며 다양한 언어와 종교가 공존하고 있었음에도 불구하고 항구 도시에는 질서가 잘 유지되는 도시 사회가 있었다고 한다. 15세기에서 17세기 중반에 걸친 시대에는 류큐 왕국을 중간 매개로 일본에서부터 동아프리카까지 광대한 해역이 하나가 되는 '대해역 세계'가 형성되었다. 한편 서유럽 열강세력은 기존의 인도양 해역 세계를 둘러 싼 교역 네트워크를 교묘히 이용하면서 아시아로 진출했다.

현재 이슬람교를 국교로 하거나 이슬람교도들이 사회의 주류를 차지하는 국가와 사회가 인도양 해역의 주연·도서 지역에 많이 분포하고 있다. 이슬람교와 그 문화는 어째서 인도양 해역으로 크게 확대된 것일까? 이것은 이슬람 세계와 해역 세계가 서로 공통된 네트워크 사회이기 때문일 것이다. 서아시아와 이슬람 세계를 중심 축으로 하여 서방으로 확대된 이슬람 네트워크는 비슷한 성격을 가진 인도양의 해상 네트워크와 연계됨으로써 지역 간의 긴밀한 유대관계가 빠르게 이루어졌던 것이다.

네트워크를 규정하는 기본 원칙은 상대에 대한 독점적이고 배타적인 관계가 아니라 '관계'를 공유하고 상호 이용하는 것이다. 이와 동시에 자신의 입장을 확고히 하고 상대방을 인정하는 신뢰관계를 바탕으로 해야 하는 것이다. 다시 말해서, 서로가 대등한 관계로 맺어져 상호공존과 상호보완을 중시하는 '계약관계'이어야 한다. 이렇듯, 인도양 해역 세계는 형성과 전개 과정에서 아시아와 아프리카의 상이한 자연 생태계와 인간·문화 간의 '차이'를 연결해주는 교류관계로 발전해왔다.

21세기와 항구 도시형 네트워크 사회의 발전

그렇다면 역사적으로 인도양 해역 세계와 비교하여 '근대'를 생각해보자. 근대에 들어 세계는 도시 문명과 과학 기술이 눈부시게 발전하면서 모든 면에서 국제화 시대가 되어 가고 있다. 하지만 15~16세기 이후 서유럽 각국이 세계로 진출하는 과정에서 만들어낸 원료 지배, 대량 생산과 시장 독점이라는 지역지배 시스템과 배타적이고 독점적인 경제 체제는 오늘날 더욱 강화되었다. 앞으로도 국제적 손익 때문에 발생하는 지역 분쟁이나 경제적 문제는 점차 심화될 전망이다.

그리고 인도양 해역 세계의 역사와 관련해서 앞으로의 세계에 대해 다음과 같은 생각을 했다. 아마 21세기에도 국민국가라는 틀은 무너지지 않고 유지될 것이다. 하지만 역사적으로 만들어진 여러 지역(해역)권, 이동 생활권, 언어권 등은 '지역 경제권'이나 '상호 협력 체제'와 같은 형태로 재부상하지 않을까? 또한 항구 도시 네트워크와 같이 국가의 틀을 넘어 거점 도시를 연결하는 정보 네트워크 형 사회로 전환될 것이라 확신한다.

앞으로 세계는 지구라는 한정된 공간과 자원의 틀 속에서 각각의 지역이 지닌 자원적 특성(자연 생태계, 광물 자원, 두뇌 자원을 포함한 인적 자원, 문명 기술 등)을 최대한 살려 그것을 국가적 가치로 높게 평가함으로써 서로의 교류관계를 적극적으로 발전시켜 나가게 될 것이다. 이는 다른 지역에 사는 사람들의 생활 수준을 높이고 자립을 도움으로써 경제 안정과 평화를 불러오는 일과도 일맥상통하다고 본다. 지역의 자립과 다른 지역 간의 네트워크화, 그리고 국가를 초월하여 사람과 사람을 연결하는 신뢰의 네트워크야말로 앞으로의 세계가 지향하는 방향이 아닐까? 이는 실제로 인도양 해역 세계의 성립을 지탱해온 기본 원리와 공통되는 것이라 할 수 있다.

동양에서 본 바다의 아시아사

하마시타 다케시 濱下武志

바다의 아시아를 이해하는 것은 영토의 크기와 그에 따른 국가와 민족, 나아가서는 학문적으로 규정해 온 '대륙'의 사고방식에서 탈피하는 것을 말한다. '아시아'라는 표현 자체도 오랫동안 유럽에서 본 아시아를 의미했다. 그러나 바다라는 곳은 귀속이 없이 연결되어 있다. 따라서 아시아의 바다를 생각하는 일은 세계를 재인식하는 것으로 이어진다.

1998년 리스본에서 만국박람회가 열렸다. 바다에 기초를 두고 대제국을 건설한 포르투갈은 이 만국박람회의 주제로 바다를 선택하여 세계의 바다와 인류의 역사를 배로 나타냈다. 예를 들어, 마카오의 역사를 살펴볼 때, 분명 바다는 문화의 전도사였음을 알 수 있다.

아시아의 바다를 살펴보면 최근 중국의 움직임에 관심을 기울이게 된다. 특히 개혁·개방으로 대표되는 대외 정책은 바다를 향해 열려진 중국의 모습을 부각시켰다. 이것은 해국(海國) 중국의 등장을 의미하는 것이다. 중국은 1997년에 영국에게서 홍콩을, 또 1999년에는 포르투갈에게서 마카오를 반환받아 일국이제도(一國二制度)의 형태를 취하고 있으며, 홍콩과 마카오가 내륙과는 달리 바다와 연결되어 있다는 특징을 최대한 부각시켜 바다로의 발언권을 강화하였다. 일국이제도의 문제는 중국에만 국한되는 것은 아니다. 현재 아시아에서, 아니 세계적으로 문제가 되고 있는 중국과 타이완의 관계에서도 이것에 대해서 거론되고 있다. 이런 움직임은 국가 주권에 의해 나누어진 경계와는 달리, 사회적으로 나누어진 일본과 오키나와, 정치적으로 나누어진 한반도의 남북문제와도 관계가 있다. 이른바 일국다제도는 개방된 중국의 가장자리 지역을 따라 등장하고 있으며, 종래의 주권에 의해 구분된 국경을 지정적(地政的)이고 종주권적으로 다시 제기되고 있다. 중국에서 이 현상들은 바다를 둘러싸고 나타나는데, 일국다제도라는 미래 국가의 모델은 바다와도 밀접한 관련을 맺고 있다는 것을 알 수 있다.

바다와 일본이라는 관점에서 일본이 아시아에서 차지하는 위치와 역할을 역사적으로 되돌아보는 과제 또한 중요하다. '일본은 아시아였는가, 유럽이었는가?'라는 메이지(明治) 유신 이래의 의문은 근대화와 국가 건설을 둘러싸고 제기되는 질문이었다. 하지만 국가를 둘러싼 이 문명론과는 달리 바다는 보

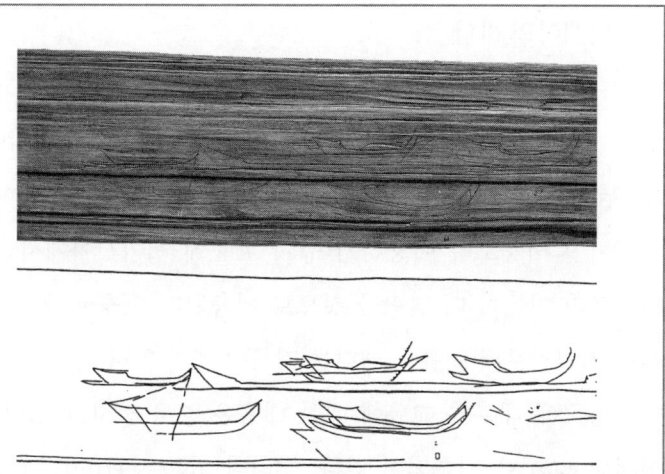

2-3 효고 현(兵庫縣)의 하카자(袴狹) 유적에서 발견된 대선단(大船團)을 그린 나무판

다 일상성을 가진 이웃 지역과의 교류에 대해 묻고 있다.

한편 최근 발견된 와카사 만(若狹灣)을 항해하는 고대 선단의 그림은 아시아 내에서 해역의 확장과 연결을 보여주는 것이다. 바다에 근거지를 둔 일본열도의 각 지역이 아시아와 맺었던 관계에 대해 생각해보고자 한다. 북으로 오호츠크 해, 동으로 타스만 해(Tasman Sea. 오스트레일리아와 뉴질랜드 사이의 바다-역주), 인도양을 지나 마다가스카르 섬과 아프리카 동해안 사이의 모잠비크 해협에 걸쳐 아시아 바다가 펼쳐왔던 역사는 시간과 공간을 초월하여 좋은 재료가 될 것이다.

동아시아의 바다

동아시아의 바다에서는 옛날부터 계절풍을 잘 활용하고 있었다. 여름의 남서풍, 겨울의 북동풍은 동아시아를 동남아시아, 남아시아, 서아시아와 연결시켜주는 역할을 했다. 아마 남서풍이 북서풍보다 이용하기 쉽기 때문에 서아시아에서 동아시아로의 이동이 더 빨랐을 것으로 예측된다. 동중국해의 내부에는 기원전부터 교류를 했다는 기록이 남아 있다.

동중국해 내부의 교류에 대한 내용은 중국 정사(正史)인《동이전(東夷傳)》에 기록되어 있다. 그러나 이는 사관(史官)에 의해 편찬된 것으로 실지 답사에 기초하여 작성한 것은 아니다. 반면 조선의 신숙주(申叔舟)가 왕명에 의해 1471년에 편찬한《해동제국기(海東諸國紀)》는 해도(海圖)로 나타낸 지리서로서, 나아가서는 언어와 풍속을 조사한 자료집으로도 큰 의미를 지닌 획기적인 역사서다. '해동' 은 어디를 가리키는 것일까? 지도에 따르면 해동은 한반도 남단에서 일본, 류큐에 이르는 지역임을 알 수 있다. 단, 그 해역 안에 동북아시아의 발해(渤海)나 동남아시아의 팔렘방이 들어가 있는 것을 볼 때, 당시 알려져 있던 지명 혹은 왕국명을 해역에 기록했던 것으로 보인다. 그 당시에 동남아시아에서는 이미 후추가 규슈를 통해 한반도로 유입되었으며, 조선 왕조는 후추를 명나라에 조공으로 바쳤다. '해동' 은 동중국해에만 그치지 않고 동남아시아까지 연결되어 있었던 것이다. 지도와 해도에 나타난 파도 무늬 또한 매우 특징

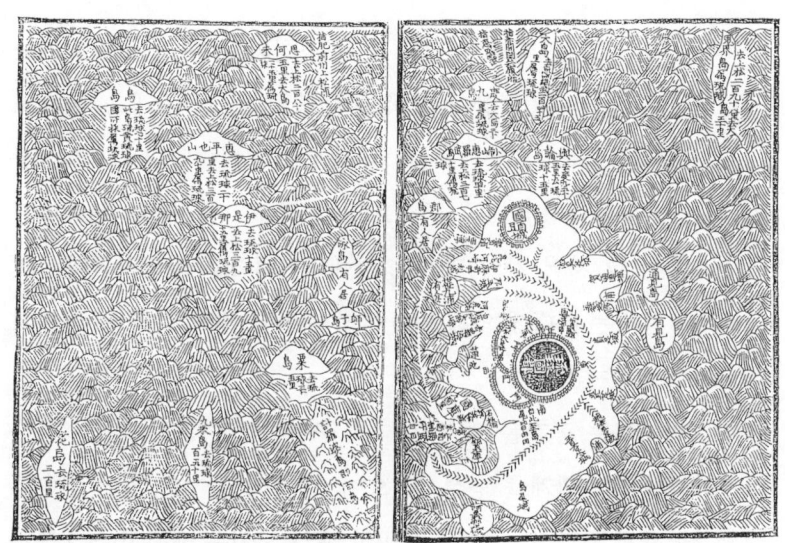

2-4 《해동제국기》에 수록된 '류큐국지도(琉球國之圖)'

적인데, 이 파형(波形)의 디자인은 이후 많은 해도에서도 나타난다.

어민이나 해상(海商)은 각자 바다를 연결하거나 구분 지으면서 바다를 경영해왔다. 그들은 해신(海神)과 수신(水神)을 모시고 자연과 깊은 관계를 맺어왔으며 자연의 주기에 맞춘 생활을 했다. 그러나 바다에 정치적 권위와 권력을 부여하면서 주권과 종주권, 제국과 식민지 등 통치 형태가 복잡해지게 되었고 도서 귀속 문제나 영해 문제 등이 끊임없이 발생하게 되었다.

역사적으로 보면 남중국해에는 중국, 인도, 이슬람, 유럽 문화권이 뒤섞여 지방 정권에 영향을 주거나 정권 자체를 만드는 경우가 있었다. 지방 정권은 중국 정치의 영향 속에 들어가는 형태로 자신의 권력을 표현했으며, 중국과 조공관계를 맺고 또 그 관계를 따라 주변 지역과의 관계를 형성하였다. 의식과 종교, 권위와 위덕(威德)을 중심으로 한 종주-번속(藩屬) 관계에서 바다는 그 지역 간의 관계 형성에 큰 역할을 담당하였다. 즉, 조공관계는 바다에 의해 만들어진 지역과 해역 간의 교섭 관계라고 할 수 있다.

바다라는 공간은 광역 지역을 구성하는 다문화, 다민족, 다권력의 상호관계를 형성시켰으며, 대량의 물자나 인원 수송이 가능하게 되었다는 것이다. 또한 해양 자원은 배후지나 내륙과 교역이 이루어지면서 연안에 인구가 집중되고 도시가 형성되는 데 큰 영향을 주었다.

해역과 지역의 역동성

유라시아 대륙 동쪽에 위치한 대륙 지역과 주변의 반도와 섬 지역으로 이루어진 동아시아는 여러 국가로 나뉘어져 있으며 동시에 많은 민족과 다양한 문화를 포함하고 있다. 이것은 바다를 중요한 주체로 인식했던 동아시아가 다민족, 다문화, 다지역으로 구성된 하나의 정치 공동체임을 의미한다. 이 지역이 지닌 다원성은 여러 지역과 함께 어우러져 해역의 역동성을 창출해왔다. 역사 연구가 지역 공간의 역동성을 탐구하는 것을 과제로 한다면, 동아시아의 해역 공간에 있어서는 지정학적으로 중국을 둘러싸고 형성된 광역 질서와 그 역동성을 밝힐 필요가 있다. 그 중에서도 동중국해와 남중국해의 해역 간의 관계를 검토함으로써 난사 군도(南沙群島) 분쟁 등 해양을 둘러싸고 파생된 바다의 국경 문제에 대해 시대적인 조건을 부여할 수 있을 것이다.

한편 섬들은 영역으로서 스스로를 표현하기보다는 해역의 다른 섬들과 네트워크를 형성함으로써 스스로를 유지시켜왔다. 하지만 국가라는 상위 개념이 설정되면서 섬 자체도 국가 체제를 정비하게 되었고, 바다의 시점(視點)에서가 아니라 육지의 연장으로서 해역을 분할하고 권위와 권력이 섬을 장악하게 되었다. 그러나 바다가 역사 속에서 인간 사회와 다양한 관계로 복잡하게 얽혀 있고, 네트워크로서의 기능을 해왔다는 점을 인식할 때, 국가와 바다가 직접 대치하고 있는 난사 군도의 경우 해결 방향을 찾기가 쉽지 않은 것이 사실이다.

해역의 성립과 연결

'동아시아와 동남아시아' 라고 불리는 지역을 동중국해와 남중국해에 의해 형성된 해역 세계라고 생각하면 지정학적인 지역과 해역 시스템을 한층 더 합리적으로 이해할 수 있다. 여기서 말하는 해역 세계는 단순히 바닷물이 차 있는 넓은 공간을 가리키는 것이 아니다. 그것은 동아시아를 중국, 한국, 일본, 베트남의 권력 구성으로 나누어 생각하고, 동남아시아를 대륙 지역과 도서 지역으로 나누는 지형적 구성과는 달리 광역 지역의 내부 상호성과 총체적인 연결 방법에 주목하고자 하는 새로운 시각이기도 하다.

해역 세계는 다음의 세 가지 요소가 복합적으로 구성되어 있다.

첫째는 연해 지역으로 바다와 육지가 교섭하는 지역과 해역이다. 청나라 초기에 바다를 근거지로 반청(反淸) 활동을 벌였던 쩡첨궁(鄭成功)의 영향력에서 연해 주민을 떼어놓으려 했던 강희제(康熙帝)의 '천계령(遷界令)' 등은 연해 지역이 고유한 해역 세계의 구성 요인이었음을 보여준다.

둘째는 이 연해의 해역 지역을 구성 요소로 하여 형성된 환해(環海) 해역 세계이다. 이곳에는 해역을 중심으로 그 가장자리에 교역항과 교역 도시가 형성되었다. 이런 교역항들은 내륙에서 바다로 나가는 출구라기보다는 다른 해역 세계를 연결하는 교점이었다. 예를 들어, 역사적으로 볼 때 중국의 연해 해역 지대에 속하는 닝보(寧波)의 상인은 내륙과의 교역보다 연해역이나 해역과의 교역으로 부를 축적했다. 특히 닝보의 상인 집단은 나가사키와의 교역에서 중요한 역할을 담당했다. 이 환해 문제가 현재 환동해와 환서해 논쟁으로 재등장했다는 사실도 주목할 만하다.

셋째는 환해 항만 도시의 상위 개념으로, 해역과 해역을 잇는 역할을 담당하기 위해 형성된 항만 도시이다. 가령, 동중국

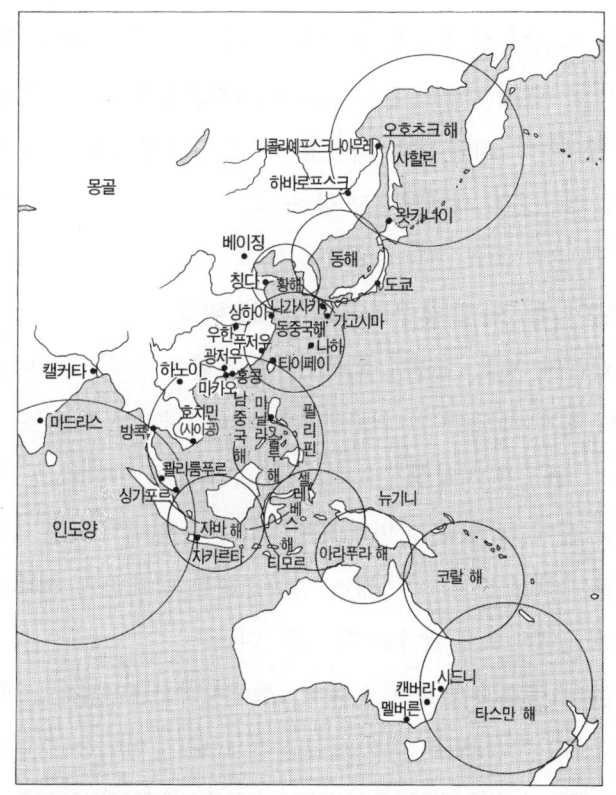

2-5 아시아 해역의 교차도(17~19세기)(연해(沿海)·환해(環海)·연해(連海)의 조합과 상호 작용을 통해 해역에 고유의 교역·이민권이 형성되었다.)

해와 남중국해를 매개로 하여 서로의 해역을 연동시켜 보다 다각적이고 광역적인 해역 세계를 만드는 데 큰 역할을 했던 류큐의 나하(那覇)와 광둥의 광저우(廣州), 마카오, 그리고 19세기에 들어와 이 도시들을 대신한 홍콩 등을 들 수 있다. 또한 동중국해와 인도양을 연결하는 항만 도시로는 말라카와 후에 그 역할을 대신한 싱가포르, 인도네시아의 아체 등을 꼽을 수 있다. 이들 '연해(沿海)·환해(環海)·연해(連海)'에 의해 성립된 해역 세계는 육지와 달리 다원성, 다양성, 포괄성을 지닌 개방적이고 다문화적 세계였다고 할 수 있다.

난세이 제도의 입체 구조와 도서 네트워크

오키나와, 또는 오키나와 제도라는 표현은 둘 다 오키나와가 하나의 섬으로 되어 있다는 느낌을 준다. 하지만 사실 오키나와는 섬 구조가 지정학적으로 여러 개의 섬이 하나의 섬을 이루는 동시에, 근방의 아마미(奄美), 규슈와 연결되고 남으로는 타이완, 필리핀으로 이어지는 남북관계를 중계하며 서태평양과 동중국해와도 중계하는 도서군이다.

섬들은 중화사상에 기초하여 '화이지정론(華夷址政論)'으로 보면 '규슈'를 제외한 나머지 섬들은 연락이 안되는 오랑캐의 섬이였다. 하지만 해양의 관점에서 보면, 섬은 항만이며 이동과 집산(集散)이 활발한 네트워크 센터였다. 더욱이 섬 세계의 관점에서 보면 안팎이 엄연히 구분되어 섬 자체가 독자성을 지니고 있다. 류큐 제도를 예로 들면, 중국에서의 호칭은 대류큐, 소류큐, 류큐 등의 표현으로 서로 중복된다. 즉, 현재의 타이완에서 오키나와를 거쳐 아마미에 이르는 일련의 섬들이 연관성을 가지고 있었다는 것을 알 수 있다.

이렇듯 해역 주변을 따라 형성된 무역 도시와 이민(移民) 도

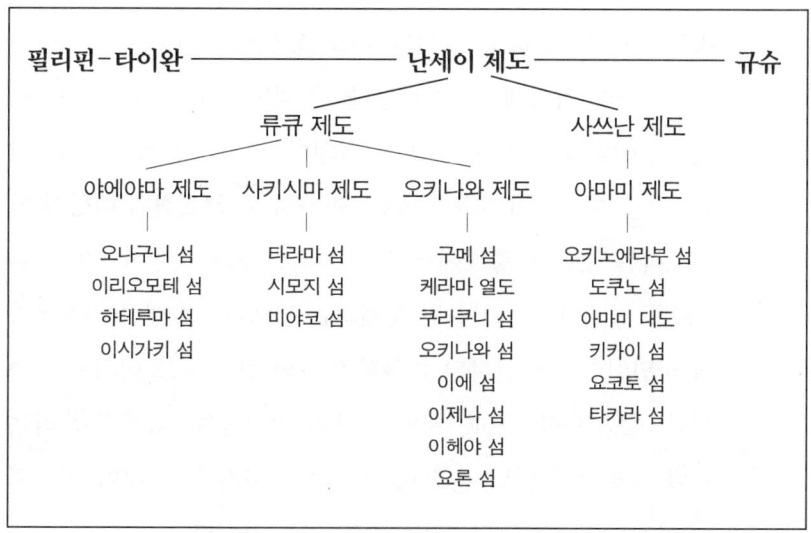

2-6 난세이 제도의 입체 구조

시를 중심으로 해역이 형성되었으며, 이를 통해 교역과 이민이 보다 활성화되었고 이곳들을 중심으로 도서 네트워크도 형성되었다. 나하를 중심으로 한 배후 해역 관계는 동쪽으로는 태평양 제도, 북쪽으로는 규슈에서 한반도, 또는 규슈에서 서일본으로 이어지고 있으며, 서쪽은 푸젠 성(福建省) 푸저우(福州)를 중심으로 하는 화난(華南) 연해 일대, 남쪽으로는 타이완 동부에서 필리핀에 이르는 경로의 동쪽 선으로, 또는 타이완 해협을 지나 동남아시아에 이르는 경로의 서쪽 선으로 한다.

지금까지 섬 지역의 역사가 변경사(邊境史), 주변사(周邊史)로 취급받아온 데에는 두 가지 이유가 있다. 첫째, '국가' 영역에서 균일성과 균질성이 이념으로 강조될 때 주변 지역, 특히 섬 지역은—'낙도'라고 표현될 때도 있듯이—다른 지역, 특히 '본토'와의 차이에서 '후진성'을 지적받았다는 사실이다. 둘째, 국가의 중심성, 중앙성, 구심성이 강조되고 목표가 된 결과, 주변 지역이 유지하고 있던 '독자성'은 균질화의 대상이 되기보다는 오히려 중앙에서의 원조나 보조의 대상이 되어버린 '주변' 정책사에서 기인된 문제라는 점이다. 그 배경에는 국가와 국민이라는 획일화된 표현과 양자의 관계가 그 이외의 민족이나 지방 사회, 종교, 지역성 등의 이질성을 '국민국가'라는 보다 균일화된 이념 속으로 포섭하려 했지만, 그것이 이질성 그 자체를 해소하려던 것은 아니었다는 것이다.

하지만 주변사나 변경사를 '중심'에서가 아니라 그 자신의 시점에서 본다면 어떠한 역사적 견해가 발생할까? 단적으로 말해 주변이나 변경은 다른 문화와 접촉하며 상호 교류의 장을 구성하고 있으며, 다른 문화와 교섭의 장을 형성한 개척자라고 할 수 있다.

결과적으로 말해서 기존의 다원문화(多元文化)의 영역, 즉 지역 간의 교류의 장이 한순간에 한 국가의 주권이 배타적으로 행사되는 장으로 바뀌면서 분쟁의 장으로 등장하게 되었다. 하지만 역설적으로 생각하면, 현재 국가 주권이 배타적으로 행사되는 이른바 분쟁지는 역사적으로는 지역 간의 교류의 장이며 사람과 물자, 그리고 정보가 오갔던 교섭의 장이었다고 볼 수 있다.

류큐의 교역 네트워크

유라시아 대륙의 동부에는 강력한 왕권이 형성되어 있었는데, 황제권이라는 보다 넓은 지역을 통치하는 권력이 형성되어 포괄적이고 권위적인 통치가 실시되었다. 이 황제권을 중심으로 그 주변에 동심원을 그리며 지방, 토사(土司)·토관(土官), 번부(藩部), 조공국, 호시국(互市國) 등 멀리 떨어질수록 관대한 질서 관계가 형성되었다. 조공(朝貢)은 그런 관리 체계 가운데 하나로, 황제를 중심으로 한 종주권적인 영향력이 미친다는 점에서, 조공은 황제에 의한 광역 지역 통치를 의미하는 것이다.

이 조공 질서는 19세기에서 20세기, 청나라 말기의 신해혁명(辛亥革命) 때 제도적으로 폐지되었지만, 광역 질서 통치 이념으로서 동아시아의 조공국 내부에서는 그대로 이루어지고 있었다. 다시 말해서 조선과 일본이 중화를 외치며 화이(華夷) 질서에서 중국이 차지하고 있는 위치에 올라서려고 했던 역사적 과정, 이른바 소(小)중화주의 또한 특징적이라고 볼 수 있다. 이렇듯 광역 질서 이념으로서의 조공 관계는 광역 질서를 통치하고 그 안의 각 지역을 지배할 때에도 응용되는 하나의 통치 또는 지역 관리 모델이라고 할 수 있다. 그리고 이 역사적 측면이 훗날 '주권 국가'나 '제국과 식민지 관계' 속에서 유지되며 광역 지역의 통치 모델로 제시되었다는 것을 알 수 있다.

류큐 왕조의 특징으로는 동중국해 및 남중국해를 둘러싼 교역과 명·청에 걸친 중국과의 조공 무역에 있다. 특히 오키나와에서는 생산되지 않는 후추나 소목(蘇木)을 동남아시아와의 교역을 통해 입수한 후, 그것을 중국에 조공으로 가져가기도 했다. 이러한 중계무역 네트워크는 입공지(入貢地)였던 푸저우(福州)와의 관계를 한층 긴밀하게 해주었다. 그리고 이와 동시에 중국 화난에서 동남아시아에 걸친 화교의 이민 네트워크와도 깊은 관계를 맺고 있다.

이와 같이 조공 체제를 최대한으로 이용한 류큐 왕조의 대외 관계가 실현된 역사적 근거도 동아시아와 동남아시아를 둘러싸고 있는 해역이라는 지정학적인 조건 때문에 가능했다고 말할 수 있다. 그곳에는 지역 간의 관계를 넓혀감에 있어서 보다 넓게 포섭하고 관계를 맺으려는 네트워크가 형성되어 있었고, 무역 관계나 이민에서 이러한 장거리 네트워크 모델을 찾아볼 수 있다. 이 네트워크를 이용하여 여러 왕권이 무역과 이민에 개입하였으며, 무역항과 이민 도시를 건설해 지역 통치의 거점으로 삼았다. 특히 바다를 둘러싼 교역과 이민 네트워크는 그 통치에 있어서도 토지를 근거로 한 배타적인 권력이 아니라 개방되어 있는 지역 간의 질서를 넓히려는 특징을 가지고 있었다. 지금까지 국가 간의 관계에서는 전면에 등장하지 않았던 류큐·오키나와의 역사적 위치와 쓰시마의 역사적 위치, 그리고 19세기 후반 이후의 홍콩과 싱가포르의 역할이 지역 간의 관계에서 중개 역할을 담당한 중요한 장소로 등장하기 시작했다.

동시에 류큐는 다변적이고 다각적인 네트워크를 통해 규슈의 사츠마번(薩摩藩)과도 연결되어, 중국의 생사(生絲) 매입의 출장소 역할을 했다. 홋카이도의 다와라모노(俵物. 대중국 수출품으로 건해삼, 건전복 및 상어 지느러미를 가리킨다-역주)를 사츠마번을 통해 들여온 다음, 그것을 중국으로 가져가 생사의 결제 수단으로 이용하였다.

이 네트워크의 관점에서 볼 때 통치 관계에서 사츠마는 중국과 일본 양쪽에 속해 통치를 받았다는 사실도 중요하지만, 다변적이고 다각적인 관계의 일부분에 지나지 않았다고도 할 수 있다.

해역 통치의 다층 구조

이처럼 해역을 이용한 교역 네트워크는 연해 교역이나 장거리 교역로를 통해, 조공 무역의 면세 특혜를 활용하여 주요 교역항을 다각적으로 연결시켰다. 이 관무역(官貿易)에서는 민간 해역 체제를 이용하는 동시에 해역에 대한 영향력을 확대하는 정책이 취했다. 이는 다음의 다섯 층에 이르는 다층적 해역 통치로 이루어져 있다.

우선 민간의 해역 구조를 살펴보면, 마쭈(媽祖. 10세기 중반 출생한 여성으로 부친과 오빠가 바다에서 조난당할 것을 미리 알렸으며 그 밖에도 많은 해난 사고를 방지하게 함으로써 항해의 신으로 추앙받게 된 인물이다-역주) 신앙을 정점으로 그 아래에 교역과 이민 활동이

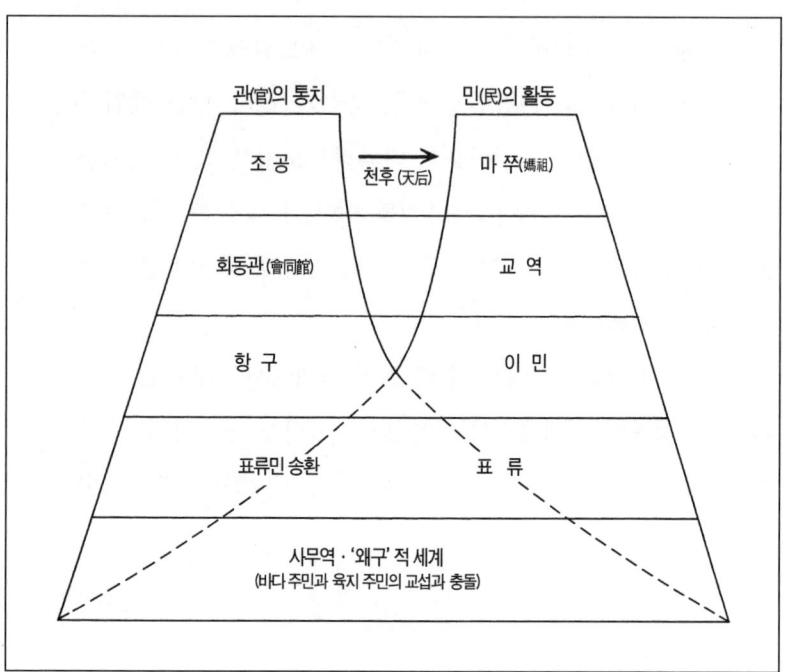

2-7 해역 통치의 다층 구조

이루어지고 있는 것을 볼 수 있다. 또 그 아래에는 표류로 특징 지어지는 바다와의 관계가 있다. 그리고 가장 기초 단계에는 어민이 일상적으로 교섭하고 또 충돌하는, '왜구'적 세계라고도 불리는 바다와 육지와의 교섭 과정이 존재한다.

한편, 관의 해역 통치는 조공 질서를 정점으로 하고 있으며, 그 밑에 베이징의 회동관 교역 단계가 있으며, 다음으로 해역 교역을 관리하는 단계가 있다. 그 아래에는 민간의 표류와 표현은 같지만, 관이 인정하는 조공 체제 아래에서 '표류 무역'이

라고도 불리는 교역 활동과 표류민 송환 규정이 자리하고 있
다. 이것은 '자연적인 표류'가 관의 조공 체제 저변에 그대로
적용되어 해역으로의 영향력이 유지되고 있는 것으로 볼 수 있
다. 또 민간의 해신(海神)인 마쭈에게 '천후(天后)'와 '천상성모
(天上聖母)'라는 작위를 부여함으로써 해역으로의 정치적 영향
력을 확대하였다. 이처럼 해역 통치와 해역 구조를 살펴보면,
해역은 평면적인 물의 세계가 아니라 일상적으로 민과 관, 그
리고 육지와 바다가 정치, 교역, 문화의 영역에서 서로 얽히면
서 교섭하는 장임을 알 수 있다.

해역 사회의 연결

연해 해역, 환해 해역, 해역 연쇄라는 세 가지 구성 요인에
의해 성립된 다섯 층의 단계를 가진 해역 세계는 어떠한 이념
으로 조직되었고 어떻게 경영되어 온 것일까? 여기서 잠시 해
역 세계를 둘러싼 정치적, 경제적, 문화적 요인을 정리해보고
자 한다. 우선 중국을 중심으로 당대 이후부터 청대에 이르기
까지 작용했던 화이사상과 조공 관계를 살펴볼 필요가 있다.
이것은 중화 중심주의라기보다는, 지리적으로 주변에 있는 조
선, 일본, 베트남 등도 소(小)중화를 주장하며 덕치(德治)적인
위계 질서로 성립된 중화세계였다.

그 아래에서는 조공-책봉(冊封)관계가 형성되어, 조공국은
정기적으로 공사(貢使)를 베이징으로 파견하였고, 중국 황제는

조공국의 국왕이 바뀌면 책봉사를 파견해 새 국왕을 인정하는 형식을 취했다. 이 조공관계는 정치관계인 동시에 경제관계이자 교역관계였던 것이다. 조공 사절은 가지고 간 공물을 비단 등 황제로부터 받은 회사품(回賜品)과 교환하는 일 외에도, 특허 상인들을 동행시켜 베이징 회동관에서 거래를 했다. 또 이들의 수십 배나 되는 상인 단체가 국경 또는 항구에서 교역을 실시했다. 이를 해역의 관점에서 보면, 류큐 왕조의 조공 사절단의 항로(航路)는 방향과 표적이 확정되어 있어, 해역 안에서의 위치를 확인할 수 있도록 설정되어 있음을 알 수 있다. 조공 무역의 해역은 계절풍에 기초하여 항해도(航海圖)와 천문 계측을 통해 일종의 정기 항로가 만들어져 있었다고 할 수 있다.

이 조공 무역에는 동아시아와 동남아시아의 화교 상인뿐만 아니라 인도 상인, 이슬람 상인, 심지어는 유럽 상인들도 무역에 참가했으며, 해역이 하나로 연결되어 있다는 것을 말해주는 것이다. 이처럼 해역은 조공권이자 교역권이며, 일반적으로는 사람이 이동하는 이민권이기도 하다.

또한 아시아 해역에서 폭넓게 발견되는 해신은 푸젠 성(福建省) 메이저우(眉州)에 기원을 둔 마쭈이다. 마카오도 마쭈를 모시는 사당인 마코(媽閣)에서 유래되었다. 마쭈는 송대 초기 메이저우의 한 처녀가 해난 구조에 휘말렸던 사건이 전설화된 것이다. 흥미로운 점은 해역 세계에 정치력이 개입되면서 이 마쭈에게 작위를 부여해 천후(天后), 천비(天妃)로 격상시킨 점이다. 이렇게 해서 해신 신앙권인 해역 세계에서 황제의 이름 아래 위덕(威德) 통치가 실시되었고, 이것을 통해 민과 관의 이해가 일치하게 되었다. 그 결과 해역은 하나의 해역 사회로서 관리하게 되었으며 바다 주민과 육지 주민이 교섭하는 왜구적 생활을 융통성 있게 통합하게 되었다. 또한 이곳에서는 육지와는 다른 교역권, 이민권, 신앙권이 형성되었다.

조공 무역의 기록으로 보는 류큐 네트워크

조공의 바다는 문헌에 어떻게 기록되어 있을까? 류큐 역사에 따르면 명대에는 시암(타이), 팔렘방, 자바, 말라카, 수마트라, 베트남, 파타니 등 동남아시아 각지와 교역을 했던 사실이 류큐 왕조 조공 사절의 기록인 《역대보안(歷代寶案)》에 기록되어 있다. 또 여기에 조선, 일본, 중국이 추가되어 류큐의 교역 네트워크를 형성했음을 알 수 있다. 류큐 네트워크라고도 할 수 있는 이 교역 관계는 류큐와 중국의 조공무역관계를 기초로 하여 성립되었으며 동시에 동남아시아와의 교역을 병행했다. 이 교역의 목적은 당시 중국으로 가지고 가는 중요한 조공품인 후추나 소목(蘇木)을 조달하기 위한 것이었다. 그러나 이 류큐 교역 네트워크는 다음과 같은 두 가지 특징을 가지고 있다. 첫째, 15세기 후반부터 16세기 중엽에 걸쳐서 태국을 비롯한 동남아시아와 잦은 교역을 했다. 둘째, 《역대보안》의 기록에 따르면 16세기 중엽 이후 동남아시아와의 교역은 감소하고 오히려 조선·일본과의 교역이 증가했다.

　이러한 류큐 네트워크의 변화를 통해 다음과 같은 검토 과제를 이끌어 낼 수 있다.

　(1) 기록에는 나타나 있지 않지만, 16세기 중엽 이후 동남아시아와의 교역관계는 어떠한 형태로 존재했는가?

　(2) 동남아시아와 류큐의 교역 가운데, 아메리카 대륙에서 공급된 은을 둘러싸고 마닐라와의 교역은 어떤 형태로 존재했는가?

　이상의 문제를 생각할 수 있는 근거는 다음과 같다. 중국 화난(華南)과 동남아시아 사이에는 두 개의 교역로가 있었다. 하나는 동중국해 동쪽의 섬 지역을 따라 루손에서 술루에 이르는 교역로였다. 다른 하나는 서쪽의 대륙 연안을 따라 시암, 말라카에 이르는 교역로였다. 그런데 류큐는 이 두 교역로에 모두 관여하고 있었다고 판단된다.

　동쪽 노선은 푸저우를 기점으로 류큐와 타이완, 러시아를 연결한다. 이 노선은 동아시아 조공국과의 교역을 흡수함과 동시에 16~17세기 이후 루손의 마닐라에서는 스페인과의 은 교역을, 타이완에서는 네덜란드 동인도회사와의 교역을 중계하였다. 또 나가사키와 루손에서 제공된 은으로 조공 무역망, 즉 동중국해와 남중국해를 연결하는 장거리 교역 네트워크를 유지하기 위해 잇달아 새로운 상품을 도입하게 되었다.

끝마치면서―후추의 바다

　동양에서 본 아시아의 바다는 동중국해를 둘러싸고 조공 무역이라는 다각적인 네트워크를 형성하고 있었다. 동중국해 주변의 항구와 교역 도시는 적극적인 환해 교역을 실시하고 있었다. 그 중에서도 류큐 왕조는 동남아시아, 즉 남중국해와 교역을 하며 동중국해를 연결하는 중계 센터 역할을 담당했다. 후추와 소목은 양측을 연결하는 대표적인 매개품이었다.
　끝으로 유럽과의 연결고리로 이해되어온 후추의 역사를 아시아의 바다를 배경으로 살펴보고자 한다. 후추는 시암에서 몰루카 제도에 걸쳐 생산되는 특산품이었다. 이 후추를 둘러싸고 유럽 제국의 동인도회사가 경쟁적으로 아시아에 선대(船隊)를 파견했던 일은 유명하다. 하지만 이보다 이전에 더 조직적으로 동남아시아에서 동아시아로 후추가 유통되었으며 후추 생산을 목적으로 한 노동력의 이동이 있었다는 사실은 그다지 알려져 있지 않다.
　중국은 역사적으로 후추의 대표적인 소비국으로, 조공 무역을 통해 후추를 입수하고 있었다. 14세기 이후 명나라는 류큐를 통해 후추와 소목을 수입했는데, 류큐는 후추를 통한 이익이 감소하자 중일(中日) 간의 생사(生絲) 무역으로 특화시켜 갔다. 한편 후추는 조선의 조공품으로서 중국에 보내졌다. 동남아시아와 동아시아는 해상 교역을 통해 밀접하게 연결되었고,

그러한 관계는 더욱 부상해 동북아시아로 이어졌다. 13세기에 조선은 이미 후추를 류큐와 규슈를 통해 들여와 조공품으로서 명나라와 교역하였다. 그 후 류큐 왕조가 후추 교역에 참가해 동남아시아의 바다에 모습을 나타내기 시작했다. 이처럼 아시아 동부의 바다는 동중국해에 그치지 않고 조공이라는 광역 지역의 통치 원리를 통해, 또는 시장 원리와 이민, 노동력 이동을 통해 북동아시아까지 이어진 바다였다.

제3장

바다로 생각하는 현대

우리는 우리 자신만을 위해 살 수는 없다. 우리의 친구는 천여 가닥의 줄로 연결되어 있다. 동정의 줄처럼, 그 줄들 속에서 우리의 행동이 원인으로 작용하면 그 결과가 우리에게 다시 돌아온다.
- 허먼 멜빌(Herman Melville)

앞사진 | 홍콩의 수상 가옥과 물건을 파는 선박

바다를 건넌 여성들

모리사키 카즈에 森崎和江

　나는 당시 일본의 식민지였던 한국의 대구에서 태어나 신라의 옛 수도인 경주에서 어린 시절을 보내면서, 바다는 멀고 먼 고대부터 문화를 왕래시킨 존재라고 알고 있었다. 아버지는 경주에서 여성을 위한 학교를 만들고 싶어하셨다. 여자들도 하루 세 번 불을 지피는 일만 해서는 안 된다며 사회에 공헌하는 일을 하라고 말씀하셨다. 당시 나는 유럽 유학을 꿈꾸었다. 이런 내가 어릴 적부터 친숙하게 오갔던 대한해협을 국경으로 인식하게 된 것은 미군 점령군이 들끓던 하카타(博多)의 거리를 혼자 걷고 있을 때였다. 불타버린 도시 저편으로 바다가 빛나고 있었다. 가족들은 아직 한국에서 일본으로 귀국하지 않았지만, 나는 일본의 여자 전문학교에서 공부를 하며 기숙사에서 홀로 생활하고 있었다. 바다 저편을 바라보며 생각에 잠겨 지난날을 떠올리고 있을 때 물보라가 몸을 내리 덮었다. 나는 언젠가 한반도에서의 기억을 다시 상기하며 새로운 삶을 통해 한국 사람들에게 사죄할 수 있기를 빌었다.

나는 만원인 열차를 탔다. 바다가 빛나고 있었다. 잠시 후 미지(未知)의 역에 내렸다.

"아이는 필요 없소?"

어떤 남자가 아이를 등 뒤에 업고 팔러 다니고 있었다.

1

친구의 부탁으로 산부인과까지 동행했다. 친구는 수술대 위에서 별안간 의사에게 부탁했다.

"선생님, 이 사람은 여자 선생님이에요. 여성에 대해 연구하고 있지요. 낙태수술하는 모습을 이 사람에게 보여주세요. 아이를 긁어내는 장면을 정확히 보여주세요!"

나는 깜짝 놀라며 친구에게 말했다.

"왜 그래? 기다릴게. 기다린다고. 알았어? 안 갈 테니까 걱정 마."

여기까지 끌고 와서도 손을 놓지 않고 큰 소리를 내는 친구의 마음을 알 수 없었다. 나는 수술복을 입은 의사 앞에서 어쩔 줄 몰랐다. 의사가 나에게 고개를 끄덕였다.

몇 시간 후, 마취가 깬 친구는 작은 목소리로 중얼거렸다.
"너 참 바보구나……."
나는 조용히 있었다. 친구는 약간 어두워진 천장을 올려다보면서 이윽고 조금씩 이야기를 하기 시작했다. 그 친구는 1960년대 중반에 시지(詩誌)를 통해 알게 된 친구였다.
"너도 한국에서 태어나기는 했지만 나와는 달라. 나는 날 낳아 준 부모가 누군지도 몰라. 지금 엄마는 모지항(門司港)에서 북한과 만주 국경에 있는 창녀촌으로 팔려간 여자야. 한편 그 창녀촌에서 나를 낳은 여자는 다시 시베리아로 다시 팔려 갔어. 나는 네 살 때부터 현해탄을 왔다갔다 했어. 몸에 지폐 뭉치를 둘둘 두르고 한국인에게 이끌려서……. 한반도와 해협을 몇 번이고 말이야. 지금 엄마는 그 창녀촌에서 날 보호해 줬어. 이 아이를 여학교에 보낼 거라고 막 우겼지. 엄마는 지금도 봄이 오고 철새가 북에서 날아오면 미쳐버려……. 그리고 나한테 막 소릴 질러. 남자는 백이면 백 다 똑같다고 말이야. 식구들이 다 나가면, 내가 결혼을 해서 아이를 낳아 기르고 한 사람의 여자가 되었다고 말하면서 날 막 때려. 내가 울 때까지 때려. 그리고는 목놓아 울지. 몇 번이나 아이를 뗐는지 잘 보라고 하면서 몸을 보여주고는 막 울어."
바다가 보였다. 어두운 바다, 밤의 바다였다. 지독하게 눈이 내렸다. 패전하기 전 2월에 한국에서 일본으로 진학하기 위해 배를 타고 밤바다를 건넜을 때, 겨울 바다는 사나웠다.

나는 신문에 실렸던 바다 저편으로 팔려나간 소녀들에 대한 자료를 수집했다. 그리고 친구에게 어머니들의 마음을 글로 써 달라고 부탁하기 위해 자료를 가지고 갔다. 하지만 그 친구는 이미 죽음을 눈앞에 두고 "이제 얼마 안 남았어"라고 힘 없는 목소리로 말했다. 나는 "제발 약한 소리하지 마"라며 침대 머리맡에서 애원했다. 어두운 등을 올려다보며 친구는 조용히 웃었다.

"죽으면 너한테 달라붙어서 같이 살 거야. 억지 같지만 그렇게 할 거야. 항상 널 따라다닐 거야……."

"무슨 소릴 하는 거야. 네가 써야 해. 바다를 건너간 여자들의 마음을 잘 알고 있는 여자는 너 밖에 없어. 너와 같은 여자들이 여성사(女性史)를 써야 해. 부탁이야, 내가 도울 테니까."

친구는 나를 바라보며 조용히 웃을 뿐이었다. 그리고 얼마 후 고인이 되었다.

그 후 나는 팔려간 여자들을 이리저리 찾아다녔다. 그리고 70년대 중반에 《가라유키상(からゆきさん)》이라는 책을 출간했다. 친구와는 비교할 수 없지만, 식민지에서 태어나 자랐고 다른 민족을 굶주림으로 내몰았던 기억은 가슴 속 깊이 남아 나를 괴롭혔다. 나는 새로운 삶을 영위하고 싶은 심정으로 책을 썼다. 나 또한 바다를 건넌 여성의 한 사람이었다.

나는 취재를 하면서 예전의 관행대로 바다 저편을 '가라(唐)'라고 불렀으며, 해외로 돈을 벌러 가는 것을 '가라유키(唐

行)' 또는 '가란구니유키(唐國行)'라고 부른다는 사실도 알게 되었다. 타향으로 돈을 벌기 위해 떠나는 것을 여행이라고 말하고 있었던 것이다. 고향에서는 '가라유키상'이라고 불렀는데, 그 이유는 12~13세가 된 소녀들의 여행은 국내나 바다 건너편이나 차이가 없다는 것을 알고 있었기 때문이었다. 고향은 여행에서 돌아오는 여성들을 따뜻한 마음으로 맞이했다.

그러나 70년대 초반이 되자 일본 사회는 예전과는 달리 이기적인 세상으로 변해가고 있었으며 인간적인 면을 찾아보기 어렵게 되었다. 또한 패전 후의 경제 부흥이 궤도(軌道)를 타기 시작하면서, 세상에 '재팬유키상'의 소문이 나돌았으며 이는 돈을 벌기 위해 유흥가로 오는 동남아시아의 여성들을 의미하는 것이었다.

유년기부터 가져왔던 의문이 새삼 떠오른다. 식민지의 일본인 주택지에서 자란 나에게 어머니는 늘 "혼자서 멀리 나가면 안 된다"라고 말씀하셨다. 나는 소학교 1, 2학년 때까지 나를 돌봐주는 한국인 소녀와 집안이나 집 근처에서 함께 놀았다. 난 한국어를 몰랐기 때문에 일본어로 말했다. 그런데 나는 한 가지 의문을 품게 되었다. 나를 돌봐주는 소녀와 함께 나갔다가 논 옆에 있는 시냇가에서 보기도 하고, 신문에 난 사진을 보거나 기사를 대충 읽으면서 받은 인상이 있었다.

왜 아기가 태어나자마자 벌거숭이인 채로 버려지는 것일까? 왜 여자아이는 발가벗겨져 죽임을 당하는 것일까? 이 문제는 나를 혼란스럽게 했지만, 입 밖으로 꺼내기까지는 상당한 시간이 걸렸다. 나는 부모님과 저녁에 종종 주택지를 나와 들판으로 산책을 나가곤 했다. 쌀과 보리도 구별하지 못하는 내가 노을을 바라보고 있을 때 아버지가 하신 말씀이 있었다.

"여자아이라도 하루 세 번 식사 준비를 위해 불을 지피는 일만 해서는 안 된다. 아빠는 한 명이라도 씩씩한 애가 있었으면 한다."

"나도 씩씩해요."

"아니; 넌 공주님이야. 그래서 씩씩해지지 못해."

한편 어머니는 "일본에서 너를 결혼시키고 싶지 않구나"라고 말씀하시곤 했다. 나는 노래를 불렀다. 그러나 노래를 부르면서도 계속 혼란스러웠다. 왜 갓난아기가 벌거벗은 채로 물 위에 떠 있었던 걸까? 밭에 난 잡초에 가려진 그 모습은 매우 작았던 것으로 기억된다.

나는 어렴풋이나마 유곽(遊廓)이라는 곳이 있다는 것을 알았지만, '가라유키상'이 만주에서 시베리아로, 중국에서 동남아시아로, 인도에서 오스트레일리아로, 또 유럽으로 계속 팔리고 있다는 사실은 몰랐다. 그리고 친구를 얻어《가라유키상》을 간행한 나는 빈에서 온 편지 한 통을 받았다. 자신의 장모가 상하이에서 활동한 '가라유키상'이었다는 내용이 담긴 외국인 학자의 정중한 편지였다. 그 편지는 일본어로 쓰여 있었다.

'재팬유키상'은 일본 전역에 퍼져, 나가노(長野) 현의 산골 마을에서도 만날 수 있었다. '가라유키상' 시대의 아시아에서, 그리고 탈식민지화된 현대 아시아에서도 민족의 구분 없이 여성은 상품이 되어 바다를 건넜다. 나는 그 이전의 바다와 그곳에 살던 여인들을 알고 싶었다. 그것은 바다 건너 타향에서 어린 마음에 품었던 의문의 단서가 될지도 모른다. 내가 전쟁중에 식민지에서 한국인 친구와 책상을 나란히 하고 몰두했던 《고사기(古事記)》의 해석과 여체불결론(女體不潔論)을 풀어주지는 않을까? 나는 일본열도를 씻어내는 바다를 단서로 긴 여행에 나섰다.

2

하카타 만(博多灣)에서 동해로 쿠로시오의 흐름을 따라 여행을 했다. 몇 년 동안 기회가 있을 때마다 떠났던 여행을 통해 나는 해녀가 있는 해변들과 그곳의 바다를 느낄 수 있었다. 특히 해변 사람들이 '말이 없으신 분'이라고 부르는 무나카타 여신(宗像女神)의 해변에 있는 해녀가 내 마음을 끌었다. 나는 이곳의 해녀 가족을 단서로 홋카이도 해변을 향해 동해 연안을 여행했다. 또 남쪽 바다로도 여행을 떠났다. 오키나와 본섬에서 다음 섬으로, 그리고 일본열도의 태평양 연안으로 돌아다녔다. 고래를 잡는 어부들이나 이토만(糸滿)의 어민과도 만났다.

나는 동해 연안과 홋카이도 해변에서 "아니, 무나카타를 알고 있소? 그립구만. 거긴 선조들의 땅이라오"라는 말을 들었다. 그 선조의 바다에 사는 사람들에 대해 이야기해보고자 한다.

해녀들은 5월 말부터 세 달 동안을 자신들이 선택한 무인도에서 생활한다. 해녀는 아이도 데리고 간다고 했다.

"무인도에는 자갈이 지천으로 깔린 자갈 해변으로 이루어져 있지. 농부한테 쌀과 야채와 짚단을 산 다음에 소금이랑 된장, 냄비, 그릇을 들고 섬으로 건너가는 거야. 바다에 배를 띄우고 섬에 배를 바짝 댄 다음에 자갈 해변에 한쪽 지붕이 낮은 오두막을 짓고, 오두막 앞에 돌 부뚜막을 만들지. 땔감은 나뭇가지 몇 개를 말려두면 돼. 밥 짓는 곳도 해변이고 대변을 보는 곳도 해변이야. 대변을 보고 나면 자갈로 밑을 닦아. 그리고 가장 중요한 것은 마실 물이야. 그것 때문에 고생해. 배를 타고 섬 반대편으로 돌아가서 '우소' 구멍에 고인 빗물을 길어. '우소' 구멍은 말이야, '우소' 새라는 게 있거든. 까마귀처럼 생긴 새인데, 그게 땅바닥에 구멍을 뚫어. 우린 거기 고인 물을 길어 와서 음료수로 사용하지.

해녀는 일 년 내내 물에서 살아. 몸이 마를 새가 없어. 그래도 나는 좋아. 전복을 따고, 그 전복을 뭍으로 가지고 와서는 노래를 부르며 세곤 했지. 하나 불러볼까?"

여든여섯인 할머니의 노랫소리가 잔잔하게 울려퍼졌다.

"한 고개~ 사람들이 모르는 하얀 섬에 부정이 나면 바다에 가지 마세. 괴롭혀라, 돌 부뚜막.

히토쓰토세는 부정(不淨)에 대한 노래야. 애를 낳았거나 월경을 할 때에는 부정을 타니까 바다에 들어가면 안 돼. 부뚜막의 불도 함께 하면 안 된다고 하지만, 우린 부뚜막 밥을 같이 먹고 일하지.

세 고개~ 모두 밤일은 하지 않는 게 좋아. 가뭄을 만나서 물이 없네. 괴롭혀라, 사랑을.

흰섬에는 민물이 없어. 마실 물도 입술이나 적실 정도지. 밤일을 하게 되면 쓸데없는 데 물이 들어가거든. 그래서 곤란해."

할머니는 열 고개까지 쉬지 않고 천천히 노래를 불렀다. 노 젓는 소리에 맞춘 노래도 만들었다고 하더니 편안한 목소리로 몇 번이고 계속해서 불렀다. 그 배는 왕골자리로 만든 돛을 단 배였다. 해녀들은 몇백 년 전부터 바닷가를 따라 전복과 소라를 땄으며, 일부는 노토(能登)의 쇼라(諸浦) 섬과 쓰시마 섬, 세토(瀨戶)의 섬으로도 이주했다. 전복은 예전에 조정이나 막부에 현물을 바쳤던 해산물이었다. 전복은 노시아와비(のしアワビ. 노시란 색종이를 뜻한다-역주)로 만들어져 귀하게 여겨졌고, 노시가미(のし紙. 선물을 싸는 종이-역주), 노시부쿠로(のし袋.축의금 등을 보낼 때 돈을 넣는 색줄 친 종이봉투-역주)로 변화하면서 지금도 선물을 상징한다. 또 에도 시대에는 귀중한 무역품이기도 했다. 바다에 나가면 남자들이 바다 위에 떠 있는 배에서 노를 저으

며, 자신을 방어할 만한 도구도 없이 잠수하는 해녀를 지켜본다. 한 노인이 저녁놀이 뜬 해변에서 노를 저으면서 이야기했다.

"바다 밑바닥에는 산도 있고 골짜기도 있지. 해녀는 바다 속에 있는 산에서 일을 해. 숙련된 해녀는 다른 해녀들보다 두 배는 더 깊이 들어가서 바닷속 골짜기에서 일을 하지. 그 골짜기에 있는 전복은 아주 커. 그렇게 잠수하는 건 숙련된 해녀한테도 쉬운 일은 아니야. 우린 노를 저으면서 내내 해녀가 잠수한 곳을 보고 있어. 하얀 속옷을 입고 있어서 잘 보이지. 올라올 때에는 재빨리 긴 막대기를 바다 속으로 밀어 넣어. 이미 마시고 들어갔던 공기도 다 떨어질 때거든. 해녀가 막대기를 잡으면 힘껏 끌어올리지. 그러면 해녀는 발로 바닷물을 차면서 올라와. 전복은 한 번에 찾아내야 해. 열 길, 열두 길 정도 내려가면 이미 앞이 안 보이게 돼. 손으로 더듬어 찾는 거지. 그러니 뭐한테 쩔렸는지도 몰라. 아차, 하고 생각이 들었을 때는 미역밭이나 청새치 떼 속에서 정신을 잃고 잠들어 버리기도 해. 우린 그걸 혼바람을 만났다고 해. 바다 속에는 시체가 가라앉아 있어. 어디 살던 누구인지도 모르지. 그 혼령이 해녀한테 달라붙는 거야. 천 년, 이천 년이나 이 바다를 배 한 척에 의지해 헤아릴 수 없이 많은 사람들이 건너다녔으니 그럴 만도 해. 전쟁도 몇 번이나 있었고……. 바다 속에는 지금 살아 있는 사람 수만큼 시체가 있을 거야. 정신을 잃은 해녀를 건져내면, 정신이

164

나가서 알지도 못하는 소리를 지껄여. 그러면 아, 혼바람을 만났구나, 하고 생각하지. 혼바람은 이승과 저승 사이를 몇백 년 동안이나 떠돌고 있는 거야."

나는 여든 살 노인의 어깨에서 파란 파도를 느꼈다.

또한 현해탄의 해안에서는 '우부메(うぶめ. 난산의 결과로 죽은 여성의 유령-역주)'에 대한 이야기를 들었다.

"애는 태어나지도 못하고 죽지도 못해. 부모도 죽더라도 저승에 가지 못해. 우부메가 돼서 해안에서 응애응애, 하고 애기 목소리로 울지. 사람은 바다를 타고 태어나고 바다와 함께 숨을 거두지. 우부메는 바다에서 벗어났을 거야. 죽어도 저승에 가지 못하니까."

배를 젓던 노인은 저녁놀이 뜬 바다로 눈을 돌린 채 이야기했다.

"우린 바다에서 시체를 보곤 하지. 혼바람하고는 달라. 바다 위를 떠다니지. 시체를 보게 되면 모른 체 하면 안 돼. 배로 끌어올려서 제사를 지내야 돼. 제사를 지내 주지 않으면 몸은 죽어도 혼은 죽지 못해. 언제까지나 이승과 저승 사이를 헤매게 되지. 주운 시체의 제사는 집에서 지내. 집에 있는 불단(佛壇)에서 주운 시체의 제사를 지낸 적도 꽤 많아."

줍는다는 표현은 바닷사람들의 삶의 한 단면을 잘 나타내는 것이었으며 더욱이 인간적인 면을 느낄 수 있었다.

"우리는 오봉(お盆. 일본식 추석인 음력 7월 15일을 맞아 벌이는 백

중맞이. 기간은 7월 13~16일 사이로, 13일은 '(조상을) 맞이하는 분'이며, 15~16일은 '보내는 분'이다. 가정에서는 조상을 맞기 위해 불단 등을 청소하고 보통 오봉 일주일 전에 묘소에 가 청소를 하는 곳이 많다-역주) 때는 모두 마을로 돌아가. 13일부터 15일까지 온 마을이 시끌시끌하지. 마지막 밤에 물 축제가 열려. 물 축제에서는 무넨보카이(ムネンボウカイ)에게 제사를 드리지. 모래사장에서는 온 마을 사람들이 모래 관음상을 만들어. 파도에 젖은 모래를 양손으로 떠올려서 똑똑 떨어뜨리고, 마지막에 크게 뚝 떨어뜨리면 머리가 만들어지지. 이 모래 관음상에 불단에 바쳤던 공물을 바치고는, '무넨보카이 님에게 드립니다' 하고 빌어. 이렇게 해서 오봉이 끝이 나지."

특히 바다에서 장례를 치르는 선조의 이야기는 남해의 작은 섬에서도 들은 적이 있다. 그 이야기는 그 섬 출신으로 '본토(本土)'로 나와 돈벌이를 하는 나이든 여성에게서도 들은 적이 있다. 요론(与論)섬 출신의 여든이 조금 넘은 할머니는 왜소한 몸을 조금 구부리고는, 남편의 병상과 나란히 있는 병상(病床)에 앉아서 혼잣말을 하듯 바다에서 열리는 축제에 대해 이야기했다.

"운장의 신이 바다에서 오시는 거예요. 아침 일찍, 아직 하늘도 어두울 때 모두 일어나죠. 그리고 데쿠소바 나무의 잎으로 천정이고 벽이고 할 거 없이 집안을 모두 두르죠. 데쿠소바 나무는 대나무만큼 키가 큰 나무예요. 우베하베, 우베하베 하고 말하면서 그 잎으로 집안을 모두 닦아내 듯이 두르는 거예요.

그리고는 저하고 어머니 모두 축제용 흰옷으로 갈아입죠. 머리에는 포도덩굴 같은 풀을 둘둘 감고요. 그런 다음에 넓은 벌판으로 나가요. 아직 어두울 때인데 동네 사람들도 모두 술이며 공물을 준비해 모여 있죠. 샤미센(三味線. 일본의 전통 현악기-역주)도 준비해요. 일렬로 서서 바다신을 맞아하러 가죠. 수풀 속에 신의 길이 있어요. 낭떠러지를 따라내려가, 모래사장에 앉아 바다 저쪽에서 신이 오시는 것을 기다려요. 바다가 조금씩 밝아지죠."

나는 바닷물과 함께 태어나서 바닷물과 사라진다는 이야기에 공감했다. 노인은 말했다. 각자의 마을에 있는 벌판에서 바다의 신을 맞이하는 샤미센을 연주하면서 남녀가 모두 노래를 부르고 춤을 춘다고. 그리고 세째 날 저녁에 모여 바다로 운장신을 보내드리러 간다고 말했다.

그러자 쓰시마의 해변에서 들었던 제주도 해녀의 이야기가 떠올랐다. 이어도라고 하는 바다 저편의 영혼의 섬에 대한 이야기다. 그리고 이어도에 대한 민요도 떠올렸다.

"이어 이어 이어도여, 이어도라는 말을 들으면 눈물이 나네. 아무 말 말고 떠나줘. 이어 이어 이어도여."

운장 축제를 이야기해 준 노인은 무언가를 안은 듯한 동작을 취하며 이야기를 계속했다.

"무덤은 바다 옆에 있어요. 풀 속을 걸어서 무덤으로 내려가죠. 삼 년이 지나면 깨끗하게 뼈만 남아요. 그 날은 아침 일찍, 네 시 정도에 파라지가 모이죠. 파라지는 외가 친척들이에요. 모든 사람들이 하얀 천을 가지고 바다 모래밭에서 제사지낸 사람의 뼈를 깨끗이 닦아줘요. 해골은 정성껏 닦아서 파라지의 장녀에게 안고 있게 해요. 장녀는 해골을 안고 모두가 뼈를 닦는 모습을 지켜보죠. '살아 있는 동안에도 강한 사람이었지만 뼈가 되어서도 강하구나' 라고 말하면서 닦아줘요. 뼈에 근육이 남은 사람은 강한 사람이에요. 그리고 깨끗이 닦은 뼈는 모두 새로운 항아리에 넣어서 묘 옆의 모래에 묻어놔요. 사람들은 술이나 재물을 놓고 함께 먹고 마시죠. 바로 앞이 바다니까 바닷물에 손을 씻어요."

병으로 신음하는 남편이 소년의 눈으로 옆 병상 위에 앉아 있는 부인의 입을 바라보고 있는 모습이 가슴 아프다. 어렸을 때 신라의 옛 수도의 경주에서 오빠뻘 되는 한국 소년이 강의 여신이 바다로 나가 타향에서 아이를 낳은 이야기를 해주었다. 그 이야기는 《고사기》에 나오는 도요타마 공주의 출산 이야기와도 비슷했다. 한국 사람들이 뼈를 씻는다는 이야기는 듣지 못했다. 어렸을 때 나를 돌봐주던 소녀의 집안 묘도 산 위에 몇 개가 작은 언덕처럼 늘어서 있었다. 그리고 바다에는 동해의 암초 속에 어떤 신라왕의 해저 무덤(문무대왕 수중릉-역주)이 있다. 이는 국제적으로 많은 어려움이 있던 고대 아시아 민족 왕권 확립기에 민족 수호를 기원했던 묘이다. 다른 왕릉은 옛 수도 경주의 소나무 숲 속에 조용히 잠들어 있다.

오키나와, 사키시마(先島)의 바다는 눈이 부실 정도로 빛났다. 나는 그 섬에서 탄생과 관련된 풍습을 알게 되었다. 여기서도 다른 섬들과 마찬가지로 마을의 축제는 노로(祝女)가 주관하고 있었는데, 노로는 아이의 탄생에도 깊게 관여하고 있었다. 섬을 나와 간토나 간사이에서 일하는 젊은 사람들의 아기에게도 같은 축복을 베푼다고 한다. 노로는 신생아에게 '후' 하고 숨을 불어넣는다. 이것은 신들의 통로이며 인간 언어의 시작을 의미하는 것이다. 또한 노로는 '후' 하며 파라지 마을의 신의 이름을 붙이는데, 신은 바다의 신, 물의 신, 나무의 신 등 사방에 수없이 많으며 각자 이름을 가지고 있지만, 신생아에게는 그 많은 신 가운데 단 하나의 신의 이름을 붙여준다. 그러면 아이는 신의 분신이 되는 것이다. 이 신사(神事)는 노로와 신생아의 비밀스러운 의식으로 이 의식을 마치면 부모는 아이의 이름을 짓는다. 아이의 이름은 대부분 할아버지나 할머니의 이름을 그대로 따른다. 이것이 아명(兒名)이며, 근대로 들어와서는 아명 외에도 학교에서 쓸 이름을 지어준다. 이것이 호적상의 이름이며, 마을 밖에서 통용되는 이름이다. 하지만 부모나 친척, 주위 사람들은 아명만을 사용한다.

섬의 사투리로 이야기하는 늙은 노로의 이야기를 젊은 여성이 여행중인 나에게 자세히 설명해주었다.

"'후' 하면서 축복해주죠. '후'는 신과 통하는 길입니다. 신의 길이 열리고 인간의 말이 시작되는 것이죠."

신의 존재를 모르고 아명도 없는 나였지만, 어린 시절의 어떤 감동이 서로 공유되는 느낌을 받았다. 문에 기댄 채 해가 떠오르는 광경을 올려다보면서 그림으로도 글로도 표현할 수 없는 하늘의 아름다움에 눈물을 흘렸을 때의 그 느낌과 어느덧 시를 쓰고 시를 읽게 된 소녀 시절, 진정한 시는 글자가 아니라 호흡이라고 생각했던 일, 그리고 서로 무슨 말을 하는지는 몰랐지만 함께 즐겁게 놀았던 소녀와의 기억이 아름답게 느껴졌다.

바다를 건너 돌아온 나 자신이 바다 건너편에서 이들이 지나갔던 길과, 천지(天地)의 사랑과 인간의 사랑에 너무 무심했었다는 생각이 들었다. 《가라유키상》을 쓰고서도 내 영혼은 바다의 국경선 한가운데 매달린 채 움직이지 않았다. 남쪽 작은 섬에서 알게 된 젊은 여성이 섬의 사투리를 자세히 설명해주고는 방긋 웃으며 "또 만나고 싶어요"라고 말했다. 내 시집을 읽었다고 했다. 그 때 나는 나오려는 말을 애써 자제했다. 이 반짝이는 바다에 떠 있는 신의 섬에서, 내가 본토말로 쓴 시의 조각들은 어떤 정보의 파편으로 보일까? 그 시는……

그 시는 내가 아이를 가진 후 '아이의 생명은 남자와 여자가 함께 만든 거야. 성의 기능이 다르기 때문에 두 사람이 함께 아이를 낳아야만 생명이 태어나는 거야'라는 생각으로 남편과 둘이서 조산원을 찾아다니던 시절에 쓴 시였다. 나는 함께 근무하던 중학교의 한 선생님과 잡담을 하고 있었다. 바다는 아직 폐쇄되어 있었고 일본 내의 성차별은 예상했던 것보다 더 심했지만 꿈은 분명했다.

  나는 무슨 잡담을 했던 것일까? 여느 때처럼 '나'라는 말을 한 순간, 별안간 말이 막혀버렸다. 이상한 감각에 빠져, 1인칭이 작은 불꽃을 날리며 허공 속으로 사라졌다. '나'에게서 내가 사라지고 있었다. 나 자신이 한 그루의 나무가 자라듯이 태어나서 과실을 맺고 결국에는 사라지는 존재로만 생각되었다. 그런 나의 '나'. "나는 생각한다. 고로 존재한다"라는 말은……. 한밤중에 조용히 일어나 반짝이는 별이 보이는 테라스로 나와 의자에 앉았다. 머리 위에 있는 아직 덜 익은 포도 열매를 바라보고 있으니 갑자기 눈물이 흘렀다. 나는 눈물을 닦으며 광고지 뒷면에 '나'에게로 떠나는 여행에 관한 글을 써 내려갔다. 이 때 쓴 글이 바로 다음의 시이다.

  입술이 태어났어
  복숭아 빛의 땀
  귀여운 입놀림
  여름 하늘을 반짝거리게 해
  훤히 드러난

잘 익은 입놀림
너의 젖꼭지
왼쪽 젖꼭지
'안녕'
그렇게 매정하게
남겨지고
'알 수가 없어
어차피 아무것도 알지 못해
혼자서 말해보렴 큰 소리로
있잖아
그 아이 들리지 않아'

파도치는 물가에서
파도를 맞고 있는 뼈뿐인 어머니

바람이 불어
넓은 나무 밑동을 날리고

몇만 년의 바람 냄새
나무도 쓰러지고

비바람을 맞게 하자

비바람을
생선 찌꺼기 안에
물기 어린 빛나는 소리 없는 입놀림
흐느끼고 있는 뼈뿐인 어머니

여자들이 사회 속에서 자신의 삶을 살아가면서 시대적 개념을 초월하여 남녀 공유의 문화를 쌓으려고 노력했다면, 내가 이렇게 깜짝 놀라 포도송이에서 구원을 찾는 일도 없었을 것이다. 나는 이 시의 제목을 '뼈뿐인 어머니'로 정했다. 그리고 태어날 아이의 이름을 아이의 아버지와 함께 지었다. 이윽고 조산원에서 지도를 받으면서 남편과 둘이서 아이를 낳았다. 나중에 나는 그 출산법이 라마즈 법(Lamaze. 출산의 고통을 최대한 줄여서 아기를 낳으려는 정신예방적 분만법이다. 크게 호흡법, 이완법, 연상법으로 구분된다-역주)이라는 것을 알았다.

어쨌든 이렇게 해서 방황하는 부모한테서 한 생명이 탄생했다. 나는 옆에서 자고 있는 신생아를 바라보며 새 생명의 위대함에 감동을 받아 아침까지 잠을 잘 수 없었다. 마음 속에서 반복해서 말이 흘러나왔다.

너는 누구의 것도 아니야.
너는 단지 너의 것.
봄빛이 너를 스쳐

너를 크게 한다.

'미안해, 이름 같은 걸 지어주고.' 나는 마음 속으로 중얼거렸다. 초봄에 태어난 신생아가 빛 속에서 반짝였다. 아이는 매우 컸다. 새근새근 잠자고 있는 생명도, 바다도, 하늘도, 바람도 봄빛 속에 있었다. 아침이 왔다. 나는 꾸벅꾸벅 졸았다. 해녀들도 '후' 하고 숨을 내쉬며 마를 날 없는 삶을 바닷물에 맡기고 살아갈 것이다. 또한 물가의 우부메의 보호를 받으면서 살아갈 것이다.

잠수복을 입은 해녀가 말했다.
"우린 내내 바닷물에서 시간을 보냈지요. 하지만 요즘에 아이들은 학교에서 보내는 시간이 더 많아요. 손자들은 바다를 몰라요. 수영 교실에서 오는 버스를 타고 수영장에 다니고 있어요."
나는 배에 함께 올라타 바닷사람들의 일터로 나갔다. 숙련된 해녀는 딸과 바다로 뛰어들어 모습을 감추었다. 딸의 남편은 발동기선(發動機船)의 타수(舵手)였다. 물질을 하는 시기가 지나면 고기를 잡으러 앞바다로 나간다고 했다.

3

하카타 항에서 부산항까지는 쾌속 연락선으로 두 시간 남짓 걸린다. 왕복 비용도 도쿄에 가는 것보다 훨씬 싸다. 해녀의 섬들을 바라보면서 최근 몇 년 간 수도 없이 한국을 방문했다. 예전에 책상을 나란히 했던 한국인 친구가 부산 근처에 있는 거제도에서 애광원(愛光園)을 운영하고 있었다. 이곳은 정신지체 고아들의 집이며 학교, 작업장을 겸한 곳이다. 한국전쟁 때 고아 7백여 명을 키웠던 곳으로 맑게 갠 날이면 바다 위로 쓰시마 섬이 보인다.

옛 친구도 일 년에 몇 차례 일본을 방문했다. 교류는 풀뿌리부터 이루어진다고 생각하며 그 친구의 일을 도와주곤 했다. 다음은 내가 '가라유키상'을 찾아 헤매던 때 그 친구를 만나 그에 대해 들은 이야기이다. 소녀 시절 같은 반이었던 그 친구는 해방 후에 결혼을 했지만, 2개월 후에 한국전쟁이 일어나면서 가족이 뿔뿔이 흩어졌고 생사도 알 수 없게 되었다고 했다. 친구도 다른 친구들과 마찬가지로 이별을 체험했다. 그리고 서울에서 부산 방면으로 피난 가던 도중에 아이를 낳았고 친구는 자기 아이에게 줄 젖을 다른 아기들에게도 나누어주었으며 그 후 애광원을 창립했다고 했다.

어느 날 미국에서 한국인의 이름이 적힌 편지가 도착했다. 옛 친구의 남편한테서 온 편지였다. 옛 친구의 남편은 식민지

시절 당시 아버지의 제자이기도 했다. 그는 전쟁으로 부친이 북으로 끌려가자 미국으로 갔는데, 현재는 미국 국회 도서관의 아시아 관장을 하고 있다고 했다. 그리고 그 도서관에서 내가 쓴 책을 읽었다고 했다. 이 편지를 읽자 두 민족의 근대화 과정이 생생하게 되살아났다. 죽음의 문턱에서 "나를 낳은 여자는 시베리아로 팔려 갔어"라고 말했던 내 친구와 그 친구의 생모의 여행, 그리고 한국에서 내 친구의 조부모와 그 남편의 조부모들이 독립을 염원해 중국 동북부로 떠났고, 결국 그곳에서 숨을 거두었던 광경이 한꺼번에 겹쳐졌다.

나는 《가라유키상》과 시베리아에서 만난 북방 소수민족을 소재로 남녀 삼대에 걸친 《사할린 심포니》(NHK 라디오 드라마)를 쓰기 위해 자료를 모집하면서 새로운 사실들을 알게 되었다. 중국의 동북부와 시베리아로 팔려간 '가라유키상'들이 일상화된 총소리 속에서 돈을 벌었다는 사실을 잡다한 자료를 통해 알게 되었다.

나는 라디오 드라마를 쓰면서 사할린과 마주하는 홋카이도에 서보기도 하고 유빙을 밟아도 보았다. 전쟁 전후에 아시아 북쪽의 대지에서 '가라유키상'이 만났을 니브히, 에벤키, 아이누 사람들에게서 가라유키상의 사소한 단서라도 찾기 위해 돌아다니곤 했다. 전쟁 속에서 몇 번이고 사창가를 도망쳤던 여인들은 침을 뱉어 가리키는 방향으로 갔다고 했다. 유형자(流刑者) 조사를 위해 모스크바에서 사할린 섬으로 가던 체홉이 친구에게 보낸 편지에 '가라유키상'에 대한 이야기가 언급되어 있다. 그는 아무르 강 동쪽으로 기선(汽船)을 타고 내려가던 중에 항구 사창가에서 만난 일본인 여자에 대해 다음과 같이 적고 있다.

일본 여자는 밤색 머리카락을 기묘하게 올린 왜소한 사람이네. 이것저것을 가리키며 일본어로는 뭐라고 하냐고 물으면 순순히 대답해 주네. 러시아 어를 잘 못하기 때문에 양손을 쥐거나 손가락질을 하면서 말이네. 또 항상 미소를 머금고 있지. 이 일에 있어서는 절묘한 기술을 가지고 있다네. 그래서 여자와 자는 게 아니라 최고로 잘 조련된 말을 타는 듯한 기분을 느낀다네. 일이 끝나면 여자는 소매에서 종이를 한 장 꺼내 그 곳을 잡고 닦아준다네. 종이가 배를 간질간질하게 하지……."

"죽으면 너한테 달라붙어서 같이 살 거야. 억지 같지만 그렇게 정했어"라며 말없이 웃던 친구는 어떠한 표정으로 나의 바다 찾기 여행을 보고 있을까? 벌써 혼자서 아시아의 바다를 인어처럼 헤엄치고 있지는 않을까? 또 내가 바라보고 있는 21세기를 "꿈이 정말 작구나"라고 말하면서 비웃고 있지는 않을까?
　인간 게놈을 팔고 사는 시대라고 하지만 여전히 바다는 생명의 어머니다.

국제해양법의 새로운 사상

후세 쓰토무 布施 勉

1. 우리는 미래의 이미지를 가지고 있는가?

내 연구의 최종 주제는 '21세기에 인류는 함께 생존할 수 있을까?'라는 것이다. 나는 약 삼십 년에 걸친 국제해양법 연구를 통해, 국제해양법의 새로운 사상에 기초해 전통적인 국제사회 개념을 초월한 인류 사회를 구축하는 것 말고는 이 주제에 긍정적으로 답할 수 없다고 확신하게 되었다. 아시아·태평양 지역의 특색은 누가 뭐라 해도 '바다'일 것이며, 이 표현처럼 아시아·태평양 지역에 꼭 들어맞는 말도 없을 것이다.

1969년 혹은 1970년 가을로 기억한다. 당시 간토 지역 대학의 국제법과 국제정치의 젊은 연구자 단체였던 '국제법정연구회(國際法政硏究會)'의 대표를 역임했던 와시미 가즈오(鷲見一夫,

현재 니이가타(新潟) 대학 교수) 씨와 나는 그 해에 국제법학회 모임에서 오다 시게루(小田滋) 도호쿠(東北) 대학 교수(현재 국제사법재판소 판사)를 만나게 되었다. 그 때 오다 교수는 뒤에 나오는 파르도 연설에 대해 설명하였으며, 국제해양법이 그야말로 역사적 대전환을 꾀하고 있는 상황에 대해 열심히 이야기했다. 그리고 젊은 연구자들도 이 문제에 관심을 가져야 한다고 자상하게 설득했다. 와시미 씨와 나는 오다 교수의 열정에 크게 영향을 받아서 이 새로운 국제해양법의 동향을 연구해보기로 했다. 이렇게 해서 즉시 국제법정연구회 속에 '해양법연구회'가 결성되었고 와시미 씨가 대표로 취임했다. 그 후 이 연구회의 결과물은《해양법 연구》제1호, 제2호 및 제3호로 만들어져 출판되었다. 처음에는 순조롭게 일이 진행되었지만, 그 뒤로는 연구가 계속되지 않았다. 전통적인 국제해양법의 구조를 일신하는 통일 해양법 조약을 체결하자는 파르도의 제안과 관련하여, 국제해양법의 모든 것을 처음부터 철저하게 다시 검토하고 진행하는 총체적인 연구가 필요했기 때문이었다. 하지만 유감스럽게도 그러한 연구는 거의 이루어지지 못했다.

 제3차 UN 해양법 회의가 개최된 지 얼마 지나지 않은 어느 날, 나와 와시미 씨는 외무성 해양법 회의의 실질적인 책임자였던 이구치 다케오(井口武夫) 참사관(뉴질랜드 대사를 거쳐 현재 도카이(東海) 대학 교수로 있다)에게 다음과 같은 고언(苦言)을 했다.

"외교에는 철저한 연구가 필요하다고 생각합니다. 하지만 현재 외무부의 해양법 정책의 결정은 매우 관료적이며 깊이가 없다는 생각이 듭니다. 지금 우리는 지혜를 모아서 새로운 해양법 사상을 연구하고, 그것을 우리 나라의 외교 정책에 활용해야 합니다."

이구치 씨는 고집이 세고 어떤 의미에서는 매우 엄격한 사람이기도 해서 가끔 질책을 받기도 했다. 하지만 본성은 아주 순수한 사람이었다. 이 문제에 대해 이구치 씨는 우리와 의견을 같이 했고, 그 결과 외무성의 하부 단체로 '재단법인 일본해양협회'가 설립되었다. 이 협회는 겉으로 보기에는 나름대로 열심히 활동을 해서 《일본의 해양 정책》 등 다수의 보고서를 남겼다. 하지만 문제의 본질에 관해서는 해명을 하지 못하고 조사 단계에 머물렀기 때문에 지금 다시 읽어봐도 얻을 것이 거의 없다.

이렇게 해서 일본에서는 새로운 국제해양법 사상이 해명되지 않은 채 세월이 흘렀다. 그 결과, 1982년에 UN 해양법 조약이 체결되고 1994년에는 이 조약이 발효되었으며 1996년에는 일본도 이 조약에 동의했음에도 불구하고, 지금까지도 이 조약의 본질을 올바르게 이해하지 못하고 있다. 21세기의 인류 사회를 구상해 만들어진 이 조약을 이해하기 위해서는 우리 자신도 같은 이미지를 가질 필요가 있다. 이 조약을 이해할 수 없다는 것은 일본이 미래에 대한 이미지를 가지고 있지 않은 채 무턱대고 21세기로 나아가고 있는 셈이라 할 수 있다. 이것은 매우 비극적인 현실이고, 난해한 문제라고 할 수 있다. 여기서의 주제는 바로 이 점에 관한 것이며, UN 해양법 조약이 전제로 하고 있는 '미래에 대한 이미지'에 관한 새로운 사상과 그 이미지를 통해 구상된 이 조약의 기본 구조를 제시함에 있다.

2. 전통적인 국제해양법 질서에 대한 도전

전통적인 국제해양법 속에서 해양은 오랫동안 '좁은 영해(領海)'와 '넓은 공해(公海)'라는 지극히 단순한 두 개의 큰 개념으로 구분되어 왔다. 이 제도는 각 나라의 안전 보장이라는 군사적 측면과 연안 어업 자원에 대한 독점권 요구라는 경제적 측면이 서로 뒤엉킨 미묘한 균형 위에서 성립된 것이다. 한편 해양 대국은 해군과 원양 어업 선단을 가지고 있다. 그런 까닭에 '공해 자유의 원칙'이 적용되는 공해 부분을 넓게 확보해, 자국의 이익을 목표로 공해를 자유롭게 이용하려고 했다. 그 밖의 연해국들은 영해 외에 국가 관할권이 미치는 수역의 확대를 주장해 자국 연안 수역으로 해양 대국이 침입하는 것을 저지하려 했다. 영해의 확대와 어업전관수역(漁業專管水域, fishery zone. 연안국에 한해서 어업권이 인정되는 수역-역주)의 일방적인 설정에 관한 전통적인 분쟁은 이 같은 대립 구도 속에서 끊임없이 전개되어 왔다.

애초부터 국제 사회는 법적으로는 평등한 주권 국가로 이루어진 소위 인위적 사회이지, 통일된 가치를 목표로 결성된 '회사'와 같은 목적 사회는 아니다. 즉 국제법은 그 같은 인위적인 사회에서 분쟁이 발생한 경우에 그 분쟁을 구체적으로 어떻게 해결하면 좋은가를 다양한 경험을 통해 자주적으로 분쟁을 해결하기 위해 정해온 법이다. 따라서 해양 문제에 대해서도 분쟁에 관계하는 나라는 특정 연안국에 한정되며, 국제해양법은 해양 클럽이라고도 할 수 있는 연안국들이 모여서 결정한 것이었다. 1930년에 개최된 헤이그 국제법전화회의(國際法典化會議)에 참가하여 자국의 영해를 3해리로 정하는 것에 대해 논의를 가졌던 나라는 35개국이었고, 1958년의 제1차 UN 해양법 회의에 참가한 나라는 85개국에 불과했다. 하지만, 이들 국가가 이른바 당시 해양 클럽의 멤버이며 해양과 직접관계를 갖는 나라들이었다.

1960년은 국제관계학(國際關係學)적인 면에서 중요한 분기점이 되는 해였다. 그 해는 '아프리카의 해'라고도 불리는데, UN에서 '식민지독립부여선언'이 채택되어 아프리카의 수많은 식민지가 독립해 UN에 가입했다. 그 결과 국제 사회는 양적으로 급격히 확대되어 그 만큼 복잡해지고 극히 불안정한 상황이 되었다. 이 같은 긴급 사태에 대처하기 위해, 그리고 이들 새로운 독립국을 경제적으로도 독립시켜 진정한 국제 사회의 일체성을 확보하기 위해 미국의 케네디 대통령이 앞장서서 'UN 개발 10년'이라는 커다란 프로젝트가 UN에서 시작되었던 해이기도 하다. 하지만 이 프로젝트가 후반부 작업에 들어가면서 각국의 이기주의가 정면으로 부딪치게 되어 결국 프로젝트의 실패를 선언하게 되었다. 그리고 개발도상국의 대부분은 선진국의 원조 정책에만 의존하는 국제 원조 제도에 의문을 가지게 되었고, 나아가서는 사실상 선진국 간의 분쟁 해결법으로서 성립된 전통적인 국제법 질서 자체에 대해서도 의심의 눈초리를 보내게 되었다. 물론 국제해양법도 예외는 아니었다.

3. 남북문제의 벽과 파르도의 고뇌

남북문제(南北問題, North-South problems. 주로 북반구에 위치한 선진 공업국과 적도 및 남반구에 위치한 저개발국가 사이의 발전 및 소득 격차에서 생기는 국제 정치·경제의 구조적 문제-역주)를 일거에 해결하여 평등적인 새로운 국제 사회를 건설하자는 케네디의 이상적인 제안으로 시작된 'UN 개발 10년'은 결국 실패로 막을 내렸다. 그 후 UN은 70년대를 '제2차 UN 개발 10년', 80년대를 '제3차 UN 개발 10년'으로 지정하고 최대한의 노력을 계속했지만, 이 거액을 투자한 세계 규모의 대 프로젝트도 구체적인 성과를 거두지는 못했다.

독립한 지 얼마 되지 않은 개발도상국 몰타의 UN 대사였던 알비드 파르도(Arvid Pardo, 1914~1999-역주)는 비극적 관측이 나도는 60년대 후반, 선진국이 개발도상국을 원조하는 국제 원조 체재를 전제로 한 남북문제 해결에 큰 의문을 갖게 되었다. 이른바 '제공자-수용자'의 관계를 전제로 한다면, 제공자인 각 선진국에는 저마다 국내 사정이 있어서 원조 내용이 그것에 의해 쉽게 좌우되기 때문에 수용자인 개발도상국의 사정은 부차적이 될 수밖에 없다.

파르도는 이같이 타력(他力)에 의지하는 불안정한 국제 원조 체재에서 벗어나지 않는 한 'UN 개발 10년'은 결국 실패로 돌아갈 수밖에 없으며, 이대로 간다면 남북관계는 영원히 해결되지 못할 것이라고 생각하게 되었다. 파르도의 이 같은 인식은 점차 확신으로 변해 갔으며, 현시점에서 생각해보면 당시 그의 인식은 옳은 것이었다. 또한 많은 개발도상국은 그 같은 국제 원조 체재를 지탱하는 전통적인 국제법 질서 그 자체에 대해 불신을 갖기 시작했다. 과연 그렇다면 어떤 새로운 법질서와 창조적인 전략으로 이 문제를 해결하는 것이 좋을까? 파르도 자신도 생각을 정리하지 못한 채 고심하는 날이 계속되었다. 이 같은 시기에 파르도는 엘리자베스 만 보르제세(Elisabeth Mann Borgese, 1918~2002. '바다의 어머니'라고 불린다-역주)와 운명적인 만남을 갖게 되었다.

4. 대륙붕 조약 제1조의 의미와 '오다 설'

1958년의 제1차 UN 해양법 회의에서 채택된 대륙붕 조약 제1조는 이 조약이 적용되는 '대륙붕'의 정의에 대해서 매우 복잡한 규정을 내리고 있다. 다시 말해, 이 조약에 적용되는 '대륙붕'이란 연해와 인접한 수심 200미터까지의 해저, 또 그것을 넘을 경우에는 개발 가능한 곳까지로 하는, 이른바 '수심주의'와 '개발 가능성 기준'을 병용하는 이중 기준을 채용하고 있다.

이 조약에서는 지질학상의 대륙붕이 존재하는지, 아닌지에 관계 없이 수심 200미터까지의 해저를 '법적 대륙붕'으로 정하고, 그보다 깊은 해저도 개발이 가능하다면 그 부분을 '법적 대륙붕'으로 추가할 수 있게 하였다. 단, 법적 대륙붕은 어디까지나 수심 200미터까지의 해저가 원칙이며, '개발 가능성 기준'은 수심 200미터 이상을 주장하는 나라와 연안으로부터의 거리를 기준으로 하려는 나라와의 정치적 타협의 산물로, 예외적인 원칙이었음이 분명하다. 어쨌든 이 시점에서 지질학상의 대륙붕과 법적 대륙붕은 크게 동떨어져 있음을 알 수 있다.

여기서 시점을 바꿔 생각해보면 1960년대는 과학 기술이 예상을 훌쩍 뛰어넘어 크게 발전한 시대였다. 예를 들어, 해양 개발 문제만 보더라도 1967년 당시 가동되었던 반잠수형 굴삭 장치는 수심 350미터의 해저 개발을 가능하게 했다. 또한 주목해야 할 점은 1957년에서 1966년까지 미국이 실시한 '모홀 계획 (Mohole project)'이다. 이 계획은 모호로비치치 불연속면 (Mohorovicic discontinuity. 지각과 맨틀의 경계면-역주)이 노출되어 있는 깊은 해저에 구멍을 내고 샘플링 조사를 실시하여 지구 내부에 대한 지구물리학적 연구를 추진하려는 것이었다. 그 결과물로 수심 7천 미터나 되는 해저 굴삭을 가능하게 하는 선박이 건조되었다.

이와 같이 기술이 발전된 점을 대륙붕 조약 제1조인 '개발 가능성 기준'에 두고 생각한다면 어떻게 될까? 결국, 예상을 초월한 이러한 결론에 의해 일대 논쟁이 벌어지게 되었다. 제3차 UN 해양법 회의를 거쳐 현재로 이어지는, 길고도 험한 해양법 질서의 대혼란 시대가 시작된 것이다. 연구 실험 단계라고는 하지만 모홀 계획으로 인해 수심 7천 미터나 되는 해저의 개발이 가능해졌다는 사실이 확실해졌기 때문이다. 이에 따라 대륙붕 조약이 적용되는 '대륙붕'이란 '수심 7천 미터까지의 해저'라고 규정할 수 있게 되었다. 따라서 이것은 기술적으로 모든 해저를 개발할 날도 얼마 남지 않았다는 것이며 특정 연안국이 모든 해저를 '법적 대륙붕'으로서 합법적으로 분할할 가능성이 생겼다는 의미이다.

이 점을 재빨리 깨닫고 독자적인 학설을 전개한 사람이 일본의 오다 시게루 교수였다. 오다 교수는 대륙붕 조약 제1조인 '개발 가능성 기준'이란 각각의 연안국이 자국에 인접하는 수심 200미터 이상의 해저를 개발할 수 있느냐 없느냐의 문제가 아니라, 그 당시의 기술력을 가지고 일반적으로 어디까지 해저를 개발할 수 있는지를 문제시하는 것에 지나지 않는다고 주장했다. 그렇지 않으면 선진 기술을 가진 연안국의 대륙붕은 점차 확대되는 데 비해, 개발 기술을 가지지 못한 연안국의 대륙붕은 영원히 수심 200미터까지의 해저에 멈추는 불공평한 결과를 초래한다는 것이었다. '오다 설'에 따르면 당시 법적 대륙붕의 정의는 '수심 7천 미터까지의 해저'로 확정되었다고 할 수 있다.

　세계의 많은 학자들은 이 오다 설에 경악했고, 당혹감을 감추지 못했다. '개발 가능성 기준'은 200미터 수심주의를 원칙으로 하는 것에 불만을 갖는 일부 국가를 달래기 위해 만들어진 것이며, 이들을 위해 예외적으로 적용시키는 기준으로 이해되어왔기 때문이다. 그런데 오다 교수는 그러한 상식을 뒤집어서 사실상 '개발 가능성 기준'이 기본적인 원칙임을 주장했던 것이다. 모두가 오다 설은 어딘가 이상하다고 생각했지만 '공평성'을 최우선으로 내세운 오다 교수의 주장에는 나름대로의 진리가 숨었기 때문에 모든 사람들이 오다 설을 정면으로 부정할 수 없게 되었다. 파르도 역시 오다 설에 주목하고, "이 같은 발상이라면 연안국들은 기술이 진보함에 따라 대륙붕 조약 제6조 규정에 의거해 관리권을 자국과 대안(對岸)에 있는 연안국의 중간선에 위치한 심해 해저까지 확대시킬 수 있게 된다"고 말했다. 결국 이 오다 설은 특정 선진 연안국의 공해 해저 분할로 연결되는 매우 위험한 사고방식이며 불공평하고 불합리하다고 단정하기에 이르렀다. 그렇다면 어떻게 반론해야 할까? 파르도의 고뇌는 계속되었지만 이 시기에 그는 앞에서 말했듯이 엘리자베스 만 보르제세와 만나게 되었다.

5. 파르도와 보르제세
― '인류의 공동 재산' 개념의 창시자

1960년대의 'UN 개발 10년'은 확실한 성과도 거두지 못한 채 후반기로 접어들고 있었다. 그것에 대한 결정타는 모든 심해 해저를 특정 연안국들이 '법적 대륙붕'으로서 합법적으로 분할할 수 있다고 주장한 오다 설이었다. 알비드 파르도의 고뇌가 계속되는 가운데, 그는 앞에서 말했듯이 엘리자베스 만 보르제세를 만났다. 보르제세는 1967년에 미국의 산타 바바라에 막 설립된 '민주기구연구센터'에 소속되어, 평등한 인간 사회 건설이라는 관점에서 남북문제의 연구에 몰두해 '세계헌법'의 초안을 만들고 있었다. 또한 그녀는 대륙붕에 관한 논쟁과 오다 교수의 주장에도 큰 흥미를 가지고 있었으며, 이 문제에 대한 묘안을 가지고 있었다. 이것을 설명하기 위해서는 그녀의 성장과 경력에 대해 간단하게 설명할 필요가 있다.

엘리자베스 만 보르제세는 노벨상 수상 작가인 토머스 만(Thomas Mann. 1875~1955. 독일의 소설가, 평론가. 저서로는 《부덴브로크가(家)》《베네치아에서의 죽음》등이 있다-역주)의 셋째 딸로 1918년에 독일 뮌헨에서 출생했다. 그러나 어머니가 유대인이었기 때문에 나치의 박해를 받아 위기일발의 상황에

3-1 알비드 파르도(우)와 엘리자베스 만 보르제세

서 가족과 함께 스위스로 망명했다. 그리고 스위스 취리히의 김나지움(Gymnasium)에서 고전 문학을 공부했고, 또 같은 곳의 음악원에서 피아노를 배우면서 피아니스트에 뜻을 두었다. 나는 그녀와 개인적으로 친하게 지내면서, 인간과 인간 사회에 깊은 애정을 가지고 그것을 철저하게 분석하려는 그녀의 자세가 아버지인 토머스 만과 똑같다는 인상을 받았다. 또 무조건 약자의 입장에 서는 자세는 나치의 박해를 직접 경험한 사실에 기인하는 것이 아닐까, 하는 생각이 들었다. 예전에 그녀와 술을 마시면서 상당히 긴 시간 동안 이야기할 기회가 있었다. 그 때 그 일에 관해서 물어 보았는데 그녀는 웃으면서 얼버무렸다. 그녀

는 자신의 이야기를 할 때 상당히 쑥스러워하는 사람이었다. 그녀의 말에 따르면, 토머스 만의 스위스 산장은 일종의 살롱처럼, 당시 유럽의 여러 저명인사들이 드나들고 있었다고 했다. 자연 속에서 스며나오는 그녀의 깊은 교양은 이 같은 환경에서 자랐기 때문이 아닐까?

그 후 만(mann) 일가는 스위스를 떠나 다시 미국으로 망명할 수밖에 없게 되었다. 그러던 어느 날, 한 사람이 반 나치 전선에서 토머스 만의 협력을 얻기 위해 캘리포니아에 있는 그의 집을 방문했다. 그 사람이 바로 이탈리아의 국제정치학자인 쥬세페 안토니오 보르제세 교수였다. 그녀와 보르제세 교수는 열렬한 연애 끝에 1936년 보르제세 교수가 시카고 대학의 국제정치 담당 교수로 초빙되자 결혼을 하고 시카고에 새집을 마련했다. 당시 그녀는 열여덟 살이었다. 그녀는 그 때 피아니스트의 꿈을 깨끗이 접었다고 웃으면서 나에게 이야기한 적이 있다.

그녀는 시카고 대학에서 조수로서 남편을 도우면서 연구자의 길을 걷게 되었다. 그 후 보르제세 교수는 이른바 시카고 학파의 선두주자로서 '세계연방주의'를 연구해 세계적인 명성을 얻게 되었다. 하지만 영역국가의 존재를 초월하여 '세계연방'을 결성하기 위한 여러 조건에 관한 연구는, 제2차 세계대전에서 승리한 소련과 함께 세계 초대국으로 부상한 전후의 미국에서는 급속히 관심을 잃게 되었다. 오히려 전쟁에서 패하고 '평화주의'를 선택한 일본에서는 보르제세의 연구가 크게 주목을 받아서 한때 활발한 연구가 이루어졌다. 현재 일본의 '세계법학회'도 세계연방건설동맹의 활동에서 시작되었다.

이처럼 당시 보르제세의 마음 속에는 인간 박해에 대한 저항, 평등한 사회에 대한 동경, '국가'에 대한 회의심, 인류 사회 건설을 향한 열정과 같은 다양한 심정이 이미 잠재해 있었다. 그녀는 산타 바바라의 '민주기구연구센터'에서 이 같은 열정에 이끌려 인간성을 철저히 파괴하는 '남북문제'에 맞서려 하고 있었다. 그리고 '바다'에 대해서도 많은 관심을 가지고 있었다. 파르도와 보르제세는 이것들을 화제로 삼아 시간가는 줄 모르고 열심히 이야기하곤 했다. 두 사람을 직접 알고 있는 나에게는 그 모습이 눈에 선하다. 전통적으로 '누구의 것도 아니다'라고 여겨온 해양을 '인류의 것'으로 보았다. 그 인류의 바다를 관리하고 개발하기 위한 인류적 국제 기구를 창설하여 그곳에서 생겨난 이익으로 남북문제를 해결하자는 것이었다. 외교관이라는 지극히 현실적인 세계에서 살아가는 파르도는 이미 말했듯이 어떻게 하면 오다 설을 반박하고 대륙붕 조약을 개정할 수 있을까라는 문제에만 초점이 맞추어져 있었지만, 세계연방에 대한 연구 속에서 생겨난 보르제세의 인식은 그의 사고를 훌쩍 뛰어넘는 것이었다. 파르도는 점차 보르제세의 발상에 빠져 들어갔다.

6. 파르도의 연설―역사의 전환

1967년 11월 1일의 UN 총회에서 파르도 대사는 제3차 UN 해양법 회의의 시작을 알리는 장장 네 시간에 걸친 역사적 대연설을 했다. 나는 연구가 막히면 반드시 그 날로 되돌아가 생각해보게 된다. 그 날은 그야말로 운명적인 날이었다.

파르도는 먼저 이 연설의 의미에 대해서 "현재 국가 관할권 바깥에 있는 해저가 개발 기술을 가진 나라에 한해서 점진적이고 경합적으로 소유되고 개발되며, 또 군사적인 목적으로 이용되는 것은 인류 전체에게 예측 불가능한 위험을 초래하게 된다"라고 단정했다. 또 해저에 대한 국제적인 관할권과 관리 방법의 확립을 검토하는 것이 연설의 목적임을 밝혔다. 그리고 다음과 같은 역사에 남을 명언을 남겼다.

"암흑의 대양(大洋)은 생명을 잉태하는 자궁이었습니다. 이 해양의 보호를 받으면서 생명이 탄생한 것입니다. 우리는 현재에도 우리의 몸 속, 즉 피 속에, 또 우리의 소금기 어린 눈물 속에 머나 먼 과거의 표시를 가지고 있습니다. 현재 육상의 지배자인 인간은 이 같은 과거의 도정을 거슬러 올라가 깊은 바다로 돌아가고 있습니다. 인간의 심해 침입은 인간 혹은 이 지구상에서 우리가 알고 있는 생명 그 자체의 종언(終焉)이 시작되었음을 보여주는 것일지도 모릅니다. 하지만 이는 모든 사람에게 평화롭고 발전적으로 번영하는 미래를 위해 확고한 기초를 쌓는 유일한 기회가 될 수도 있습니다."

그러나 파르도는 현재 상황이 '해저 분할'의 방향으로 급속히 나아갈 위험이 있다고 지적하며 다음과 같이 말했다.

"도호쿠 대학의 오다 시게루 교수는 '조약의 정의(定義) 자체로 볼 때 세계 모든 해저 구역은 필연적으로 대륙붕의 일부가 되기 때문에, 대륙붕 외연(外緣) 혹은 제네바 조약에 기초한 대륙붕 바깥의 어떠한 구역에 대해서도 논의할 여지가 존재하지 않는다'고 지적했습니다. 결국 기안자의 의도가 어떠했든, 조약의 규정은 기술 선진국이 자국의 이익을 위해 수심 200미터 이상의 해저를 점유하려는 정치적, 경제적, 군사적인 태도를 법적으로 강력하게 지지하고 있다는 사실에는 의심할 여지가 없습니다."

또한 파르도는 소리 높여 경고했다.

"이미 국가 소유권을 취득하고, 또 현재 대륙붕의 개발을 강화하려는 모든 세력은 끊임없이 힘을 얻고 있습니다. 과거 20년 전 부터 대륙붕의 개발은 서서히 이루어져왔습니다. 하지만 앞으로 수 년에 걸친 대륙붕 개발, 그리고 강화와 대륙붕을 넘어선 바깥에 대한 국가 소유권과 급속한 확대에 눈을 돌릴 필요가 있습니다."

이렇게 논지를 이끌어 가면서 마지막으로 파르도는 국가 관할권에 속하는 대륙붕의 범위를 일정 한도로 제한했다. 또한 그 바깥의 해저 구역과 그 자원을 '인류의 공동 재산(Common

Heritage of Mankind)'으로 정한 후 국제 관리 아래 두는 것을 골자로 하는 새로운 조약의 체결을 제안했다.

7. 파도르주의와 그 논리

1967년 11월 1일에 파르도가 국가 관할권 바깥쪽에 존재하는 심해 해저 구역과 그 자원을 '인류의 공동 재산'으로 국제 관리 아래 둘 것을 제안했다. 이는 오다 설로 대표되는 대륙붕 조약의 심해 해저 구역 확대 적용을 가능하게 하는 주장을 배제하고, 그 구역의 국제적 관리를 통해 남북문제의 근본적 해결을 모색하기 위한 것이었다. 파르도의 제안은 심해 해저와 그 자원에 '인류의 공동 재산'이라는 법적 지위를 부여했다는 점에서 혁신적이고 창조적인 제안이라 할 수 있다. 파르도 자신에 따르면, 당시 몰타가 제안한 '인류의 공동 재산'의 개념에는 다음과 같은 구체적인 제안이 포함되어 있다.

1. 이 개념은 심해 해저 구역의 비취득 및 소유권의 부존재를 나타낸다. 즉 이 구역은 어떤 나라라도 취득의 대상으로 삼거나 소유하지 못하며, 국제적 제도를 통해 국제 사회 전체에 맡겨져야 한다.
2. 이 구역과 자원을 관리, 개발하는 국제적인 실시 단체를 창설해야 한다.

3. 이 구역에 대한 자원 개발 기술과 과학 조사가 가져오는 이익의 배분 방법을 책정해야 한다.
4. 이 구역의 이용은 평화를 목적으로 해야 한다.
5. 해양 환경의 확보와 보전에 대한 국가의 의무를 분명히 해야 한다.
6. 심해 해저 구역을 명확히 하기 위해 국가 관할권의 한계를 확정해야 한다.

이상과 같이 '인류의 공동 재산' 개념을 기조(基調)로 하는 현대 국제해양법의 혁신적 사상을 함께 묶어 '파르도주의'라 부른다.

파르도가 '인류의 공동 재산' 이라는 개념을 생각해 낸 논리적 과정을 간단히 요약하면 다음과 같다.

국제법이 인정하는 '국제 사회=국가 간 사회'의 배후에 '인류 사회'가 존재한다면, 국제법은 주권 국가로 구성되는 국제 사회라는 전통적인 범위를 넘어서 '인류 사회'에도 타당하게 적용되어야 할 것이다. 남북문제를 근원적으로 해결하기 위해 양국 간의 원조 체제의 틀에서 벗어나 국제 규모의 지원 체제를 구축하려면 인류 사회에 대한 국제법의 타당성을 명확히 해야 한다. 그리고 이를 위해서는 '인류' 라는 개념을 국제법의 주체로서 확립해야만 한다. 국제 관할권 바깥쪽의 해양을 '인류의 바다'라고 볼 때, 이 '인류의 바다'를 인류의 이름으로 관리하고 개발함으로써 남북문제를 단번에 해결할 수 있으며, 인류의 주체성 또한 명확해진다.

따라서 파르도가 인류의 공동 재산 개념을 심해 해저에 한정하여 제안한 것은 전적으로 해양법 회의를 극복하기 위한 전략적 배려였다고 할 수 있다. 파르도는 '인류의 공동 재산' 개념을 넓은 의미로는 해양 전체에 적용했으며, 처음부터 이를 '공해 개념'을 대신하는 해양법의 새로운 기본 원칙으로 삼으려 했다. 하지만 제3차 UN 해양법 회의를 준비한 '해저평화이용위원회'의 심의가 난항을 겪고, 아프리카와 라틴아메리카 각국이 강력한 배타적 경제수역을 주장함에 따라 몰타의 제안 의도가 크게 왜곡되었다. 그러자 파르도는 본래의 생각으로 되돌아가서 해양 전체를 '인류의 공동 재산'으로 받아들이고, 해양을 연안에서 200해리까지의 '국가 해양 공간'과 그것를 넘어선 '국제 해역 공간'으로 이분했다. 그리고 1971년 8월 23일에 영해와 공해라는 전통적인 해양법 구조와 그 용어법으로부터 결별하려고 하는 '제2차 몰타 안(案)'을 제출했다. 파르도는 이 새로운 제안에 대해 "인류의 공동 재산 개념은 공해에도 똑같이 적용되어야 합니다. ……몰타를 통해 인류의 공동 재산 개념이 점차 공해 개념과 대체되어 해양법의 기초 원칙이 되길 바랍니다"고 말했다. 하지만 복합적인 남북대립에 휘말려 제2차 몰타 안은 지금까지 통과되지 못하고 있다.

8. 배타적 경제수역 제안이 의미하는 것

파르도의 이상(理想)은 1972년 8월 7일에 제출된 200해리 배타적 경제수역에 관한 케냐 안(案)으로 인해 허물어지기 시작했다. 파르도는 이상주의자인 동시에 UN에서 맹렬히 싸우는 외교관의 한 사람으로서 매우 현실적인 발상의 소유자이기도 했다. 그는 심해 해저에 존재하는 망간 덩어리의 개발은 미래 과제에 지나지 않으며, 인류의 공동 재산으로서 당장 현실적인 개발을 기대할 수 있는 것은 대륙붕에 존재하는 석유나 천연가스 등의 화석연료라고 확신했다. 따라서 국가 관할권의 한계를 영해는 12해리까지, 대륙붕은 수심 200미터까지로 한정하고, 그 바깥쪽의 해저에 있는 화석연료를 인류의 공동 재산으로 삼아야 한다고 생각했다.

다시 말해, 파르도주의에는 배타적 경제수역이라는 개념은 존재하지 않았다. 오히려 그는 연안국의 연안 해양 자원 독점을 인정하는 배타적 경제수역을 인류의 공동 재산 개념을 인정하지 않는 사고방식이라고 인식했다. 파르도는 훗날 다음과 같은 이야기를 했다.

"아프리카의 케냐가 배타적 경제수역을 제안할 것이 분명해지던 때에, 연안국 관할권 확대에 강한 반대를 표명하던 일본의 UN대사에게 이 정보를 전하고 공동으로 이러한 움직임을 봉쇄하는 외교 정책을 전개하려 했습니다. 하지만 어찌된 일인지 동의를 얻지 못했습니다."

한편 제3차 UN 해양법 회의는 케냐의 제안으로 예상치 못한 방향으로 흘러가고 있었다. 그는 이 회의를 단순한 해양 문제의 범위를 넘어 남북문제의 틀로 재설정하려 했기 때문에, 당연히 '선진국 대 개발도상국'의 대결 구도가 되리라고 예측했다. 하지만 배타적 경제수역이 설정되면 이 수역을 구체적으로 설정할 수 있는지의 여부에 따라 각국의 이해 관계가 크게 좌우될 수밖에 없었다. 그리고 개발도상국의 대부분은 애초부터 바다와는 일체 인연이 없는 '내륙국'이거나 거의 해안선을 가지고 있지 않았다. 또한 자국 연안에 타국의 섬이 존재한다는 이유로 배타적 경제수역을 설정할 수 없는 '지리적 불리국' 이었다.

그렇다면 새로운 해양법 조약은 가난한 나라를 외면하는 꼴이 되며, 남북문제는 도저히 해결할 수 없게 된다. 이들 나라 63개국은 '내륙국·지리적 불리국 그룹'을 결성해 맹렬한 배타적 경제수역 반대 운동을 전개했다. 그 결과 개발도상국 그룹(G-77)은 사실상 분열되었고, 대립 구도는 '선진국 그룹 대 개발도상 연안국 그룹 대 내륙국·지리적 불리국 그룹'의 3파전 양상을 띠게 되었다. 제3차 UN 해양법 회의가 준비 단계를 포함해서 14년이나 계속된 이유는 이처럼 이상한 대립 구도의 출현 때문이었다. 파르도는 이 예상치도 못했던 전개를 그가 생각하는 본래 모습으로 되돌려 놓으려고 했지만, 불행히도 1974년에 모국인 몰타에서 정변이 일어나 외교관의 신분을 잃게 되어 그의 꿈은 거기서 끝이 났다.

한편 보르제세는 파르도의 꿈을 더욱 발전시켰다. 그녀는 혼미를 거듭하는 해양법 회의를 극복하기 위해 더 많이 연구해야 했다. 그래서 1972년에 '바다평화학회(Pacem in Maribus)'를 결성하고 그 모체로서 '국제해양연구소(IOI)'를 몰타에 설립했다. 그 후 IOI는 제3차 UN 해양법 회의(1973~1982), 국제해저기구·국제해양법재판소 설립준비위원회(1982~1994)를 위해 연구 보고서를 작성했으며, UN 환경계획(UNEP), UN 개발계획(UNDP), 유네스코, 세계은행, 국제연합대학(UNU) 등의 국제 기관을 상대로 컨설턴트 활동을 하며 세계 해양 정책의 입안과 실행에 중요한 역할을 담당했다. 또한 IOI는 UN 해양법 조약의 근본 이념인 '해양은 인류 공동의 재산'이라는 사고 방식에 기초해, ① 해양 공간과 그 자원의 관리, ② 해양 자원의 보호와 보전, ③ 해양의 평화적인 이용 등을 교육과 연구 등을 통해 촉진하는 일을 그 사명으로 삼고 있다. 그리고 이를 바탕으로 21세기 인류의 총체적 생존의 확보를 목표로 하는 다양한 계획을 실행에 옮기고 있다.

9. 알비드 파르도를 위한 조사

보르제세에게 확인한 결과 '인류의 공동 재산'이라는 말 자체는 완전한 파르도의 창작물로, 그녀는 1967년에 파르도의 연설을 들은 직후 파르도에게 전보를 쳐서 그 내용을 전면적으로 지지한다는 의사를 전했다고 한다. 또 파르도에게 "꼭 만나서 이야기하고 싶으니 캘리포니아에 볼일이 있으면 민주기구연구센터에 방문해 달라"고 부탁을 했더니 놀랍게도 파르도는 바로 보르제세를 방문했고, 둘은 '인류의 공동 재산'의 개념에 대해 시간가는 줄도 모르고 이야기를 했다고 한다. '인류의 공동 재산'이라는 용어 그 자체는 파르도 자신의 발상이었다. 하지만, 파르도가 1974년 몰타 정변으로 공직에서 일찍 물러나게 된 일로 볼 때 그 말이 가진 개념을 지지하고 발전시킨 사람은 보르제세임이 분명하다. 다시 말하면 '인류의 공동 재산'이란 개념은 파르도와 보르세제의 합작이었을 것이다.

그러나 유감스럽게도 파르도는 1999년 7월에 세상을 떠났다. 나 자신도 그와 관련된 몇 가지 추억을 가지고 있지만, 여기서는 국제해양연구소의 회지 《Across the Oceans》 1999년 10월호에 실린, 보르세제가 쓴 '파르도를 위한 조사(弔辭)'의 전문을 소개해 파르도의 인품을 기리고 싶다.

현대 해양법의 아버지라 불리며 '바다평화학회'와 그 모체인

'국제해양연구소'의 정신적 지주였던 알비드 파르도는 1999년 7월 19일, 미국 워싱턴 주 시애틀에서 긴 투병 생활 끝에 세상을 떠났다. 향년 85세였다.

그의 창조적인 업적의 대부분은 모국 몰타의 외교관 지위를 잃은 1974년에 종료되었다. 파르도가 활약했던 시대에 그가 탄생시킨 사상은 1974년 몰타 대학 출판부에서 출판된 《인류의 공동 재산》에 대부분이 수록되어 있다.

1974년 이후 알비드 파르도는 로스앤젤레스 사우스캘리포니아 대학의 교수가 되어, 1984년에 정년을 맞이할 때까지 국제관계론과 해양법을 강의했다. 그는 제3차 UN 해양법 회의의 결말과 그 후의 전개에 크게 실망했지만, 해양평화학회와 국제해양연구소의 여러 활동에 대해서는 성실한 자세를 가지고 참가했으며 현명한 조언자의 역할을 하였다. 우리는 그에게 큰 빚을 졌다. 따라서 그에게 보답하기 위해서는 그가 남긴 위대한 사상을 계승·발전시키고 또 보급시키는 데 힘을 기울여야 할 것이다. 일반적으로 알비드 파르도는 세상에 거의 알려지지 않았지만, 20세기가 낳은 위대한 인물 가운데 한 사람이며, 21세기 세계 형성에 결정적인 공헌을 한 사람이었다. 그는 박학다식한 사람이었지만, 거의 모든 천재가 그렇듯이 복잡한 심정의 소유자이기도 했다. 기관지가 약해 자주 앓았지만 집중력 있게 일을 했으며 뭔가에 집중을 하더라도 그것에 집착하지는 않았다. 또 이상주의자인 동시에 현실주의자였고, 혁신적이었지만 보수적인 사람이기도 했다. 깊은 신앙심을 가지고 있었지만 세상을 원망하기도 했다. 그의 사망은 한 시대의 종언을 의미한다.

E. M. 보르제세

10. UN 해양법 조약의 기본 구조와 인류 사회

UN 해양법 조약은 예비적 심의를 포함해서 14년에 걸친 제3차 해양법 회의의 격한 논쟁을 거쳐 1982년에 채택되었고 1994년에 발효되었다. 파르도주의를 기조로 하는 이 조약의 발효로 인류는 새로운 미지의 세계로 돌입했다고 말할 수 있다.

전통적인 국제법 질서는 평등한 주권 국가로 구성된 국제 사회의 존재(사실 이것은 허구에 지나지 않지만)를 전제로, 주권 국가들 사이에서 그 주권 국가가 주장하는 '권리'를 어떻게 조정해 가는가를 합의한 것이라고 할 수 있다. 따라서 그 합의의 결합체인 국제법은 필연적으로 주권 국가 간의 '권리 체계'일 수밖에 없다. 하지만 UN 해양법 조약은 해양의 소유권자를 '인류'로 보는 파르도주의를 기본으로 하며 조약의 중심에 '인류의 공동 재산'이라는 원칙을 두었다. 그 결과 국제해양법은 인류에 대한 국가의 '의무 체계'로 바뀌게 되었다. 이렇게 생각하면, 인간 사회는 기존의 '국가 사회'와 '국제 사회'라는 이중 구조(Double-deck Structure)에서 '국가 사회'와 '국제 사회', 그리고 '인류 사회'로 구성되는 삼중 구조(Triple-deck Structure)로 바뀌었다고 할 수 있다. UN 해양법 조약이 규정하는 의무는 결국 인류 사회에 대한 의무라고 할 수 있는 것이다.

한 일본학자는 '모든 나라가 해양 환경을 보호하고 보전할 의무를 가진다'는 제192조 항목에 대해, "의무에 대한 권리자가 명확하지 않으므로 이 규정은 법적 효력이 없다. 이는 단순한 프로그램에 불과하다"라고 주장했다. 그러나 이 주장은 완전히 핵심을 벗어난 것으로, 조약의 기본 구조를 이해하지 못한 것으로 보인다. 이 조항은 인류의 공동 재산 원칙에 따라 '인류의 권리'에 대한 '국가의 의무'로 해석되어야 한다. 제3차 UN 해양법 회의에서 해양 환경 보호 문제를 심의한 제3위원회의 의장을 역임했던 알렉산더 야코프에게 내가 직접 확인한 바에 따르면, 그는 이 같은 입장에서 심의를 추진했다고 증언했다. UN 해양법 조약은 단순한 국가 간의 권리 조정이라는 국제법의 전통적 구조를 뛰어넘어 인류 사상 처음으로 '인류라는 법인격(法人格)'을 창설하고, '인류에 대한 국가의 의무'라는 법적 구조를 만들어 낸 혁명적인 국제 문서인 것이다. 이 때문에 보르제세는 파르도를 '현대 해양법의 아버지'라 부르며, '20세기가 낳은 위대한 인물'이자 '21세기 세계 형성에 결정적인 공헌을 한 사람'이라 극찬한 것이다. 나도 이 말에는 동의한다.

'21세기에 인류는 함께 생존할 수 있을까?'라는 나의 연구

과제에서 시작된 논고의 결론을 이쯤에서 내리고자 한다. 나는 인류가 앞으로도 계속 총체적으로 생존해 나갈 수 있으리라 생각한다. 단, 국제해양법의 새로운 사상을 더욱 발전시켜 전통적 국제 사회 개념을 뛰어넘은 인류 사회를 만들어야만 이 일이 가능할 것이다. 하지만 인류는 이미 제3차 UN 해양법 회의에서 많은 난관을 극복하고 그 기초를 쌓는 데 성공하였다.

한편 현재는 UN 해양법 조약의 틀 속에서 '인류를 위한 세계의 바다를 어떻게 관리해 가는가?' 라는 해양 종합관리가 큰 문제가 되고 있다. 이를 위한 구체적인 행동계획 작성을 목적으로 1995년 12월에 도쿄에 설립된 '해양문제세계위원회(IWCO)'는 1998년 8월에 활동을 마치고 포르투갈의 리스본에서 '해양, 그곳은 인류의 미래(The Ocean ... Our Future)' 라는 최종 보고서를 채택했다. 인류를 위한 해양 종합관리의 중심 구역 중 하나가 된 곳이 바로 아시아 · 태평양의 바다라는 사실은 말할 것도 없다.

이 지역 사람들이 '인류로부터 관리를 위임받은 이 바다를 어떻게 관리해 그 의무를 다할 것인가?', 또 '이기주의를 버리고 어떻게 협력해 나갈 것인가?' 라는 중대한 문제를 해결하기 위해서는, 인류 개념을 기본 원리에 둔 새로운 국제 관계의 구축과 인류 사회에 대한 진정한 헌신이 요구된다.

아시아 도시의 쉼 없는 변천

무라마쓰 신 村松 伸

1. 신홍콩 국제공항의 혼란

나에게 있어서 도쿄의 시끌벅적한 일상에서 벗어날 수 있는 유일한 기회는 외국으로 나가는 것이다. 신주쿠(新宿)에서 나리타 익스프레스(成田Express)를 타는 순간, 머리는 이미 여행 생각으로 가득 찬다. 요즘 자주 가는 곳은 베트남의 하노이이기 때문에, 도중에 홍콩에서 갈아타는 것이 관례가 되었다.

그러나 영국의 건축가인 포스터(Norman Foster. 1935년 영국 맨체스터에서 태어났다. 작품으로는 〈세인즈베리 아트센터(영국, 1978)〉〈현대 미술센터 & 방송자료 도서관(프랑스, 1993)〉 등이 있다-역주)가 설계한 신홍콩 국제공항은 이용할 때마다 나를 초조하게 만든다. 그곳은 공항으로서는 최악의 부류에 속한다고 말해도 지나치

205

3-2 신 홍콩 국제공항

지 않을 것이다. 그저 넓기만 한 공간은 세분화되지 않은 채 평면 상태 그대로 존재한다. 처음 방문한 사람은 어떻게 이동해야 하는지 전혀 알 수가 없다. 출구와 환승 장소를 금방 찾을 수 없고, 알고 있다 해도 구체적으로 어떻게 움직여야 하는지 가르쳐주는 사람이 아무도 없다. 심지어 승객이 헤매고 있거나 늦게 탑승해도 그에 대해 책임을 지는 사람도 없다.

물론 책임은 건축가인 포스터에게 있다. 하지만 근본적인 원인은 홍콩에서 철수하던 당시 영국이 졸속으로 실행한 도시 행정의 실패에 있다. 싱가포르도 콸라룸푸르도, 서울도, 그리고 도쿄도 거대한 공항을 가지고 있다. 머지않아 공항은 도시를 삼켜버릴 것이다. 메이지 유신 이후 철도가 일본의 도시를 바꾸었고, 지금은 자동차가 작은 도시를 전혀 새로운 형태로 만들고 있는 것처럼, 아시아 각지의 거대 도시는 공항 도시로 변모해 가고 있다.

그런 시대적 변화를 읽지 못하고 포스터를 설계자로 지명하여 그의 계획을 그대로 받아들인 도시 행정은 실패에 대한 비난을 면치 못한다. 하지만 그렇다고 해서 다른 도시의 공항이 훌륭하다는 것은 아니다.

사실, 공항을 만드는 데는 많은 전문 지식과 방대한 경영 지식이 필요하기 때문에 현재 건축가라면 한번쯤 도전해 보고 싶은 꿈의 대사업 중 하나임에는 틀림없다. 도시 계획은 이미 복잡한 이해 관계에 대한 관찰이나 역사 유산의 보호 등 해결해야 할 문제점들을 산더미만큼 안은 채 인내심을 가지고 천천히 이행되고 있는 것이지, 결코 전제군주적 건축가의 손에 의해 만들어지는 것은 아니다. 공항은 건축가의 정복욕을 만족시켜 주는 유물이 아니라는 것이다. 또한 도시 개발에서 공항이 차지하는 중요성에 대해서 건축가들도 깊게 생각해 보아야 할 것이다.

'바다의 아시아'라는 주제에 어울리지 않는 이 글을 통해, 나는 '아시아의 도시에 있어서 왜 이제는 바다가 아닌가?'에 대해 말하고자 한다. 그 답은 아시아에 있는 도시의 역사를 개관하는 과정에서 자연스럽게 나올 것이다. 우선 신홍콩 국제공항에서 길을 헤매며 방황하는 시간을 이용해 아시아 도시의 4백 년 역사를 살피는 것으로 이야기를 시작하고자 한다.

2. '항시 도시'의 문법

먼저 17세기 근세를 살펴보고자 한다. 당시 아시아는 안소니 리드(Anthony Reid)가 말하는 '상업의 시대'를 구가하고 있었다. 동남아시아에는 항시 국가(港市 國家)가 크게 번성했다. 항시 국가란 오로지 해상 중계 무역을 국가의 존립 기반으로 하며, 항구를 중심으로 거대한 배후지를 갖는 인구 집약 지역을 가리킨다. 영어로는 port city(港市), 또는 port polity(港市 政體)가 된다. 이 중계 무역을 위한 도시는 최근 동남아시아의 역사를 연구하는 연구자들 사이에서 주목 받고 있다.

특히, 유럽(포르투갈, 스페인, 네덜란드)이나 명나라가 교역을 주도하면서 근세 동남아시아에서는 페구, 아유타야, 아체, 말라카, 바타비아, 브루나이, 마카사르, 마닐라, 참파(판랑), 호이안, 탄론(하노이) 등 항시 정체(혹은 항시 국가)를 중심으로 항시 도시가 번영하였다.

아마도 내가 최근 수년간 조사한 하노이를 예로 들면, 이해하기 쉬울 것이다. 하노이는 이 시기에 탄론(昇龍)이라 불렸으며, 영국과 포르투갈의 상관(商館)은 홍하(洪河)의 부두에 자리하고 있었다. 또한 광저우(廣州)나 푸젠(福建), 하이난 섬 등에서 진출한 화교 상인들도 거처를 마련해, 관우(關羽)와 마쭈에게 제사를 지내고 같은 고향 사람이 모이는 회관을 세웠다.

탄론은 15세기부터 18세기 북베트남을 통치한 레 왕조(黎王

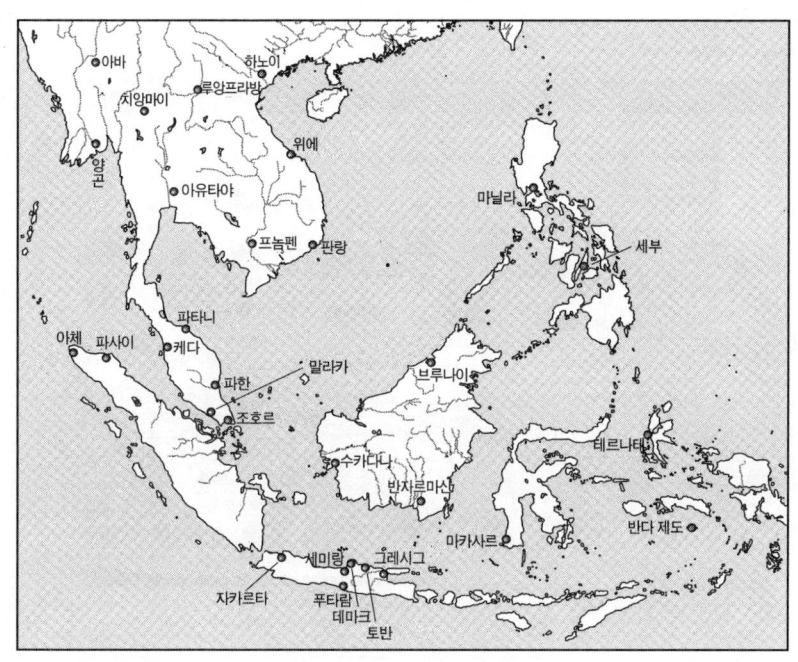

3-3 근세 동남아시아의 항시 도시

朝)의 수도였으며, 19세기 초에 구엔 왕조(阮王朝)가 들어서 위에(順化)로 천도를 한 후에도 부도(副都)로서 이 지역의 중심이 되었다. 뒤에서 다룰 육상 제국도시인 북경의 영향을 많이 받아 자금성풍의 궁전을 건설했지만, 도시 전체의 크기나 교역 부분(부두, 서양 상인의 상관, 차이나타운 등)에 비해 왕의 궁전은 지극히 검소했다.

탄론뿐만 아니라 앞서 말한 항시 도시의 물리적 특징을 다음과 같이 정리할 수 있다.

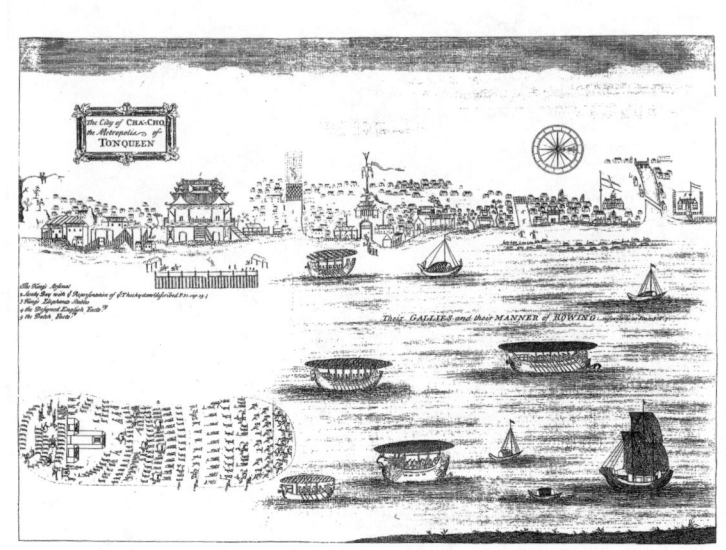

3-4 탄론(하노이)의 부두

① 바다나 하천에 접하여 바다를 매개체로 한 교역에 적당한 입지
② 부두에 자리한 상관
③ 소규모 권력 중심과 방어를 위한 성벽
④ 상업을 담당하는 사람들의 주거 구역(차이나타운 등)
⑤ 물자 교환의 장으로서의 시장이 존재

이처럼 항시 도시는 해상 교역에 유리하도록 특화되어 있었다. 17세기 후반의 동남아시아에 대해 이 지역의 역사학 권위자 안소니 리드가 '상업의 시대'로 명명한 것은, 여기서 말하는

항시 도시가 일세를 풍미(風靡)했기 때문이다. 또한 이에 근거하여 '바다의 시대'라고 부를 수도 있겠지만, 당시 동남아시아에서만 항시 도시가 번성했던 것은 아니었을 것이다. 어쩌면 바다만이 유통 경로가 아니었을 것이라고 생각해 볼 수 있다.

3. 육지의 항시 도시

내가 그렇게 생각하게 된 계기는 중국 네이멍구 자치구(內蒙古自治區)의 성도(省都)인 후허하오터와 신장웨이우얼 자치구(新疆維吾爾自治區. 중국 북서쪽 끝에 있는 성급(省級) 자치구-역주)의 카슈가르, 그리고 이란의 이스파한과 시라즈를 최근에 몇 차례 방문할 기회가 있었기 때문이다. 특히, 후허하오터에 관해서는 대학원 박사 과정을 밟고 있는 몽골 유학생 파오 무핑(包慕萍) 씨와 함께 도시 조사를 위해 후허하오터에서 몇 번의 여름을 보냈기 때문에 더 자세히 알게 되었다.

이 후허하오터에 처음 왔을 때, 나는 매우 놀랐다. 바로 이곳이 '육지의 항시'였기 때문이다. 원래 몽골 사람들은 유목을 업으로 삼았다. 하지만 이 외의 다른 물자는 남쪽의 한족(漢族)에게 의존해야만 했다. 만리장성의 바로 북쪽에 생성된 후허하오터라는 도시는 근처에서 일 년에 한 번씩 열리는 라마 제(祭)에 모이는 몽골 인을 대상으로 한족 상인이 상점을 차린 것에서

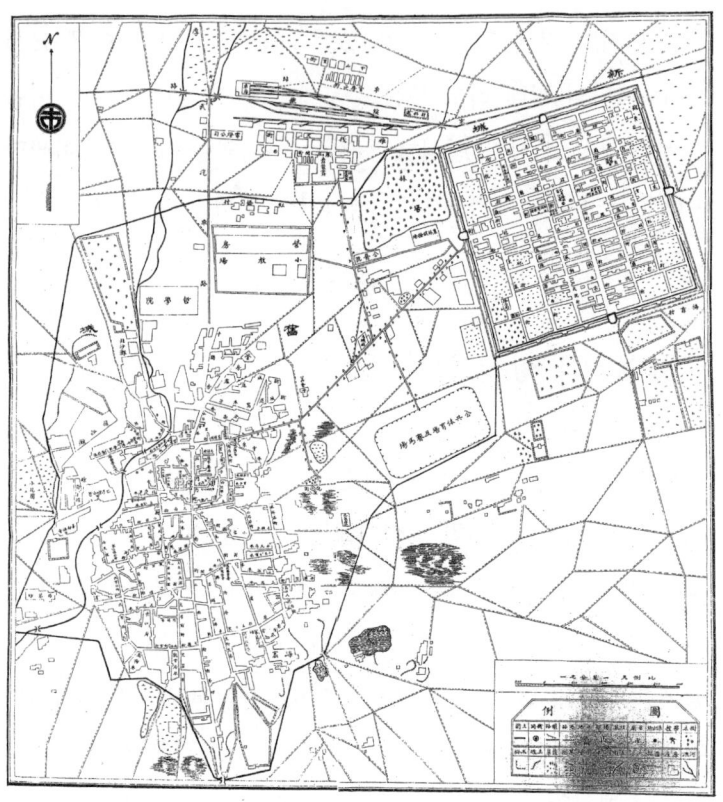

3-5 후허하오터의 도시 지도(1938년)(좌 : 아래가 몽골 족의 '도시', 우: 위가 만성(滿城))

도시 형성의 유래를 찾을 수 있다.

그 후 후허하오터는 남쪽의 한족 상인들이 몽골 인들의 또 하나의 '육지 항시'인 울란바토르나 위구르 사람들의 '육지 항시'인 카슈가르로 떠나는 중계지가 되었다. 이 사실에서 보더라도 후허하오터를 '항시'라 부르는 데 무리는 없을 것이다. 현재 남아 있는 후허하오터의 구 시가(市街)는 19세기에 형성된 것으로 추정된다. 하지만 자세히 살펴보면 탕롱 등 근세 바다의 항시와 유사한 특색을 지니고 있음을 알 수 있다.

후허하오터의 중심이 된 것은 라마 사원과 승방(僧房)이었으며, 그것을 중심으로 한족 상인의 거리가 만들어졌다. 〈3-5〉로 볼 때 한족 상인의 거리는 왼쪽 아래에 있는 지역에 해당한다. 여기에는 산시 성(山西省)에서 온 상인들과 최근 세계 유산에 등록된 핑야오 현(平遙縣)의 상인들이 많이 거주하고 있었다. 또한 청나라 초기에 허베이 성(河北省) 등에서 강제 이민된 이슬람교도들도 도시 북쪽에 정착하고 있었다.

나는 여기에서 후허하오터 건축 대학 학생들의 도움을 받아 옛 건물의 실측 조사를 실시했다. 산시 성과 허베이 성의 전형적인 건축 양식은 쓰허위엔(四合院. 북경의 전통적인 주택 형식. 방(正房), 사랑채(倒座), 동서 곁채 등 모든 건축물이 'ㅁ'자형으로 되어 있다-역주)이라는 중정(中庭) 형식이다. 도로에 접한 점포는 쓰허위엔의 일부를 가게로 개조하여 사용하고 있었다. 조사가 진행됨에 따라 부정형(不定形)의 거대한 중정을 가진 건물이 차례차례 발견되었다. 그곳에 사는 노인에게 물어서 그곳이 '챠마디엔'이었다는 대답을 들을 수 있었다. 챠마디엔은 한자로 '車馬店'이라고 쓴다는 사실을 알게 된 것은 시간이 상당히 지난 후였다.

이 '챠마디엔'이야 말로 후허하오터가 중계 무역 도시였음

3-6 후허하오터의 챠마디엔(車馬店)

을 증명해 준다. 인터뷰를 거듭하는 도중에 이 넓은 중정에 낙타와 말이 많이 있었다는 사실도 알게 되었다. 여러 개의 방으로 나뉘어져 있는 건물은 무역 상인들의 휴식처였으며, 이것은 중앙아시아로 말한다면 '캐러밴세리(caravansary. 시장과 대상들의 숙소)'에 해당될 것이다. 북쪽의 이슬람교도 지역에는 바자(bazar. 이슬람교도의 장터-역주)가 있었고, 여기에 마시장(馬市場)도 있었다고 한다.

후허하오터 조사를 마친 그 해 여름, 나는 다른 용무로 베이징으로 돌아가 카슈가르로 향했다. 비행기로 우루무치(Urumqi. 중국 신장웨이우얼 자치구의 주도(主都)-역주)까지 가서 비행기를 갈아타고 카슈가르로 갔는데, 여행 내내 비행기의 창가 자리에 앉아 창문 너머로 아래를 내려다보았다. 사막이 끝없이 펼쳐져 있었다. 사막이 바다와 같다는 생각이 든 것은 그 때였다.

해로(海路)가 '항시 도시'라는 점과 점을 연결하는 추상적인 선에 불과한데 비해, 육로(陸路)는 곳곳을 파악하기가 쉽다. 도중에 묵을 수도 있고, 농사를 짓는 것도 가능하다. 육로라고 하면, 에도 시대의 도카이도(東海道. 에도에서 교토까지 태평양 연안을 따라 만들어진 도로-역주)와 같이 생각하기 쉽다. 하지만 육로 또한 이동을 위한 통과선(通過線)에 지나지 않으며, 추상적으로 말하면 해로와 다를 게 없다. 그리고 고원과 사막이라는 '바다' 위에 떠 있는 도시가 후허하오터이고 카슈가르인 것이다.

'육지의 항시 도시'의 특색을 '바다의 항시 도시'의 특색과 비교해 보면 다음과 같다.

① 수원(水源)의 확보가 가능하고 교통의 요충이 되는 입지
② 캐러밴세리, 챠마디엔 등의 상관군(商館群)
③ 소규모 권력 중심과 방어를 위한 성벽
④ 상업을 담당하는 사람들의 주거구(차이나타운 등)
⑤ 물자 교환의 장으로서의 시장의 존재

이렇게 보면 후허하오터나 카슈가르라는 '육지의 항시 도시'도 교역에 적합하도록 만들어져 있다는 사실에 놀랄 것이다. 육지의 항시가 바다의 항시와 다른 점은 입지가 육지인가, 바다인가, 그 교통수단이 배인가, 낙타나 말인가에 지나지 않

3-7 이스파한 왕의 광장 광경

는다. 확실히 사막이나 고원을 건너는 데는 바다보다 시간이 더 걸린다. 하지만 그밖에 다른 수단이 없다면 그렇게 할 수밖에 없으며, 거부할 수도 없다. 왜냐하면 물자가 도착하는 곳은 바다의 끝이 아니라 때때로 육지의 끝일 경우도 종종 있었기 때문이다.

4. 근세 도시의 서열 체계

바다에서도, 육지에서도 근세 아시아에서 번영했던 곳은 항시 도시만은 아니었다. 오히려 더 큰 번영을 구가했던 곳은 교역의 중계지가 아닌 물자의 종착지인 거대 도시였다. 근세 세계의 거대 도시를 들자면 파리, 런던 등의 유럽 도시보다도 이

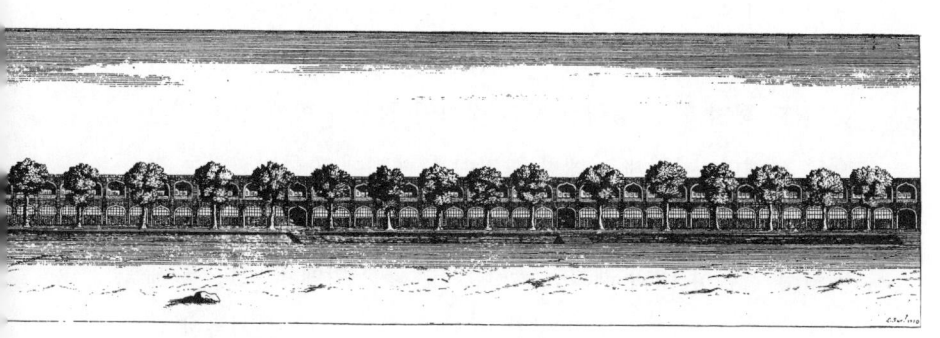

스탄불, 이스파한, 델리, 베이징, 에도 등이 더 중요한 도시들이었다.

이들 근세 거대 도시의 입지를 생각하면 육상 제국 도시라 부르는 편이 나을 정도로 육상과의 연결성이 강했다. 교역만으로 살아가는 것이 아니기 때문에 농업에 필요한 물자나 병력으로서의 거대한 인구가 필수 사항이었다. 이들 거대 육상 도시를 보면 육상이나 바다 항시와는 현격한 차이가 드러난다.

가장 크게 다른 점은 이들 육상 제국 도시는 기능적인 면만으로 특화하지 않는다는 것이다. 오히려 제국의 유지를 위해 왕의 권위를 최대한 세우기 위한 상징성과 의례성(儀禮性)이 존립의 첫째 기반이 되었다는 것이다. 예를 들면, 현재 이란을 중심으로 17세기에 번영한 사파비 왕조의 수도 이스파한은 사막 한가운데 있었지만, 설해수(雪解水)가 만들어지는 하천 옆에 생성된 도시로 풍부한 농산물을 생산하는 조건을 가지고 있었다.

예전에 캐러밴세리였다는 호사스런 호텔에 방을 잡은 후, 나는 짐도 풀지 않고 동행한 사진 작가인 친구와 함께 왕의 광장으로 향했다. 이렇게 거대한 광장이 17세기에 만들어졌다는 것이 경이로울 뿐이었다. 내가 알기로는 이에 필적할 만한 것은 베이징 자금성 내의 태화전(太和殿) 앞 광장 밖에 없었다. 17세기에 이곳을 방문한 프랑스 보석 상인 쟝 샤르당이 기록한 여행기 《페르시아의 수도 이스파한의 마을에 대한 특별한 기술》에는 당시 광장의 광경이 삽화로 실려 있다.

하지만 그 삽화는 실제 모습을 제대로 보여주지 못하는 단점이 있다. 그만한 면적은 재력이 있어야 가능하며, 또 이는 왕의 위대함과 권력을 과시하기 위한 수단이 되기도 한다. 광장의 남면 중앙에는 왕의 모스크(Mosque. 이슬람교의 예배당-역주)가 부설되어 있었다. 거대한 돔, 선명한 파란 타일 또한 압권이었다. 종교를 가지고, 그의 후원자가 되었음을 나타내는 행위도 자신의 권위를 상승시키는 일이 된다.

왕의 광장을 방문한 것은 우연히도 호메이니의 기일(忌日)이었다. 이슬람교도가 아닌 나는 그 예배 모습을 견학할 수 없었다. 하지만 예배를 마친 군중이 모스크에서 나오는 것을 광장 주변에 있는 건물 위에서 멍하니 내려다보고 있자니, 갑자기 내가 무슨 왕이라도 된 듯한 착각에 빠지고 말았다. 실제로 왕의 광장 서측에는 왕궁으로 들어가는 문이 세워져 있으며 왕은

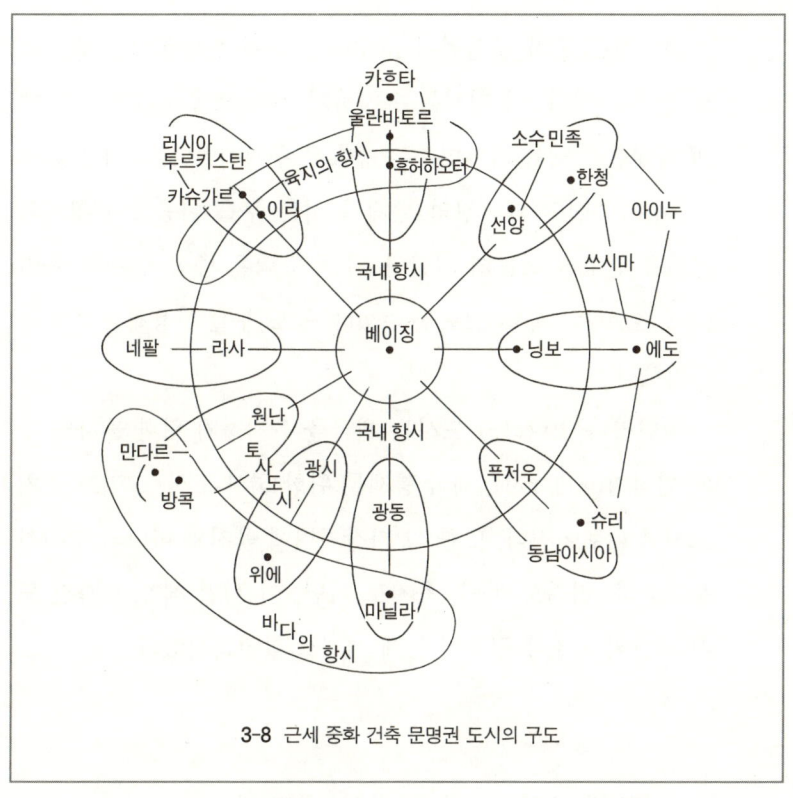

3-8 근세 중화 건축 문명권 도시의 구도

광장에 접한 그 2층 단에서 화려한 의식을 통솔했다.

또한 베이징에서도 이스파한과 마찬가지로 육상 제국 도시가 지니고 있는 공간의 상징성, 의례성이 두드러지게 표현되고 있다. 왕의 광장에 해당하는 것은 태화전 앞의 조(朝)인데, 그곳의 문을 나오면 바로 앞 남교(南郊)에 있는 천단(天壇)까지 펼쳐진 넓은 도로 또한 황제의 권위를 대중에게 과시하기 위한 가장 중요한 예의적 공간이 된다.

베이징은 중화 문명권이 고수하던 화이(華夷)질서를 중심으로 한 도시였다. 이 질서를 유지하기 위한 조공은 주변 지역에게 막대한 이익을 가져다주는 중요한 무역이었다. 하지만 그렇다 해도 중심인 베이징의 존재 목적은 부를 이용하여 황제의 지위를 견고히 하는데 있었다. 주변의 작은 중심―위에, 슈리(首里, 오키나와. 항시라고도 할 수 있다) 등도 부를 활용하는 기술을 수입했다.

명나라나 청나라의 도시는 제국을 유지하기 위한 물자와 부의 집적지(국내 항시), 제국 통제를 위한 군사 도시, 그리고 정치 도시로 나뉘어진다. 또한 그 가장자리에 육지와 바다의 항시가 분포한다. 바다도 아닌, 육지도 아닌, 이 서열 체계를 가진 도시 네트워크 전체 구조가 근세 세계를 활성화시켰다.

5. 근대 제국 도시의 해상 네트워크

아시아의 도시에 있어서 '근대'라는 개념은 지금까지 서술한 네트워크와 서열 체계의 구조가 재편되는 시기를 가지고 나눈다. 아시아 근세 도시 네트워크는 유럽의 중심 도시인 런던, 파리, 베를린, 암스테르담 등을 향한 방사상(放射狀)의 유통 네트워크 안으로 흡수되어 갔다.

아직 나는 중근동(中近東) 도시의 상황에 대해 전모를 파악하지 못하고 있었다. 하지만 남아시아, 동남아시아, 동아시아의 봄베이, 싱가포르, 사이공, 홍콩, 상하이, 텐진(天津), 다롄(大連), 인천 등은 근대에 들어서 번창하였다. 이들 도시를 자세히 보면, 분명히 예전에 바다의 항시였던 것이 거의 재이용되고 있지만, 규모는 전혀 다르다. 또 새로운 항시도 탄생했다. 싱가포르나 홍콩은 전형적인 신흥 도시이며, 상하이는 중화라는 영역 내의 항시가 이상적으로 확장된 곳이다. 그에 반하여 쇠퇴한 곳은 베이징, 델리, 이스파한 등의 육상 제국 도시였다. 여기에서 알 수 있듯 아시아의 도시는 바다만을 중심으로 편성되어 갔다.

러시아는 시베리아 철도를 건설하며 시베리아를 개발했으며, 나아가서는 중국으로 진출했다. 하얼빈과 같은 철도 거점 도시를 만들기도 했지만 철도보다는 해운 쪽이 더 압도적인 힘을 갖게 되었기 때문에, 러시아의 극동 거점으로는 하얼빈보다 다롄과 블라디보스토크가 더 중요시되었다.

이들 신흥 항만 도시는 새로운 도시의 모습을 만들어 갔다. 근세였다면 도시의 구조나 그곳에 세워진 건물은 몇몇의 건축/도시 문명권(예를 들면, 중화 건축/도시 문화권, 중동 이슬람 건축/도시 문화권, 인도 이슬람 건축/도시 문화권 등)에 따라 크게 달라졌겠지만, 근대가 만들어낸 항구 도시는 영국 등의 건축 스타일이나 도시 구조의 변화가 전 세계에 전파되어 성립된 것이었다.

뉴욕, 싱가포르, 상하이, 봄베이, 알렉산드리아 등 모든 도시의 부두에는 상점, 은행, 호텔 등의 건물이 늘어섰고, 건물의 스타일도 콜로니얼(colonial)→역사주의→네오 바로크 스타일(neo baroque style)→아르 데코(art deco)로 변화를 거듭하였다. 도시의 구조 또한 얇은 가죽 한 장 정도였던 근세 부두 도시가 말 그대로 점차 두툼해졌다. 그리고 인종이나 기능에 의한 구역제(Zoning)를 도입하게 된다. 현재 대부분 도시의  모델이 되고 있는 근대 도시의 원형(原型)의 절반 가량이 여기에서 형성되었다.

하지만 제국주의 국가가 식민지를 통치하기 위해서는 무역이라는 기능만을 부각시킨 바다의 항시만으로는 부족했다. 식민지 중심에 총독이 지배할 수 있는 도시, 즉 상징으로서의 중심 도시가 필요했다. 이에 몇몇 근세 육상 제국 도시가 재이용되거나 모델이 되었다.

델리 근처에 뉴델리가 만들어지고 서울이 개조되었으며 베이징을 모델로 신징(新京)이 만들어졌다. 타이베이(台北)와 하노이는 바다 항시의 측면보다는 정치적인 네트워크의 핵이라는

3-9　1930년대 상하이(上海)의 해안 거리

점이 중요시되었다.

　이들 식민지 통치를 위한 중심 도시는 경제적인 측면에서 보면 본국에게 가중한 경제적 부담을 요구하지 않았다. 하지만 그것은 제국주의의 힘과 문명, 현지에 대한 이해 등 가장 훌륭한 물리적 선전도구였기 때문에 화려하고 거대하게 조영(造營)되었다. 현재의 전통 건축 스타일을 공공건축에 채용한 것도 현지 지식인의 융화책 중 하나였다.

　아시아의 많은 나라가 제2차 세계대전 후 독립했을 때 답습했던 것은 도시의 경관과 네트워크였다. 틀림없이 상하이 등은 쇠퇴한 것처럼 보이지만, 홍콩을 우회(迂回)하는 등 상하이라는 도시가 가진 힘은 결코 줄지 않았다. 즉 아시아에서 도시나 건축의 근대화가 시작되는 19세기 초부터 종언을 고하는 1990년경까지 약 2백 년 동안 구조적인 차이는 없었던 것이다. 아시아의 근세 도시 네트워크는 제국주의 열강들이 수도로 향하는 방사망에 걸려 열강들의 식민지의 일부분으로 재편된 것에 불과했다.

6. 동방으로 돌아가는 항시 도시

베이징에서 후허하오터로 갔을 때의 일이다. 베이징 공항에서 티켓을 예약할 때 이미 나는 문화적 충격에 빠졌다. 나는 자치구의 수도이기는 했지만 중국 변경(邊境)에 있는 한가로운 고원 도시(高原都市)의 모습을 마음 속으로 그리고 있었던 것이다. 그런데 베이징-후허하오터 사이에 세 개의 항공사가 30분 간격으로 왕복 항공편을 운행하고 있었다. 나는 '저 비행기에는 도대체 누가 타는 걸까?' 하고 의아해하면서 탑승했다.

20년 전 가난한 유학 시절을 겪었던 나에게는 지금도 중국에서 비행기를 타는 것에 뭔지 모를 죄악감이 따라 붙는다. 50분 만에 후허하오터에 도착했다. 착륙한 순간 기내가 소란스러워졌다. 비행기가 멈추지 않았는데도 짐을 내리고 출구에 모여드는 중국인들의 습성은 익히 잘 알고 있었다. 하지만 나의 예상은 빗나갔다. 탑승한 대부분의 중국인들이 일제히 휴대전화를 켜기 시작했다. 외부에서 걸려오는 경우도 있었다. 도착 시간을 계산하고 있었던 것일까? 소란스러움보다도 이 같은 활기에 나는 매우 놀랐다. 놀라움은 이것으로 끝이 아니었다. 택시에서 바라본 후허하오터의 거리는 초원은 어디에도 보이지 않았다. 있는 것이라고는 근대적인 고속도로와 촘촘히 늘어선 고층 빌딩들이었다. 초원이 주는 포근한 이미지는 완전히 자취를 감추었다.

후허하오터를 조사한 후 나는 일단 베이징으로 돌아가 우루무치로 갔다. 신장웨이우얼 자치구의 구도(區都)인 우루무치는 후허하오터보다 더 거대했다. 나는 이 자치구에서 으뜸가는 신인 건축가를 인터뷰했다. 그가 막 설계한 고층 호텔의 호화로움은 말로 표현할 수 없었다. 이것은 무엇을 의미하는 것일까? 중국 연안 지역의 거품이 내륙에까지 미친 결과일까?

근래에 또 하나의 흥미 있는 일을 경험했다. 베이징을 경유하여 테헤란으로 갔을 때의 일이다. 술이 제공되지 않는 이란 항공에 화가 난데다가 비행기 안이 꽉 찬 만원 상태여서 기분은 최악이었다. 유일하게 기대한 것은 승객이 거의 내린 후 베이징에서 테헤란까지의 느긋하게 쉴 수 있는 열 시간이었다. 하지만 그 기대는 완전히 깨졌다. 분명히 단체 일본인 여행객들로 가득 찼던 기내는 베이징에서는 텅텅 비었다.

하지만 한 시간 후, 베이징에서 내린 사람의 수보다 많은 이란 사람들이 대거 탑승했던 것이다. 옆에 앉은 행정 기관의 이란 인 기술자는 베이징에 수리(水利) 기계를 구입하러 왔다고 했다. 성능은 미국제보다 떨어지지만 가격은 저렴하다는 것이었다. 미국이 이란에 행한 경제 제재 때문에 생겨난 새로운 풍토일지도 모르겠지만, 이것은 예전의 육지의 길, 실크로드의 부활이라고 말할 수도 있다. 낙타나 당나귀를 이용한 육상 교통이 비행기로 바뀌었을 뿐이다. 후허하오터나 우루무치의 부활 또한 같은 이유가 아닐까?

그리고 이것은 19세기 초반에 재편되어 1990년경까지 존재했던 유럽이나 미국, 일본을 중심으로 한 근대 제국 도시 네트워크가 무너졌다는 증거이기도 하다. 그렇다고 도시 간의 네트워크가 근세의 육상 네트워크로 부활한 것은 아니다. 베이징이나 델리, 이스파한, 이스탄불, 파리 등의 몇몇 지역 거점 도시에 수렴되었던 근세 다중심 시스템이 거대 항공이 있는 다수 도시의 병존 현상으로 바뀌었다.

최근 미국의 역사학자 안드레 군더 프랑크(Andre Gunder Frank)는 그의 방대한 저서 《리오리엔트 : 아시아 시대의 글로벌 경제 *Reorient : Global Economy in the Asian Age*》에서 유럽의 세계 진출로 인해 비로소 세계 경제가 일체화되었다는 월러스틴(Immanual Wallerstein)의 주장에 반대해, 그 이전에 존재했던 아시아(주로 중국 중심)의 세계 경제가 최근 2백 년 사이에 약화된 것에 불과함을 설명했다. 책 제목인 '리오리엔트'에는 세계

경제가 현재 본래의 아시아 중심으로 다시 돌아가고 있다는 상징적인 의미가 담겨 있다.

물론 현재 아시아 도시들이 과거의 화려한 번영의 시대로 부활했다고는 할 수 없다. 오히려 근세, 근현대의 대도시가 이용되고 그것들이 분립·병존하는 새로운 무대로 돌입하고 있다. 이 현상을 '리오리엔트'를 흉내내어 이름을 붙이자면, 대도시는 '리-포트 시티(Re-port city)'가 되는 것이다. 교역과 상징적인 정치의 도시라는 구분은 사라지고 도시 간의 경쟁이 점차 격화되고 있다. 거기에는 상하이나 도쿄와 같은 거대한 도시뿐만 아니라 후허하오터, 우루무치, 테헤란 등 예전에 중계 역할을 했던 육지의 작은 항시도 포함된다.

당연히 항시의 중심지는 공항이 될 수밖에 없다. 저명한 건축가에 의해 도시의 상징물로 설계되었던 공항 설계도 항구 도시의 기능을 강화시킬 수 있는 면으로 바뀌는 중요한 계기가 될 것이다. 예전에 이슬람의 왕들은 왕도(王都)의 중심에 금요 모스크(mosque)와 함께 거대한 왕립 캐러밴세리(caravansary)를 설치했다. 이슬람 도시가 이 캐러밴세리를 중심으로 만들어졌다면, 21세기의 리-포트 시티는 공항을 중심으로 이루어져야 할 것이다. 공항 도시(리-포트 시티)에서 휴식을 취하고, 사업을 하고, 소비와 식욕이라는 욕구를 채운다. 나아가서는 컴퓨터 단말기(port. 컴퓨터가 주변 장치나 다른 단말기로부터 전송을 받는 부분-역주)까지 갖추어 놓는다면 이곳에는 바다, 육지, 하늘이라는 공간조차 사라져버릴 것이고, 그것들의 차이에 대해 더 이상 커다란 의미를 부여할 필요가 없어진다. 또 그것들의 차이는 더 이상 의미를 갖지 않는다.

  그렇게 공상을 하고 있으니 시간이 훌쩍 지나가 버렸다. 하지만 나는 아직도 하노이 행 베트남 항공의 탑승구를 찾지 못하고 신홍콩 국제공항 안을 헤매고 있다. 이륙까지 남은 시간은 15분, 하지만 초조하지 않다. 늦어서 비행기를 타지 못하면 여기에서 노숙을 하면 된다. 이곳에서 리-포트 시티를 남보다 먼저 맛보는 것도 멋진 일일 테니까.

제4장

바다를 향한 감수성

 태양은 또다시 떠오른다. 태양이 저녁이 되면 석양이 물든 지평선으로 지지만, 아침이 되면 다시 떠오른다. 태양은 결코 이 세상을 어둠이 지배하도록 놔두지 않는다. 태양은 밝음을 주고 생명을 주고 따스함을 준다. 태양이 있는 한 절망하지 않아도 된다. 희망이 곧 태양이다.
- 헤밍웨이(Ernest Miller Hemingway)

앞사진 | 간조(干潮) 때 바다에서 조개를 줍고 있는 모자(母子)(플로레스 섬)

바다와 전염병

이이지마 와타루飯島 涉

1. 바다와 전염병

이 부분의 목적은 전염병을 통해서 본 바다, 혹은 해역 세계의 모습을 밝히는 데 있다. 바다와 전염병의 관계는 크로스비(Alfred W. Crosby)의 《콜럼버스의 교환 *Columbian exchange*》, 즉 콜럼버스의 '대항해 시대' 이래 대양을 건너는 사람들을 통해 문물의 교류가 활성화되었지만, 한편으로는 전염병을 전파하는 계기가 되었다. 또한 그 결과가 식민지주의의 전개에도 영향을 주었다는 문제 제기 이후, 이에 관한 많은 연구가 있었다. 여기에서 밝혀진 사실들이 종종 우리의 상식을 뒤집어 놓은 경우도 있었다. 유럽에서 전염된 천연두가 남아메리카 식민지화에 결정적인 역할을 했던 사실을 시작으로, 사람이 전염병이나 환경적인 변화에 대해 얼마나 민감하고 큰 영향을 받는 존재인지 다시 한 번 알게 되었다. 바다는 사람의 교류를 막는 곳이 아니라 사람들의 문물의 교류가 확대됨에 따라 병원성 미생물을 전파시키는 결정적인 장소였다.

지금까지의 연구는 주로 바다를 통한 사람과 문물, 그리고 병원성 미생물 교류의 확대— '연결의 바다' —라는 측면에 주목해왔다. 하지만 바다는 때때로 전염병이 전파되는 것을 막아주는 장벽의 역할을 했던 것도 사실이다. 또 사람들은 전염병의 교류를 막기 위해 다양한 방법을 강구해 왔으며, 특히 근대에 들어서는 그것을 막기 위한 방법으로 해항 검역제도를 정착시킨 일— '격리의 바다' —또한 중요시된다. '연결의 바다, 격리의 바다' 란 사람과 바다의 관계에 존재하는 이러한 양면성을 잘 나타낸 것이다.

19세기 이후, 근대 세계는 증기력(蒸氣力)을 이용한 운송 수단과 같은 기술 혁신으로 사람과 문물의 이동을 그 전과는 달리 크기나 규모면에서 상당히 발전시켰다. 그 결과 전염병의 교류도 보다 국제적이 되었다. 이렇게 국제화된 전염병 중의 하나가 1817년 벵골 지방에서 처음 유행하여 전 세계로 퍼져 세계를 석권했던 콜레라이다. 이 때부터 사람들은 전염병의 교류를 방지하기 위한 수단으로서의 해항 검역제도를 정착시켜 오늘날까지 그것을 유지하고 있다. 이처럼 해항 검역제도는 사람과 바다를 통한 병원성 미생물의 이동을 관리하는 제도였다.

현재 사람의 이동은 항공기를 이용하는 경우가 많아졌다. 육지와 맞닿아 있지 않은 일본 여권을 가진 나의 경우에는 공항 검역을 통해 검역이란 것을 인식하게 된다. 하지만 역사적으로 사람이나 물자의 이동은 주로 바다를 통해 이루어졌다. 오늘날도 대량으로 이동할 경우에는 바다를 통해 이루어지고 있다. 또한 사람이나 물자가 입국할 때면 입국 검역이 의무화되어 있다. 예를 들면, 일본인이 외국에서 귀국할 때, '노란색 종이'를 제출해야 한다. 이것은 외국인이 일본에 입국할 때도 마찬가지이다. 굳이 '노란색 종이'라고 쓴 것은 노란색이 검역을 상징하는 색으로서 세계적으로 정착되었기 때문이다.

하지만 특별한 일이 없는 한 사람들은 이것을 인식하려 하지 않는다. 나리타 공항의 검역소에서는 검역관이 게이트에 없는 경우도 많다. 그것은 현재 전염병의 교류가 철저하게 관리되고 있기 때문이다(하지만 이것은 전염병 감염의 위험성이 감소되었다는 뜻은 아니다. 오히려 내성을 지닌 병원성 미생물의 출현하고 있어, 전염병 감염의 위험성은 고조될 것으로 예상된다).

그렇다면 대체 언제부터 어떠한 경위를 통해 이러한 제도를 일반적으로 실시하게 된 것일까? 또 그것은 사람들의 생활에 어떠한 영향을 주며, 일단 그것이 붕괴되면 어떠한 문제가 발생하게 될까?

중국 남부, 타이완, 필리핀, 류큐 · 오키나와, 한국, 규슈에 이르는 동중국해 해역 세계를 통해 이 문제에 대해 검토해보고

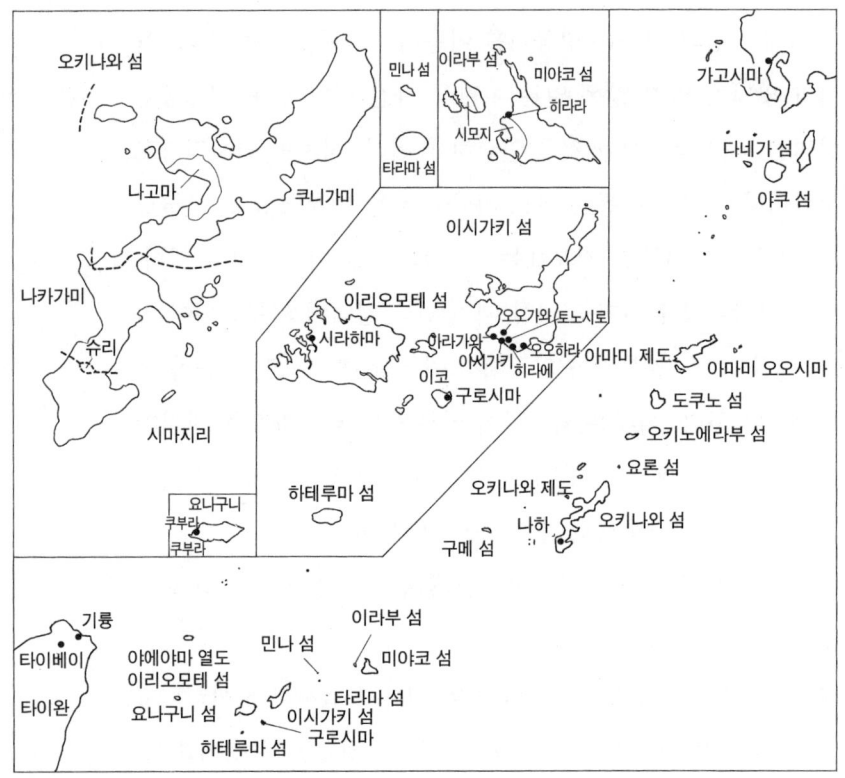

4-1 류큐 · 오키나와 제도

자 한다. 동중국해 해역 세계에서는 해상 패권이 대륙 세력의 흥망과 밀접한 관계를 맺고 있으며 이슬람 세력과 유럽 각국도 참가하는 가운데 옛날부터 활발한 교역이 이루어졌다. 이러한 가운데 류큐 왕조가 14세기에서 17세기에 '대항해 시대'를 열었으며 동남아시아와 동아시아의 교역을 담당했던 사실은 잘 알려져 있다.

한편 동중국해 해역 세계의 활발한 교역은 동중국해 해역 세계에 전염병의 유행을 예고하는 것이었다. 예를 들어, 류큐·오키나와(류큐 왕조의 영토였던 아마미(奄美), 오키나와, 미야코(宮古), 야에야마(八重山))의 인구 변화에 큰 영향을 준 전염병에는 천연두, 홍역, 말라리아가 있었다. 19세기 이후에는 여기에 콜레라가 추가되었다. 그리고 이들 전염병은 모두 바다를 통한 사람과 문물의 교류에 의해 중국, 동남아시아, 일본에서 류큐·오키나와로 옮겨진 것이다.

19세기 후반부터 20세기 초에는 류큐·오키나와에 퍼졌던 전염병도 새로운 국면을 맞이하게 되었다. 류큐 왕조의 침공으로 1609년부터 사쓰마(薩摩)에게 통치를 받던 아마미와 함께 오키나와, 미야코, 야에야마가 근대 일본의 땅이 되었고, 몇몇 전염병은 공중 위생행정과 해항 검역제도의 실시로 점차 억제되기 시작했다. 또한 이것은 근대 일본이 타이완 식민지를 직접 통치하게 되었다는 것을 의미하며, 근대 일본의 패권 확대는 동중국해 해역 세계의 전염병 유행에도 커다란 변화를 주었다는 것이다. 하지만 1945년 일본 패전 후 동아시아의 정치적, 사회적 변동은 기존의 질서를 붕괴시키고 공중 위생행정과 해항 검역제도를 이완시키는 데 한몫했다. 일본 패전 후의 수년간 류큐·오키나와에서는 '대항해 시대'를 방불케 하는 '밀무역'이 성행했다. 이 시기에 그 때까지 억제되었던 전염병도 부활하여 다시 유행하였다.

2. 류큐·오키나와 전염병사

천연두, 홍역, 말라리아

　아마미, 오키나와, 미야코, 야에야마와 같은 도서 지역에서는 기후가 불안정하여 흉작이 바로 기근(飢饉)으로 이어지거나, 해일(예를 들면, 미야코, 야에야마에서의 메이와 대해일)이 많은 사람들의 목숨을 빼앗아간 사례가 매우 많다. 또 천연두, 홍역, 말라리아의 유행도 인구 변화에 큰 영향을 주었다. 예를 들어, 《야에야마 섬 연래기(八重山島年來記)》는 1602년, 1614년, 1637년에 야에야마에서 천연두가 유행했다고 기록되어 있다. 또 1686년에는 오키나와에서 천연두가 유행하였으며, 그 해에 미야코에서 슈리(首里)로 '상국(上國)(미야코, 야에야마의 사절이 슈리로 가는 것)'을 위해 왔던 배가 귀국 도중 이리오모테 섬(西表島)에 표류했는데, 다음 해 이 배가 미야코로 귀국하자 미야코에서도 천연두가 유행했다. "미야코 섬에서 상국을 했던 사람들 가운데 천연두를 앓고 사망한 사람의 아내가 남편의 옷을 입고 한탄했는데, 이 때문에 병이 퍼졌다"라는 《야에야마 섬 연래기》의 기록은 사람의 이동이 천연두를 퍼뜨린다는 것을 잘 보여준다. 그러나 천연두의 유행이 어느 정도의 규모로 확산되었는지에 대해서는 아직 밝혀지지 않은 부분도 많다.

　천연두의 유행은 아마미에서도 있었다. 예를 들어, 도쿠노 섬(德之島)에서는 1708년, 1738년, 1767년에 천연두가 유행했다. 그리고 1790년 유행 때는 431명이, 1815년에는 1,891명이 사망하였다. 1815년에 도노쿠 섬의 인구가 약 1만 6천5백 명으로 추정해 볼 때, 이 해의 유행이 얼마나 큰 규모였는지를 알 수 있다.

지면관계상 홍역에 대해서는 길게 언급하지 않겠지만, 홍역의 유행을 보여주는 사료(史料)도 많다. 예를 들면, 류큐 왕부(王府)의 정사(正史)인 《규요(球陽)》에는 1836년, 1839년, 1841년에 야에야마에서 홍역이 유행했었다는 기록이 있다.

류큐·오키나와의 전염병 역사에 있어서 말라리아는 매우 중요하게 다루어질 필요가 있다. 말라리아는 옛날부터 일본열도에서도 크게 유행했는데, 대부분은 치사율이 낮은 3일열, 4일열 말라리아였다. 하지만 야에야마, 미야코의 말라리아는 치사율이 높은 열대열 말라리아(후키(風気)라고 불렸다)였다. 열대열 말라리아는 이리오모테 섬에 표류한 '네덜란드 선박(당시 동남아시아에서 온 선박의 총칭으로, 네덜란드 사람을 가리키는 것이 아니다)'에 의해 퍼져 이후 야에야마와 미야코로 퍼지게 되었다. 이 설의 타당성에 대해서 아직 명확하게 드러난 것은 없지만, 열대열 말라리아는 야에야마와 미야코의 인구 변화에 결정적인 영향을 주게 된다. 18세기 초 '기인 정책(寄人政策. 기존의 마을을 분할해 개척·이주를 행하는 것)'이 실시되면서, 그 이주지는 열대열 말라리아의 유병지(有病地)가 되는 경우가 많아서 많은 마을이 폐쇄되고 방치되었다.

류큐·오키나와의 전염병은 사람과 물자의 교류에 따라, 즉 '연결의 바다'로 활발한 교역의 장이었던 중국, 동남아시아, 일본에서 들어온 것이었다. "섬이라는 곳이 바다 때문에 고립된다고 생각하기 쉽지만, 사실은 그 반대입니다. 오히려 바다가 있기 때문에 바깥 세계와 자유롭게 연결할 수 있는 것입니다." (다니가와 겐이치(谷川健一) 편 《오키나와·아마미와 일본》) 류큐·오키나와의 역사 연구 방법에 대해 많은 제언을 하고 있는 타카라 구라요시(高良倉吉)는 지금까지 보아 온 것처럼 류큐·오키나와의 개방적인 사회에 사람과 물자의 이동으로 인하여 전염병이 유입되었다는 사실을 지적했다.

콜레라의 등장

19세기 이후 새롭게 류큐·오키나와에 큰 피해를 준 것은 콜레라였다. 최초의 유행은 1822년에 있었다. 감염원은 정확하지는 않지만 중국 남부의 푸젠 성(福建省)이 유력하다. 중국의 콜레라는 동남아시아로부터 전염되어, 1820년에 원저우(溫州), 닝보(寧波), 광저우(廣州) 등 중국 남부에서 유행했고, 1822년에는 전국적으로 퍼졌다. 류큐·오키나와에 퍼진 콜레라는 그 영향을 받았던 것이다.

1879년의 류큐 침공도 콜레라가 한참 유행하던 시기에 단행되었다. 이 해의 콜레라는 3월 중반 에히메 현(愛媛縣)에서 발생한 콜레라가 규슈 일대에 유행하고, 4월 하순에는 가고시마(鹿

兒島), 5월 초에는 오키나와까지 감염되었다. 1879년의 콜레라가 가고시마로부터의 감염이었다는 사실은 류큐 침공을 상징한다고 말할 수 있을까? 같은 해 5월 오키나와 북부의 구니가미 군(国頭郡)에 발생한 콜레라는 7월 상순 남부의 시마지리 군(島尻郡), 중부의 나카가미 군(中頭郡)으로 감염되었고 8월 하순을 정점으로 12월까지 계속되었다.

또 콜레라는 1879년 7월 하순 미야코 섬에서도 유행했다. 감염원은 류큐 침공에 반대하는 소요(騷擾) 사건(산시 사건)을 진압하기 위해 경찰관이 타고 온 선박이다. 이 때 콜레라로 인하여 이라부 섬(伊良部島)의 인구가 반으로 줄었다고 한다. 1879년의 콜레라는 결과적으로 환자 1만 1천 1백96명, 사망자 6천 3백10명을 낳았다.

19세기 후반 이후에는 통계 체계가 정비되면서 전염병 유행 상황도 정확하게 파악할 수 있게 되었다. 콜레라에 의한 사망자의 수가 발생한 해는 1886년(사망자 1만 1천 34명), 1895년(사망자 131명), 1902년(사망자 287명), 1912년(사망자 35인), 1919년(사망자 1천 100명)이다. 이 중 1902년 7월 민나 섬(水納島, 미야코)에 발생한 콜레라는 타이완의 어부가 감염원이었는데, 9월 하순에는 나하로, 10월 이후에는 오키나와 전역으로 퍼졌다. 11월 하순에는 요나구니 섬(与那国島)에도 전염되었다.

1919년은 동남아시아와 동아시아 전역에서 대규모 콜레라 유행한 해였다. 1919년 8월 이시가키 섬(石垣島)에 의사(擬似)

콜레라 환자가 발견되었고, 9월 이시가키 섬에서는 기륭(基隆, 타이완)에서 온 선박에서 진성(眞性) 콜레라 환자가 발견되었다. 이 해 류큐・오키나와에서는 미야코가 가장 큰 피해를 입었는데, 미야코 군 시모지 마을(下地村)에서는 300명의 나병 환자와 111명의 사망자가 나왔다. 이라부 섬에서도 349명이 사망했다.

일본과 타이완에 콜레라를 유행시킨 배경에는 바다가 있었으며 이 바다는 '연결의 바다'로서의 역할을 다하고 있었다. 1919년 이후에는 콜레라의 유행이 억제되었지만 주변 지역, 특히 중국 대륙에서는 20세기에 들어서 만성적으로 콜레라의 유행이 지속되었다. 이런 의미에서 보면 류큐・오키나와에서도 감염의 위험성이 높았을 것 같지만, 타이완과 류큐・오키나와, 나아가서는 일본열도에서 콜레라의 유행은 점차 억제되었다. 또한 천연두의 유행도 종두의 보급으로 억제되었다. 이렇게 동중국해 세계의 전염병 유행에는 커다란 변화가 찾아왔다. 그 원인이 된 것은 바로 근대 일본에 의해 확립된 공중 위생행정과 해항 검역제도였다.

3. 역사 속의 검역

검역은 중세 유럽 도시 국가를 기원으로 한다고 알려졌지만, 이것은 다소 서양 중심적인 생각이다. 경험에 의한 전염병 환자의 격리는 각지에서 오래 전부터 실시하고 있었다. 류큐·오키나와에서도 천연두에 대한 대책으로 환자를 격리시켰다. 다만, 현재 실시하고 있는 검역제도의 기점이 근대 유럽에 있었다는 것은 사실이다. 그리고 이 검역제도는 19세기의 콜레라에 대한 대책과 평행하게 발전했다.

콜레라는 1817년 인도에서의 폭발적인 감염 이후, 19세기 전 세계를 석권했으며 이것을 계기로 서유럽에서는 공중 위생 행정이 발달하게 된 계기가 되었다. 또한 인도에서 동남아시아, 중국, 일본으로도 불과 몇 년 만에 전염시킨 콜레라는 19세기를 상징하는 전염병이었다. 이러한 콜레라의 국제화는 유럽의 식민지주의의 확장과 해역 세계의 교역 네트워크가 교차한 결과였다.

19세기 후반 해항 검역은 무역을 유지하고 자국민의 건강을 지키기 위해 널리 실시되었고, 식민지에서는 종주국에 의해 실행되었다. 이러한 전염병 교류의 억제는 식민지주의 하에서 활발하게 이루어지던 사람과 물자의 교류가 전염병을 세계화시킨 요인임에도 불구하고 종종 식민지주의를 정당화시키는 근거가 되기도 했다.

해항 검역제도가 일반화된 배경에는 근대 서양과학에 기초한 전염병 대책—전염병의 원인이 병원성 미생물임이 확인되어 병원성 미생물 자체를 없애는 일, 또 병원성 미생물의 매개가 되는 곤충이나 동물을 관리하는 것—이 있었다. 해항 검역의 형식을 둘러싸고 19세기 중반부터 국제회의가 개최되어 논의가 이루어졌다. 해항 검역은 타국의 선박에 대한 검사이며, 특히 국가적인 차원에서 검역이 이루어졌다. 대륙 국가인 프랑스는 항해 검역을 엄중히 실시함으로써 콜레라의 침입을 방지하고자 했다. 이에 대해 해양 국가인 영국은 해항 검역보다도 국내 공중 위생행정을 확실히 실시함으로써 방지할 수 있다고 주장했다. 해항 검역을 둘러싼 영국과 프랑스의 대립은 각각의 무역 이해(利害)를 반영한 것이었다.

20세기 초, 해항 검역제도가 서서히 정착되었다. 세계 분할이 일단 종료되었을 때, 즉 식민지주의의 전개 속에서 '국경'이 확정됨과 동시에—그것은 실제로는 극소수의 주권 국가와 식민지, 그리고 중국과 같은 구(舊) 제국이 병존하는 세계였지만—세계는 전염병의 교류를 '국경'을 통해 저지하는 제도를 만들었다. 그것은 20세기 초 세계가 주권 국가와 식민지로 나뉘었기 때문에, 주권 국가가 협정을 맺으면 당분간 전염병 교류를 최소로 할 수 있었기 때문이다.

이러한 국제 질서의 형성에 민감하게 반응한 것은 근대 일본이었다. 근대 일본의 해항 검역은 1858년 미일수호통상조약 등으로 인해 치외법권에 기초를 둔 외국 영사에 의한 자국 선박의 검역권으로 운용되었다. 일본 정부는 제도적으로 외국 선박의 검역을 실시할 수 없는 상태에 처해 있었다. 1899년 치외법권의 철폐로 일본 정부는 검역권을 회수하게 된다.

19세기 말은 근대 일본이 유럽과 미국에 대한 종속적 지위를 탈피하면서, 한편에서는 주변 지역으로 패권을 확대해 나가는 시기였다. 근대 일본은 청일전쟁의 결과로 얻은 식민지 타이완에서 위생행정을 실시함과 동시에 종주국으로서 해항 검역을 실시했다. 식민지 통치 정책 중 한 부분이 위생행정에 있었다고 생각할 수 있지만, 여기서는 이 문제에 대해 언급하지 않고자 한다. 단, 타이완 총독부 민정장관으로 타이완 통치의 기초를 쌓은 고토 신페이(後藤新平)가 독일로 유학하여 위생학을 배웠고, 내무성 위생국장으로 솜씨를 발휘한 사실이 이 문제에 대한 근거로 뒤받침하고 있다.

근대 일본은 위생행정 면에서도 패권을 주변 지역으로 넓혀 나갔다. 19세기 세계를 상징하는 전염병인 콜레라는 동아시아에서 1919년의 대유행을 기점으로 거의 억제되었다. 근대 일본이 통치하는 지역에서는 지역 차이는 있지만 일정 수준의 위생행정이 전개되었기 때문이다. 그 결과 동중국해 세계에서의 전염병 유행과 교류의 형태는 예전과는 크게 달라지게 됐다. 앞서 살펴 본 류큐·오키나와 전염병의 역사가 그 한 예이다. 다만, 근대 일본의 식민지주의적인 대외 진출을 전염병 유행을 억제한다는 면에서만 받아들이는 것은 단편적인 이해 방식이다. 근대 일본의 식민지주의 전개와 그에 따른 사람과 물자 교류의 활성화가 주변 지역에 전염병을 유행시키는 역할을 담당한 것도 사실이기 때문이다.

4. '경기시대'의 전염병

1945년 일본의 패전과 그 후 중국 대륙에서의 내전은 동중국해 해역 세계의 지역 질서를 흔들어놓았다. 해항 검역제도는 국경을 확정한다는 의미에서의 근대 국가적인 통치제도를 전제로 하고 있기 때문에, 일단 이러한 질서가 흔들리면 즉시 위험에 처하게 된다. 또 약 6백만 명의 일본인(군인을 포함한)이 소위 '귀환'이라는 이름으로 일본 국내로 이동한 것도 전염병의 교류에 큰 몫을 했다.

그 결과 제2차 세계대전 후 한동안 억제되었던 전염병이 류큐·오키나와에서도 부활했다. 이 시기를 상징하는 전염병 중 하나가 말라리아다. '귀환'의 결과로 일본 국내에서 말라리아 환자가 급증한 사실은 잘 알려져 있다. 또 오키나와에서도 1945년(환자 약 16만 명, 사망자 660명), 1946년(환자 약 12만 명, 사망자 407명), 1947년(환자 약 3만 명, 사망자 196명)에 말라리아가 유행했다. 야에야마에서는 전시(戰時) 체제 속에서 감염 지역으로 어쩔 수 없이 이동해야 했으며 이것은 '전쟁 말라리아' 문제를 야기시켰고, 더욱이 열대열 말라리아로 많은 사람들이 희생되었다.

류큐·오키나와에서는 이 때가 '경기시대(景氣時代)'로 '밀무역'이 성행한 시대였다. 동중국해 해역 세계에서 이루어지고 있었던 사람과 문물의 이동이 '밀무역'이라는 형태로 부활한 것이었다. '밀무역'의 최전선이었던 요나구니 섬에서는 구부라 항(久部良港) 등을 시작으로 인구가 급증할 정도였다. 이 부근의 사정은 취재와 조사를 통해 오키나와의 역사를 밝혀 온 이시하라 마사이에(石原昌家)의 《공백의 오키나와 사회사(社會史)—전과(戰果)와 밀무역의 시대》에 잘 나타나 있다. 그리고 류큐·오키나와의 '경기시대'는 억제되었던 천연두와 콜레라가 부활한 시대이기도 했다.

여기서 몇 가지 예를 들어보면 다음과 같다.

1946년 2월 28일 야에야마의 구로시마이코(黒島伊古)에 천연두가 발생했다. 당시 위생부장을 담당하던 요시노 고젠(吉野高善)이 그 보고를 받은 것은 3월 25일이 되고 나서의 일이었다. 요시노는 즉시 구로시마를 방문하여 즉시 그 지역을 격리시키고 통행을 차단했으며, 26일부터 구로시마와 타 지역의 선박 통행을 금지시켰다. 하지만 27일 이시가키 섬 토노시로 성(登野城)에서도 천연두 환자가 발견되었고, 그 후 오오카와(大川), 이시가키, 아라카와(新川), 히라에(平得), 오오하마(大浜)(이상 이시가키 섬), 시라하마(白浜)(이리오모테 섬)에서도 천연두 환자가 발견되었다. 요시노는 이에 대해 임시 격리병사(隔離病舍)의 설치, 학교 수업 중지, 음식점 등의 영업 중지를 실시하고, 남부 류큐 군정부(軍政府)에 천연두 발생을 보고했다. 이에 미군에게 공급받은 백신으로 4월 12일까지 전 주민에게 예방 접종을 실시했다. 이 당시 야에야마의 천연두 환자 및 사망자는 구로시마가

48명(사망자 12명), 이시가키 섬이 48명(사망자 88명), 이리오모테 섬이 1명(사망자 없음)이었다.

1946년 봄에 발생한 천연두는 가고시마 계통과 타이완 계통이라는 두 종류가 있었다. 이나모리 모리테루(稻盛盛輝)의 《오키나와 질병사(疾病史)》에 따르면 구로시마의 천연두 환자는 가고시마에서 온 귀환자(歸還者)였다. 이시가키 섬의 환자 한 명은 타이완에서 온 귀환자로, 전쟁에 의한 종두 사업의 정체(停滯)가 유행의 원인이 되었다. 단, 그와는 다른 계통도 있었다. 이리오모테 섬 시라하마의 천연두 환자는 타이완의 기륭 시에서 시라하마로 온 타이완 상인(45세, 남성)이 원인이었다. 그는 3월 16일부터 시라하마의 빈집에 거주하다가 24일에서 25일경 발병하여 30일에 천연두를 선고받았다. 그 결과, 위생부 방역과 이리오모테 출장소는 각 지역에 교통을 통제하고 타이완, 구로시마 방면의 선박을 대상으로 검역을 실시할 것을 요청하였고, 시라하마 부근에 소독과 격리를 실시하였다(오키나와 현 공문서관장, 위생부 이리오모테 출장소 《전염병 검역관계 서류 1946년 1월 이후》, 이리오모테 출장소(기수, 나카소네 사카에(仲宗根栄))에서 요시노 고젠 위생부장, 1946년 4월 1일, 제76호).

1946년 11월 14일, 요나구니 섬에서 콜레라 환자가 발견되어 18일에 사망하였다. 감염원은 타이완에서 콜레라에 감염되어 사망한 5명의 요나구니 출신자와 동거하던 인물이었다. 이처럼 1946년에 야에야마에서 발생한 천연두나 콜레라는 타이완과의 사이에서 사람과 물자의 이동을 배경으로 한 것이다.

1946년 4월 26일에는 미야코 섬의 히라라(平良)에서 천연두 환자가 발견되었다. 미야코의 경우는 타이완의 귀환자에 의한 감염이었다(〈미야코 산보(みやこ新報)〉 1946년 4월 29일). 또 타이완에서 귀환선(미군 V96)이 5월 초 히라라에 도착했는데, 배에는 사키시마(先島) 출신자가 약 7백 명이 타고 있었음에도 불구하고 배 안에 콜레라 환자가 있었기 때문에 탑승자를 그대로 태운 채 우라가(浦賀)로 회항했다('미야코 타임스(宮古 Times)' 1946년 5월 14일). 미야코의 경우에는 '귀환'이 직접적인 계기가 되었지만, 역시 타이완과의 관계가 천연두 발생의 배경이 되었다. 이러한 상황 속에서 1946년 최초의 미야코 오월제(五月祭)도 '천연두 유행으로 인한 집회 금지령'을 이유로 중지되었다('미야코 신보' 1946년 5월 1일).

이상은 일본 패전 직후인 1946년의 야에야마와 미야코의 상황이었다. 1947년에도 타이완에서 야에야마로 온 귀환자에게서 천연두 환자가 발견되어 도노시로의 임시 격리소로 격리되고 교통이 통제되었던 적이 있었다.

패전 후 한때 야에야마와 미야코에서는 천연두와 콜레라가 부활했다. 이 계기가 된 것은 류큐·오키나와를 중심으로 한 '밀무역'에 의한 사람과 물자의 이동과 일본인의 '귀환'이었다. 그 배경에는 동중국해 세계 지역 질서의 동요로 위생행정과 해항 검역제도가 느슨해져, 바다가 '구분되는 바다'에서

'연결되는 바다'로 모습을 바꾼 사실이 있었다. 그 후 '경기시대'는 중국 대륙의 정치적 안정과 미군에 의해 행정이 조직화되면서 몇 년 후 끝이 났다. 그 결과 콜레라나 천연두의 발생도 억제되었다. 이런 의미에서, 1945년 이후 콜레라와 천연두가 발생하는 지역이 '야마토(大和)' 세계에서 '아메리카' 세계로 교체되었으며, 교체되는 과정에 류큐·오키나와가 자리했던 것이다.

5. '연결의 바다'와 '격리의 바다'

류큐·오키나와에서의 전염병의 유행, 특히 인구 변화에도 큰 영향을 주었던 천연두, 홍역, 말라리아의 유행은 동남아시아, 중국, 일본 등의 활발한 교역에 의한 사람과 물자의 이동을 배경으로 했다. 동중국해는 병원성 미생물의 교역의 장— '연결의 바다'—이 된 것이다. 이를 상징하는 것이 근대 세계의 부산물인 콜레라의 등장(1822년)이다. 19세기 후반에서 20세기 초에 콜레라 발병에 대한 예방과 대책으로 공중 위생행정과 해항검역제도를 실행함으로써 전염병의 유행은 크게 억제되고 모습을 감추기 시작했다.

19세기 이후 동중국해 해역 세계에서 패권의 교체는 단순히 해상 패권의 성쇠만을 의미하는 것이 아니었다. 이것은 근대 세계가 국가적인 차원에서 바다를 통해 사람과 물자의 이동을 관리하고 병원성 미생물의 교류를 막기 위해 해항 검역제도를 확립했다는 사실로 상징된다.

1945년 이후 한때 류큐·오키나와, 특히 야에야마와 미야코에서 콜레라와 천연두가 발생한 것은 위생행정과 해항 검역제도를 둘러싼 근대 일본의 패권이 패전을 계기로 붕괴된 것에 기인한다. 위생행정이나 해항 검역제도가 근대 국가의 권능으로 확립된 것을 생각하면 국가 권력의 붕괴가 그것을 이완시킨 것은 당연한 현상이다.

이는 바다가 역사적으로 전염병의 교류의 장이 된 것— '연결의 바다'—을 나타냄과 동시에, 이를 방지하기 위한 수단으로써 실시한 해항 검역제도가 가진 역사적인 의미— '격리의 바다'—를 상징하는 것이다. 류큐·오키나와를 중심으로 한 '경기시대'의 천연두와 콜레라 발생은 동중국해 해역 세계가 역사적으로 가지고 있던 '연결의 바다'로서의 성격을 겉으로 드러낸 것이었다.

상처 입은 바다

나카무라 카즈에 中村和恵

1. 피지의 두 민족

덥고 먼지가 자욱한 피지의 수도 수바의 화려한 잡화점과 식료품점을 바라보며 걷다가 '수바 북 숍'이라는 서점에 들어간 나는 깜짝 놀랐다. 서점에 있는 책들의 반 이상은 내가 읽을 수 없는 글자들로 채워져 있었다. 표지를 보니 내용은 동화나 종교, 교과서, 소설, 다이어트 책까지 다양했다. 사리(sari. 인도 여성의 의상 중 하나-역주)를 입은 여성 점원이 자랑스러운 듯이 설명해주었다.

"맞아요, 우리는 인도에서 직접 책을 수입하고 있어요. 없는 책이 없죠. 손님은 힌디 어를 공부하고 계신가요?"

피지 인구의 반 정도가 오래 전 인도에서 온 이민자의 자손

4-2 인도계 점원(좌)과 수바 북 숍(우)

들이라는 사실을 알고 있는 사람은 별로 없을 것이다. 남태평양에 관심이 없는 사람이라면 더욱 모르는 것이 당연하다. 나 또한 이 지역 작가들의 작품을 읽고 나서야 비로소 이 섬에 많은 인도인이 있다는 것을 알게 되었다.

바다의 아시아라는 말을 듣고 내가 먼저 생각한 것은 이 남태평양의 인도계 이민자들이었다. 아시아에 속한 바다, 즉 육지에서 바라다보는 바다의 관점이 아니라, 하나로 연결되어 있으며 언제나 움직이고 있는 바다와 아시아의 사람들이 어떻게 관련되어 왔는가라는 관점에서 이 주제를 생각하고 싶었다. 그렇게 생각할 때 그들의 모습이 떠올랐던 것이다.

4-3 힌디 어 다이어트 책

바다를 건너 남태평양으로 간 아시아 사람들에게는 여러 가지 사정과 난관이 있었으며, 또한 희망도 있었다. 남태평양의 섬 나라 주민이 된 지 한 세기 이상이 지난 현재도, 그들은 그 땅의 토착민과는 확실히 다른 고유한 문화와 생활 양식을 유지하며 살고 있다. 피지의 인도계 주민들은 어떤 의미에서는 현재 아시아와 오세아니아 간의 '중간항로(中間航路)'에서 헤매고 있는 듯하다. 바다는 하나라고 피지의 인도계 작가 사텐드라 난단(Satendra Nandan)은 말한다. 인간은 무지(無知)하기 때문에 그것을 다른 이름으로 부르며, 또 자신이 서 있는 곳에서 바다의 이름을 짓고, 바다를 나누어 놓는다고……. 열린 장소여야 할 바다가 실제로는 민족, 국경, 군사, 경제, 종교 등 여러 면으로 나뉘어져 있다.

남태평양의 지도를 펼쳐 보면 피지는 거의 한가운데에 있으며 멜라네시아의 남동쪽 끝에 위치하고 있다. 폴리네시아와의 경계를 이루는 부근이기 때문에 민족적으로도 양자의 중간적 성질을 갖추고 있다고 한다. 수도 수바는 인구 17만 명(1996년 조사)으로 피지 총인구의 약 5분의 1 가량을 차지하고 있으며 이 부근에서는 제일 큰 도시이다. 신호등도 있고 인터넷 카페도 있으며 무엇보다도 남태평양 대학(University of the South Pacific)의 중심 캠퍼스가 자리잡고 있는 곳이다. 이 대학은 쿡 제도, 피지, 키리바시, 마셜 제도 공화국, 나우루, 니우에, 서사모아, 솔로몬 제도, 토켈라우 제도, 통가, 투발루, 바누아투 등 12개 나라(엄밀히 말하면 독립국이 아닌 나라도 포함한다)가 협력해 운영하는 지역 대학이다.

남태평양 대학의 설립 계획에 참여한 섬들은 모두 중요한 공통점을 가지고 있다. 바로 공용어가 영어인 것이다. 그들은 예전에 영국이나 미국의 영토였거나, 또는 뉴질랜드나 오스트레일리아의 통치하에 있었거나, 영연방에서 독립한 섬들이다. 간단히 말하면, 영연방계와 미국계 식민지/준식민지의 역사를 배경으로 한 섬들이 토박이말의 경계를 넘어서 남태평양에 영어 문화권을 구성한 것이다. 1968년 남태평양 대학이 설립된 이후부터 피지는 이 지역의 영어 문학 활동의 중요한 거점이 되었다. 그 일익을 담당한 피지의 인도계 작가와 시인들도 영어로 창작 활동을 했다.

영어권의 새로운 문학에 흥미를 가지고 이전 영국 식민지였던 곳을 중심으로 조사하는 사이에 나는 피지에 도착했다. 실제로 피지에 도착하고 나서야 비로소 이 땅에서 인도계 문화가 언어를 포함해 어느 정도로 잘 유지되고 있는가를 실감할 수 있었다. 트리니다드 등 카리브 해의 섬들에서도 노예제 폐지 후 역시 인도계 노동자가 유입되었지만, 스쳐지나가는 여행자

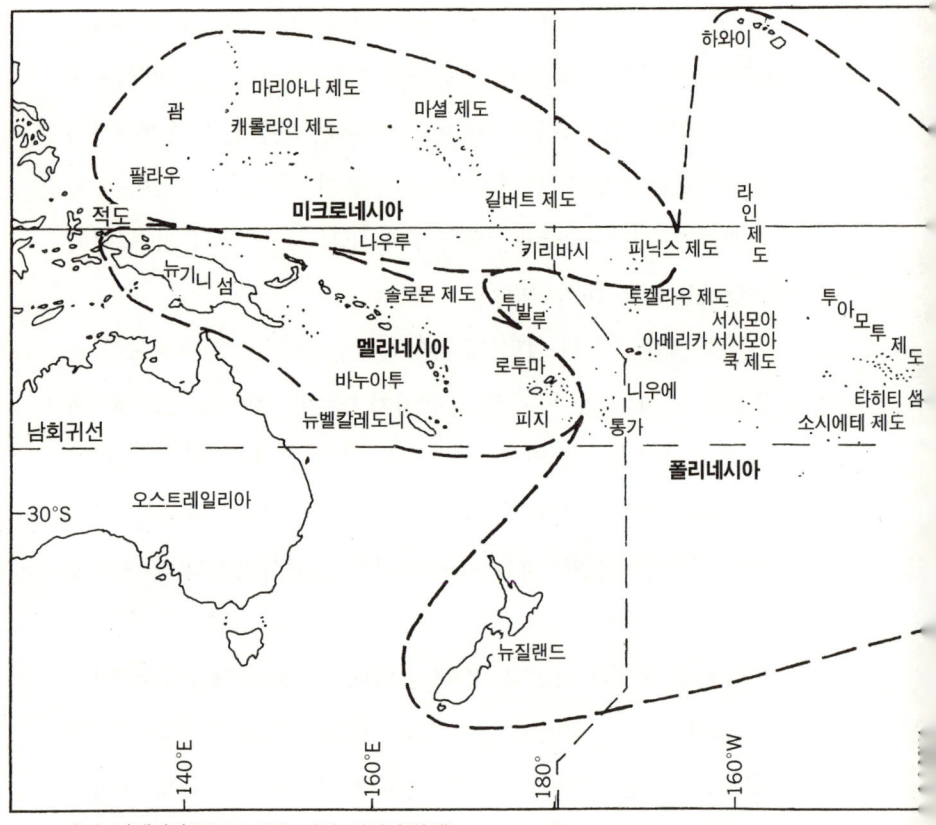

4-4 남태평양(점선은 민족, 지역, 언어의 경계)

의 눈에도 트리니다드와 피지의 인도계 사람들의 모습은 다르게 보인다. 트리니다드는 인도계가 인구의 40퍼센트를 차지하는 구 영국 식민지의 섬 나라라는 점에서는 피지와 유사하지만, 혼혈이 많아져서 아프리카 계(현재 카리브 해 인구의 대다수가 아프리카에서 노예로 온 자손이다)인지 인도계인지 구분하기가 어

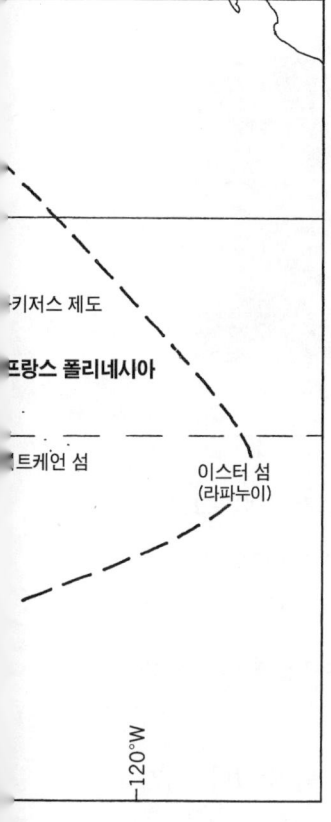

렵다. 또한 트리니다드의 거리에서 들리는 대화도 오로지 현지어(現地語)화된 영어, 즉 캐리비안 잉글리시이다. 한편 피지에서는 피지 인들끼리는 피지 어, 인도인들끼리는 힌디 어, 양자가 함께 대화할 때나 공공장소에서는 영어를 사용하는 다국어 생활이 일상화되어 있다. 피지 인과 인도인은 복식이나 두발 등 신체적 특징이 완전히 달라서 헛갈리는 경우가 거의 없다.

고유의 언어 문화와 민족적 특징이 유지되고 있다는 것은, 다른 말로 표현하자면 피지의 인도계는 인구의 반, 즉 피지의 토착민과 거의 교류하지 않고 120년 이상을 생활해 왔다는 것을 뜻한다. 관광객에게는 마치 낙원처럼 아름답고 한적한 휴양지로만 보이는 이 남태평양의 작은 섬은 사실 복잡한 인종과 민족 문제를 안고 고민하는 섬인 것이다. 피지 인과 인도인의 대립으로 생겨난 정치적 긴장은 1970년 독립 후 현재까지 세 번의 쿠데타로 이어졌다. 그 때마다 인종 융합을 목표로 한 정권은 '피지 인을 위한 피지'라는 슬로건을 방패로 한 폭력에 굴복해야만 했다.

4-5 피지 원주민(우)과 인도계 피지 인(좌)

피지 인과 피지의 인도인은 왜 대립하게 된 것일까? 그보다 먼저, 왜 인도인이 이곳으로 오게 된 것일까? 그리고 왜 각기 고유의 문화를 가진 사람들이 자신들의 현재를 반영하는 문학 작품을 만들고자 할 때 힌디 어나 피지 어가 아닌 영어를 사용하는 것일까?

의문에 대한 답은 식민지 지배라는 한 마디 속에 있다. 피지만이 아니라 남태평양이 현재 안고 있는 어려운 문제들이며 그 문제의 밑바닥에는 유럽과 미국, 일본에 의한 식민지화와 그 영향력의 잔재가 아직까지 남아 있다는 것이다. 대체 어떠한 격변이 남태평양의 작은 섬을 덮쳤을까? 그곳에 사는 사람들은 무엇을 생각하고 느껴왔을까? 이러한 의문에 가장 먼저 답을 준 것은 남태평양의 새로운 영어 문학이었다. 그 지역의 분위기나 풍토는 실제로 가보지 않으면 잘 모르는 경우도 많다. 하지만 나는 문학이 한 지역을 이해하는 데 다른 어떤 것보다도 큰 이점을 가지고 있다고 생각한다. 여기서는 인류학과 사회학의 연구 성과를 참고하면서 문학 작품이라는 '영역'을 중심으로 나의 남태평양 여행기를 보고하고자 한다.

2. 영국 식민지 정책과 그 후유증

빌소니 헤레니코 '세라의 선택'

왜 인도인이 피지에 있는 것일까?

여기서 그 역사적 배경을 살펴볼 필요가 있다. 인도의 노동자들을 집약적 노동력이 필요한 식민지 플랜테이션(plantation. 서양인이 자본과 기술을 제공하고 열대의 노동에 견딜 수 있는 원주민과 이주 노동자(移住勞動者)의 값싼 노동력을 이용해서 단일경작(單一耕作)을 하는 기업적인 농업 경영. 무역품으로서 가치가 큰 향신료 작물(香辛料作物), 고무, 차, 삼, 키나, 커피, 카카오, 사탕수수, 바나나, 담배 등을 주로 재배한다-역주)에 동원하려는 계획이 탄생한 것은 노예제도의 폐지와 관련이 있다. 노예제도의 폐지로 노동력 부족이라는 문제가 발생하게 되었고 이것은 식민지 플랜테이션 경영자들에게는 사활이 걸린 문제로 이를 해결하기 위해 인도의 노동자들을 식민지 플랜테이션에 도입하려는 움직임에서 기인한다.

카리브 해에서 노예 해방이 실시된 1834년에는 마다가스카르 앞 바다에 있는 섬 모리셔스에서 이 실험적인 이민제도가 실제로 시작되었으며, 이후 카리브 해, 나탈(남아프리카), 류니온, 수리남 등의 영국, 프랑스, 네덜란드 식민지가 뒤를 이었고, 마지막에 피지가 인도의 노동자를 끌어들이게 되었다. 1878년부터 1916년에 제도가 폐지되기까지 피지에 유입된 인도계 이민은 6만 명 이상이었다. 또 이민이 멈춘 후 피지에 정착한 인도인이 1945년에는 피지의 토착민의 인구수보다 많을 정도였다. 실제로는 1920년대까지 지속되었다는 연계봉공(年季奉公, 고용살이)이라는 제도로 '카라 파니(Kala Pani, 검은 물·바다)'를 넘은 인도인은 100만 명 이상이라고 한다. 열대 기후에 잘 견디고 저임금으로 일하며, '온순하다'는 평판을 받는 인도계 노동자를 자신들이 있는 곳으로 조금이라도 많이 고용하기 위해 서로 뺏고 빼앗기는 이민 채용이 이루어졌다.

　피지의 인도계 주민의 운명을 결정지은 것은 아서 해밀턴 고든 경(Sir Arthur Hamilton Gordon, 1829~1912-역주)이었다. 트리니다드와 모리셔스의 총독을 역임한 고든은 플랜테이션 노동자의 노동 조건에 정통했고, 인도인 연계봉공 노동자의 환경에도 관심이 높았다고 알려져 있다. 하지만 고든은 1874년에 영국의 식민지가 된 피지의 초대 총독으로 취임하자, 훗날 피지 인종 대립의 근간을 이루는 제도를 실시하게 되었다. 그것은 토착민보호법이라는 제도였지만, 그 '보호'는 결과적으로 피지인의 근대화를 늦추는 결과가 되기도 했다.

토착민의 전통적인 생활 형태의 보존을 방침으로 한 고든이 취한 정책은 '간접 통치'였다. 영국의 감독하에서 피지 인 수장들의 지배권과 전통적 계층 구조를 보존시킨 총독은 피지 인이 마을 공동체의 자급자족 생활을 계속하도록 하고 세금도 농작물로 바치게 하는 등 화폐 경제화를 강제로 촉진시키지 않았다. 이는 자본주의 경제에서 중요한 부분을 차지하는 경쟁력이라는 면에서 보면 피지인들의 경제적 열등성을 제도화(制度化)시킨 것이었다.

한편 고든은 식민지 이윤 추구를 목적으로 한 사탕수수 플랜테이션에서 일하는 노동자로는 피지 인 대신에 인도인을 도입하기로 결정하였다. 또한 피지의 토지는 피지 인의 소유로 함으로써 판매를 기본적으로 금지하였다. 결과적으로 일부 자유지를 제외한 대부분의 국토는 피지 인에게 점유되었고 토지 문제는 인종 문제로서 오랫동안 지속되었다. 연계봉공 기간이 끝나도 피지에 머물러 사탕수수 재배 일을 계속한 많은 인도계 주민들은 이 법이 존재하는 한 영원히 피지 인에게 토지를 빌려서 농업 활동을 할 수밖에 없었다. 농업 이외의 소위 경제 활동을 위해 필요한 용지도 마찬가지로 대여할 수밖에 없게 되어, 피지 인에게 땅을 빌릴 수 있느냐의 여부가 생산 활동 전체에 영향을 주었다.

이 고든 정책의 결과로서 두 민족은 주거, 경제 활동, 직업에 있어서 확실히 구분된 생활 모습을 보이게 되었다. 인도인 인

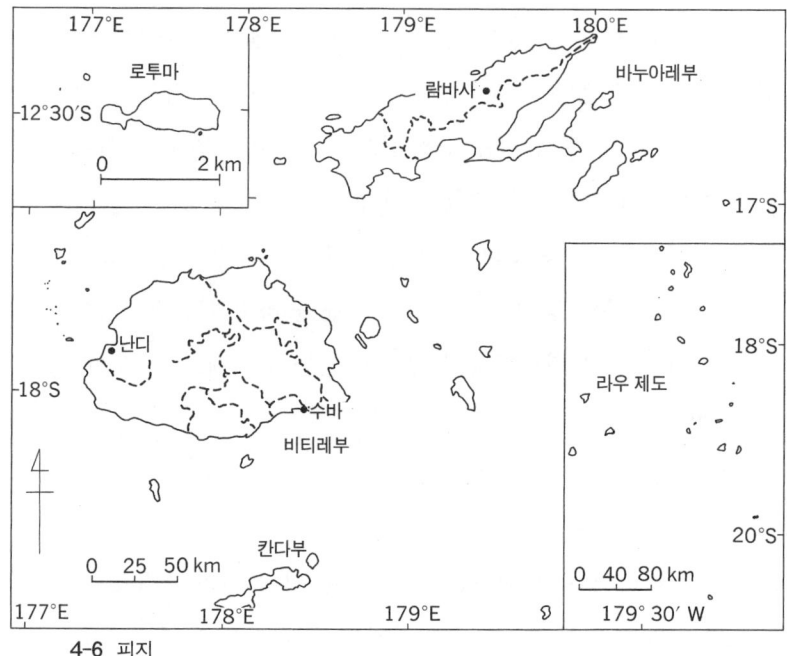

4-6 피지

구는 비치 레부와 바누아 레부의 두 섬(이 둘을 합치면 국토의 87퍼센트가 된다)의 도시 근교에 집중되었고, 이 밖의 작은 섬의 대부분 피지 인들이 살고 있다. 피지 인은 기본적으로 촌사람인 셈이 된다. 도시 중심 지역에서는 같은 지역에 사는 경우도 있지만, 두 인종은 기본적으로 나뉘어 살고 있다. 앞에서 언급했듯이 언어 또한 구분되어 있었다.

직업을 보면 인도인은 사탕수수 재배(80퍼센트가 인도인)와 소매업 등의 판매업, 의사, 변호사나 엔지니어 같은 전문직이 많다. 피지 인에게 인도인은 돈벌이에 눈이 먼 사람이라는 안 좋은 이미지가 강하지만, 그것은 피지 인이 가장 자주 접하는 인도인이 소매상과 같은 자영업자라는 것과 관계가 있다. 한편 군대, 공무원 등의 공적인 일, 특히 정부 관계의 일은 피지 인이 차지하는 경향이 강하다. 1987년과 2000년의 쿠데타는 이 '피지 인의 영역'인 정부 요직에 인도인이 들어오는 것에 대한 강한 위기감과 반발로 발생한 것이었다.

하지만 처음으로 다시 돌아가 인도인 노동자들의 도입부터 마을 공동체적 피지인 사회에 이르기까지 영국인 총독의 독단으로 좌지우지되었다는 사실을 상기하였으면 한다. '전통적으로 유지되던 균등화된 피지 사회'야말로 제국주의와 식민지 정책의 산물이며, 이렇게 날조된 사실을 인도계 비평가 비제이 미슈라(Vijay Mishra)도 지적하고 있다. 그렇지만 현대 피지 사회의 근간을 이루는 요소로 구축되어버린 이 식민지 시대의 잔재는 1970년 독립 이래 민족 융화 노선에도 사라지지 않고 끈질기게 살아남아, 1987년에 있었던 두 차례의 쿠데타와 2000년에 다시 발생한 쿠데타까지 굳건히 계승되었다.

피지 제도의 북단에 있는 섬, 로투마 출신의 극작가 빌소니 헤레니코(Vilsoni Hereniko)는 폴리네시아 계 로투마 인이라는, 인도인도 피지 인도 아닌 소수민족의 관점에서 피지의 양대 인종의 갈등을 다룬 극작품《세라의 선택 Sera's Choice》(1986년 초연)을 썼다. 수바의 남태평양 대학으로 생각되는 오세아니아 지역의 엘리트가 모이는 대학의 커플인 세라와 아닐 두 사람은 매우 드물게 피지 인과 인도인이라는 설정으로 만나게 된다. 뒤에서 이야기 할 사텐드라 난단(Satendra Nandan)의 소설에서도 피지 인 여자와의 사이에서 아이를 가진 인도인 가족의 장남이 집안에 엄청난 충격을 주고, 여자의 오빠에게 살해당하는 사건이 일어난다. 인도인과 피지 인의 결혼은 실제로 없는 것은 아니지만, 여러 가지 복잡한 문제를 일으킬 수밖에 없는 매우 곤란한 것으로 여겨지는 것이다.

아닐 하지만 캠퍼스에는 여러 재미있는 커플들이 있잖아. 통가 사람과 쿡 제도 사람이나 서사모아 사람과 로투아 사람, 모두 같이 걷고 있다고.
세라 그건 알아, 아닐. 하지만 피지 사람과 인도 사람은?

이 같은 사회 상황과 가족의 반대에도 아랑곳하지 않고 동거를 시작한 두 사람은 두 가지의 큰 문제에 부딪친다.

첫째는 민족 간의 차이에서 오는 대립이다. 시골 마을에서 자식을 수도 수바로 보내어 근대적, 다시 말해 서구적 교육을 받게 하려는 세라의 아버지는 '피지 인의 나라에서 높은 자리에 앉는 것은 피지 인이어야 한다' 는 배타적이고 토착주의적인 주장을 하는 인물이다. 한편 면세점을 경영하는 아닐의 아버지는 세라를 '피지의 정글에서 자란 아이' 라고 비하한다. 법적으로는 불리한 조건에 놓였으면서도 자력으로 자본을 축적해온 인도계 안에는 마을 공동체에서 자급자족 생활을 계속해 온 토착민을 얕보는 경향도 있다. 세라와의 관계가 잘 되어가지 않게 됨에 따라, 아닐 자신도 아버지와 같은 편견을 드러내기 시작한다. 둘이 사는 아파트에 수바의 학교에 들어가려는 세라의 남동생 윱과 윱을 돌보는 여동생 부나가 오는 장면에서는 피지 인과 인도인의 차이가 눈에 띄게 드러난다. 시골에서 온 동생들에게는 자동차가 많은 거리, 수세식 화장실 등 도시의 모든 것이 생소한 것들뿐이다. 힌두 교도인 자기 눈앞에서 콘비프(쇠고기) 통조림을 먹는 그들을 노려보는 아닐은 가족이면 언제 갑자기 찾아와도 환대 받고 묵을 수 있다는 생각을 하는 피지 인의 감각을 이해하지 못한다.

아버지 세대의 편견에서 벗어났을 젊은 커플이 결국 실패하고 마는 데에는 다른 한 가지의 원인이 있다. 피지 인의 사회에도 인도인의 사회에도 뿌리 깊게 자리 잡은, 고정화된 성 분업의 문제가 바로 그것이다. 고등 교육을 받아 여성을 가정에만 속박하는 인습에서 자유로웠지만 실제 생활에서 두 사람은 그것으로부터 벗어나는 것이 그렇게 쉬운 일이 아니라는 것을 알게 된다.

"아닐이 뭐가 달라? 남자란 다 똑같아. 섹스와 가정이 필요할 뿐이야. 그걸 여자가 제공하면 남자는 행복한 거야"라고 말하는 시골에서 온 여동생 부나에게 세라는 도시의 남자는 다르다고, 요리도 하고 아이도 봐 준다고 설득한다. 급격한 도시화는 피지에만 국한되지 않고 남태평양의 섬들에서 공통으로 나타나는 문제로, 시골과 도시의 격차는 우리가 상상하는 것 이상으로 큰 듯하다. 세라 자신은 일도 하고 싶고 여행을 통해 세계를 알고 싶어했다. 그녀는 여러 사람들을 만나고 싶다며, "나는 뭔가가 되고 싶어, 단지 현관의 매트 같은 존재가 되긴 싫어"라고 말한다. 하지만 이 희망은 아닐에 의해 짓밟히고 만다. 사실, 아닐은 여자에게 집과 생활비만 주면 된다는 생각을 가지고 있었다. 멜라네시아의 전통적인 계급 사회와 인종 차별, 남존여비 사상에서 자유로워지기를 소망한 세라를 아닐은 전혀 이해하려 하지 않는다. 막상 함께 살아보니 여성차별적인 성 분업을 전혀 의식하지 않는다는 점에서, 아닐 역시 전통적인 시골의 보수적 피지 인 남성과 같다고 세라는 깨닫는다. 자신이 다른 여자와 성관계를 가진 사실은 문제 삼지 않고, 아닐은 세라의 '불의(不義)'를 꾸짖는다. 아닐에게 맞은 세라는 아파트를 나오게 된다. 이에 동요한 아닐은 "그럼 내 옷은 누가 빨지?" 하고 묻는다. "빨래판과 솔은 저기에 있어. 스스로 하면 되잖아?" 하고 답하는 세라의 말에 아닐은 "내가 인도 사람이니까 그러는 거지? 마음 속으로는 날 미워하고 있지?"라고 말해버린다. 민족적 편견과 대립 구조에 사로잡힌 아닐에게 세라는 최후의 말을 던진다.

세라 그래, 넌 몰라. 표면적인 것만 보고 살아와서, 우리[피지인]의 생활을 알려고 하지도 않아. 또 당신들[인도인]의 생활 방식도 가르쳐주지 않잖아. 나는 피지 사람들을 버렸는데, 넌 나를 너희들의 친구로 넣어 주지도 않잖아? 나는 인도 사람도, 피지 사람도 될 수 있었는데……. 아닐, 지금 나는 뭐지? 나는 아무것도 아니야."

헤레니코는 다른 작품 《낙원 최후의 처녀 Last Virgin in Paradise》(1991년 초연)에서는 유머러스한 풍자에 재능을 발휘하지만, 이 《세라의 선택》에서는 직설적인 사회파로서, 현재도 고든 이래의 영국 식민 행정이 만들어낸 구조에 묶인 채 피지 사회에서 생활하는 젊은 세대의 모습을 그리고 있다. 그가 중립적인 입장에서 알기 쉽게 설명해 가는 모든 문제, 즉 근대화가 이룬 도시와 시골 마을의 격차, 서구적인 교육과 사회적 지위 상승의 밀접한 관계, 여성의 사회적 역할의 변화, 토착주의의 폐해, 차별적 법제와 인도계의 태도경화(態度硬化)와 같은 문제야말로 인종 대립과 떼어낼 수 없는 현대 피지의 문제다.

3. 쿠데타와 라마의 추방

사텐도라 난단의 《상처 입은 바다》

헤레코니가 제시한 난관에서 빠져나갈 길이 없는 것일까?

《세라의 선택》이 초연된 다음 해, 두 번의 쿠데타에 의해 피지의 인종 문제는 더욱 심화되었다. 탈출구는커녕 상황이 한층 더 악화된 것이다.

1987년의 쿠데타에 대한 자세한 내용을 그린 소설이 인도계 작가 사텐드라 난단의 자전적 소설 《상처 입은 바다 The Wounded Sea》이다. 1987년의 선거에서 인도계 중심의 정당인 국민연합당(NFP)과 새로 생긴 노동당이 연합해, 독립 이래 정권을 잡아온 피지 인 중심의 동맹당을 누르고 4월에 연립내각을 구성한다. 바바드라(Timoci Bavadra) 수상을 필두로 하는 내각의 복지부 장관을 역임했던 난단은 같은 해 5월 14일, 라부카(Sitiveni Rabuka) 대위가 이끄는 피지 군 복면병사가 갑자기 국회에 난입하여 그 자리에 있던 각료들을 총으로 위협해 트럭에 태워 육군 병사(兵舍)에 감금시켰을 때, 포로 중 한 사람으로서 그 경위의 모든 것을 목격했다.

감금되었던 각료들은 영국이나 오스트레일리아가 이 같은 난폭한 행동을 용서치 않을 것이라 믿고 있었다고 난단은 고통스런 심정을 그대로 기록했다. 이 같은 폭력은 국제 사회의 비난의 대상이 되어 바로잡혀질 것이라고 그는 믿었다. 하지만 핵병기 탑재선의 기항(寄港)을 거부하는 방침을 가진 노동당 중심 정권에 대해 미국은 냉담했다. 미국과 군사 동맹을 맺은 오스트레일리아와 뉴질랜드가 즉시 적극적으로 움직여줄 리도 없었다. 독립 후에도 영국 여왕의 대리로서 피지에 재임하는 총독은 쿠데타 정권을 용인했다가, 여왕의 반대로 철회하게 되었다. 한편 동맹당 측의 마라 전 수상과 바바드라의 합의로 조정될 수 있었던 초당파(超黨派)적 문민 정권은 9월에 다시 일어난 쿠데타로 전복되고 군(軍) 주도의 정권이 수립되었다.

"되돌아보면 사람들의 순진함, 우리들 자신의 순진함에 나는 가슴이 아파 온다"고 난단은 썼다. "우리들은 무지했으며 순진한 사람들이었다. 진짜 정치가 뭔지도 전혀 몰랐다. 독립을 위해 싸운 일도 없었고 내전의 경험도 없었다. 태평양의 온화한 바다가 일단 거칠게 일게 되면, 우리의 섬에 괴멸적인 [라부카] 대위의 허리케인이 닥쳐온다는 것도 알지 못했다. 우리들은 태평양의 역사에 너무나 무지했다. 역사는 우리에게 중요한 것이 아니었다. 역사는 수갑을 찬 우리의 운명을 목격조차 하지 않았으니까. 우리는 나이폴(Sir Vidiadhar Surajprasad Naipaul, 1932~. 트리니다드 출신의 인도계 영국 작가-역주)이 말한 '흉내 내는 사람(The mimic men)'인 것이다. 초등학교에서 우리에게 세계사를 가르쳐주신 라투 레디 선생님의 수업은 우리들의 거짓된 세계와는 전혀 관계가 없었다."

강국 중심의 세계관에 의한 '세계'의 '역사'와 '지리'는 피지와 같은 작은 나라를 '세계의 밖'으로 밀어냈다. 《상처 입은 바다》의 주인공인 '나'의 초등학교 같은 반 친구였던 고탐은 유학을 갔던 인도에서 한 가지 질문을 받는다. 세계지도를 보여주며 어디에서 왔는지 가르쳐 달라는 것이었다. 하지만 그 지도에는 피지가 없었다. 고탐은 적당히 뉴질랜드 근처를 가리켰다. 또 고탐은 아버지의 직업에 대한 질문을 받는다. 이에 고탐은 공항 사진을 보여주며 이것이 아버지의 가게라고 말한다. '나'의 숙제를 베껴가며 그럭저럭 학교를 마치게 된 고탐은 다른 사람들보다 배의 노력을 해서 변호사 자격증을 취득하고, 시시한 농담을 연발하여 인기를 모아 그 지역의 정치가로서 입지를 굳혀간다.

고탐은 정말로 트리니다드 출신 인도계 작가 나이폴이 예전의 카리브 해의 식민지 문화를 비난하며 말한 '흉내 내는 사람'의 전형(典型)일지도 모른다. 하지만 그것은 고탐만의 죄일까? '세계' 지도에 자신의 나라가 실려 있지 않았을 때, 우리들이 그 '세계'에 어떻게 자신들이 존재하고 있다는 것을 인지시킬 수 있을까? 난단의 절망은 피지 인의 압정(壓政)에 대한 인도인의 감정을 생각하는 것만으로는 다 설명할 수 없다. 그것은 인도인과 피지 인이 함께 안고 있는 피지라는 작은 나라, 독립 후에도 강국의 파도에 계속 부딪치는, 실제로는 지금도 '식민지'인 남태평양의 운명에 대한 절망이기 때문이다.

이 소설을 쿠데타와의 관계만으로 이야기하는 것이 안타깝다. 남태평양의 새로운 문학으로서 분명히 빛을 발하고 있는 것은 쿠데타 사진보다도 오히려 난단 자신이라고 생각되는 주인공의 소년 시절의 이야기이다. 특히 연계봉공 제도로 더러운 바다 '칼라 파니'를 건너 공항에서 가까운 마을 난디에서 농업에 종사하던 주인공 아버지의 조용하지만 충실한 생활은 목가적인 풍경을 배경으로 강렬한 노스탤지어를 자아내며 분위기를 고조시키고 있다. 소를 소중히 여긴 할아버지는 죽은 사람은 소의 엉덩이를 잡고 지옥에서 천국으로 가기 때문에 소를 소홀히 해서는 안 된다고 손자에게 가르쳐준다. 문맹인 할아버지는 인도의 2대 서사시 《라마야나Ramayana(산스크리트로 어로 되어 있는 대서사시로, 인도에서 유래한 영웅이야기 중 하나이다-역주)》와 《마하바라타Mahbhrata(바라타 족의 전쟁을 읊은 고대 인도의 대서사시-역주)》를 완전히 암기하고 그 시구를 노래로 들려준다. 《라마야나》의 라마 추방담은 특별한 의미를 갖는 이야기이다. 아요디야의 왕자 라마는 계모의 책모로 왕위 계승권을 빼앗기고 14년 동안 추방을 당한다. 미슈라가 엮은 피지 인도인 이민 100주년 기념논문집의 타이틀이 바로 《라마의 추방Rama's Banishment》(1979)이라는 사실에서도 알 수 있듯이, 자신들을 추방 당한 라마에 비유하고 있다.

우리 고대의 서사시처럼, 우리들은 이러한 삶을 살아왔다. 처음에는 조부들의 이야기가 있었고 그 다음에는 어머니와 아버지의 이야기가 있고, 지금은 정치가들의 이야기가 있다. 우리들의 피지에서의 숙명에는 라마야나가 반복되고 있는 듯하다. 추방, 이별, 전쟁. 하지만 귀환만은 없다.

《라마야나》의 라마는 추방되지만 아름다운 아내 시타의 납치와 난관을 극복하고, 원숭이신(神) 하누마토를 아군으로 만들어 아요디야로 돌아가서 왕위에 오른다. 하지만 피지의 인도인에게 있어서 추방은 영원한 것이 되고 만다. 사실, 다시 인도로 돌아간 2만 4천 명의 이민자들은 적응에 곤란을 겪었다고 한다. 더군다나 후세대에게 인도는 그야말로 외국이었다. 피지에서의 현실적인 고통 때문에 '상상 속에서 만들어낸 진주'(난단), 즉 환상 속의 고향인 것이다. 이민 노동자의 인구는 남성에만 편중되어 있어서 배우자를 찾아서 인도로 돌아가는 남성도 적지 않았다. 하지만 고향 인도 사람들은 카스트 제도의 금기를 깨고 칼라 파니를 건너 피지로 간 인도인들을 불결하게 여겨 결혼은커녕 그들이 마을 우물에 손을 대는 것조차 싫어했다고 한다. 제2의 노예 제도라고도 불린 연계봉공제가 피지의 인도인들에게는 지옥이었다고 말하는 이유는 노동 조건의 열악함과 가혹함, 계약의 불이행 등 물리적인 고통만이 아니라 전통적 가치관에 비추었을 때 타락, 불결함이라는 정신적인 의미도 지니고 있었다. 피지에 있는 라마들의 대부분은 시련의 시기가 지나간 후에도 돌아가지 않았다. 돌아간 사람들은 고향에서 더 큰 추방을 경험했다. 그리고 남은 사람들은 지금도 인도인이 아닌, 피지 인도인으로 밖에 불릴 수 없게 되었다.

연계봉공 노동자는 고용주와의 사이에 연한, 임금, 주거 등 제반 여건에 관한 계약을 맺었다. 하지만 이것은 공(空) 계약에 지나지 않았다. 애초부터 고용을 모집하는 단계에서 영어, 힌디 어, 우르도 어 등으로 게시되었다는 계약문을 이민자들이 도대체 어떻게 읽고 또 이해할 수 있었는지 의문이다. 하지만 문명화된 고용규약 자체가 새로웠던 시대에 계약을 맺는다는 행위에는 그 나름대로의 가치가 있었다. 다른 말로 표현하자면 이 계약이야말로 빈곤에 허덕이며 신천지를 찾는 인도 이민자들에게 있어서는 약속의 글이었다.

'어그리먼트(agreement)'라는 영어 단어가 변화하여 만들어진 '길밋(Girmit)'이라는 말은 연계봉공 계약을 의미하는 피지 특유의 단어이며, 미슈라는 이를 일종의 천년왕국의 환상으로 설명하고 있다. 약속의 땅에 대한 기대로 모국을 떠나 육체적, 정신적으로 무리가 가는 긴 항해 끝에 피지로 온 연계봉공 노동자들은 약속이 불이행되고 배신당하는 등 환멸을 경험한다. 이것은 그들에게 깊은 심리적 영향을 주어 피지 인도인의 독특한 '배신' 감각, 즉 미슈라가 말한 바에 의하면 '길밋 아이덴티티(Girmit Identity)'가 형성되었던 것이다.

피지에서 자란 피지 인도인 3세인 《상처 입은 바다》의 '나'도 길밋 아이덴티티에서 자유로워지기가 힘들었다. 그에게 모국은 이제 피지밖에 없다. 하지만 여기서 인도계를 포함한 모든 민족이 당연히 공존하리라 생각했던 그의 이념은 배신당하고, 쿠데타 후 그는 외국으로의 탈출을 시도한다. 나는 아버지의 장례식 때 스님이 산스크리트 어로 바다에 대고 기도를 외친 것을 떠올리며 이렇게 생각했다.

……그리고 공물(供物)에서 나오는 연기가 마을 저편 피지 사람들의 오두막집으로 흘러가는 것을 보면서, 나는 아버지가 돌아가신 것이 다행이라고 생각했다. 이렇게 태우고, 내일이면 바다에 재가 걷힐 것이다. 태평양은 인도양으로 이어져 있고, 인도양은 성스러운 갠지스로 연결되고…… 그렇게 생각하니 마음이 편안해졌다. 나는 바다가 하나라고 생각했다. 단지 우리들은 무지하기 때문에 그것을 다른 이름으로 부르는 것이다. 단지 다른 해안에서 바다를 보는 것뿐이다. 어느 바다에서도 갈매기는 울고, 물에 들어가 죽는 것뿐인데…….

독립 후 민족 융화의 새로운 길이 열리는 것처럼 보였다. 그러나 고향에서 영원히 추방당한 라마들의 절망과 실패한 천년왕국의 계승자로서의 길밑 아이덴티티는 쿠데타에 의해 재확인되고 말았다.

4. '칼라 파니'에서 '우리의 바다'로

그렇다면 과연 피지 인도인은 추방된 채 절망에만 빠져 있었을까? 길밋 아이덴티티에는 더 이상 탈출구가 없었던 것일까?

난단만이 아니라 현재 남태평양의 문학운동을 주도하는 작가이자 비평가인 스브라마니(Subramani)를 시작으로 레이몬드 피라이(Raymond Pillai), 80년대부터 시를 짓기 시작한 스데쉬 미슈라(Sudesh Mishra)와 같은 피지 인도인의 작품에서 받는 인상은 쿠데타 이전의 작품에 비해 결코 밝지 않다. 선조로부터의 전통의 상실과 피지에서 언제까지나 이방 민족인 인도계의 절망감과 분노, 전통적인 가치관의 차이에서 발생한 신구세대의 갈등, 그리고 여성의 사회적 역할 변화 등의 까다로운 문제가 더해졌다. 그 중에서도 수브라마니의 단편집 《The Fantasy Easters》에 그려진 인도계 피지 인들의 모습은 고생으로 가득 차 있다.

"이 제도(諸島)에서의 100년의 역사가 흐르는 동안 남은 것은 혼란과 고뇌다"라고 마음 속으로 외치는 인도인 교사가 프랑스계 캐나다 인에게 "정말 힘든 일이에요, 이 다른 민족, 피지 인과 인도인이 함께 살아간다는 것은"이라며 부정하지도 공감하지도 않는 인도계 피지 인의 도망자적인 모습을 보여주고 있다. 이러한 인도계 주인공들은 정말로 벗어날 수 없는 상황에 있는 듯하다.

하지만 쿠데타 후에도 피지의 인도계 작가와 남태평양의 작가들은 단지 침묵만을 지키고 있지는 않는다. 남태평양의 페미니스트로도 잘 알려져진 알렌 그리핀(Arlene Griffen)은 쿠데타가 준 충격은 다문화(Multi Cultural) 커뮤니티를 유지하는 것이 중요하다는 것을 남태평양의 많은 사람들에게 강하게 인식시키는 결과를 낳았다고 말한다. 예를 들면, 수브라마니는 쿠데타 후 의식적으로 정치적인 면을 부각시키며 인도계 피지 인의 의석을 제한하는 인종차별적인 헌법 개정을 목표로 운동을 전개했고, 1998년 신헌법이 발효되어 소기의 목적을 이루었다. 그는 피지에서 인종을 뛰어넘는 다문화 커뮤니티를 이루기 위해 이전보다 명확한 자세를 보여주고 있다. 수브라마니는 1976년에서 1992년에 걸쳐 쓴 자전적 에세이나 연설문을 모은 《변용하는 상상력 Altering Imagination》에서 민족적인 피해 의식이 아닌 다문화 피지를 외치고 있다.

수브라마니가 생각하는 다문화주의는 그가 제창한 삼언어주의(三言語主義), 다시 말해 피지 학교에서는 영어, 피지 어, 힌디 어 등 세 개의 언어를 배워야 한다는 의견으로 확실히 나타났다. 그리고 그 다문화주의의 실천은 피지 국내에만 국한된 것이 아니라 남태평양 대학에 모인 학생들을 통해 오세아니아 각지에까지 이르고 있다. 남태평양 대학의 창작 코스에서는 영어만이 아니라 힌디 어와 피지 어, 로투마 어, 통가 어 등 태평양 지역의 언어로 쓰여진 모든 논문에 대해 학위를 인정하는 제도

4-8 피지의 신문. 피지 어(좌)와 힌디 어(우)

를 1999년부터 실시하고 있다. 이는 학생만이 아니라 교수 또한 여러 섬에서 모여드는 남태평양 대학이기 때문에 가능한 일이었다. 수브라마니 자신도 현재 피지 힌디 어로 소설을 집필하고 있다.

피지 힌디 어는 인도의 힌디 어와는 전혀 다른 언어이다. 피지로 온 인도계 이민자들은 인도의 수많은 언어와 지방 방언 중 하나만을 말했기 때문에 언어적으로 분산되어 있었다. 하지만 1세기가 지나는 동안 피지의 인도계 사람들은 하나의 공통

언어를 사용하게 되었다. 당연한 말이지만 피지 힌디 어에는 피지화라고도 말할 수 있는 피지 특유의 역사적, 문화적 상황이 반영되어 있다. 앞에서 말한 길밋이라는 말이나 백인 감독관을 가리키는 쿨란바('call your number' 라는 영어에서 파생)는 영어에서 파생된 말이다. 다로(타로 토란), 마타가리(친족)와 같은 피지 어에서 파생된 말도 한 예라고 할 수 있다. 대립에도 불구하고 공생의 역사는 언어 문화에 융화되어 있는 것을 볼 수 있다.

문학 작품에 있어서도 두 민족의 문화를 통합하려는 시도가 보이는데, 레이몬드 피라이의 단편 《다크완가의 신부 Bride of Dakuwaga》를 예로 들 수 있다. 피지에서도 아름다운 관광지로 알려져 있는 코랄 비치에 있는 자신의 마을로 태평양 대학에서 알게 된 백인 여성을 데리고 온 인도계 시인 마다완은 이 여자에게 그 고장의 연못에 사는 큰 상어에게 관한 이야기를 전해 준다. 옛날에 상어 신(神) 다크완가가 아름다운 아가씨에게 구애를 했는데, 그 아가씨가 거절하자 화가 난 신은 아가씨를 죽이고 말았다. 하지만 지금도 아가씨를 사랑하는 신은 그녀가 다시 살아 돌아오기를 바라며 이곳을 떠나지 않는다는 내용이다. 이 피지의 신화는 현실적인 단편의 글을 일종의 우화로 바꾸어놓으며 토지와 깊은 관련이 있는 피지 인의 신화가 인도계 작가에 의해 피지 인도인을 주인공으로 설정하여 이야기를 위화감 없이 받아들이게 하고 있다. 백인과 피지 인, 그리고 피지 인도인의 미묘한 관계를 반영하여 깊이를 더하고 있다.

또한 남태평양 대학을 기반으로 남태평양의 문학 운동을 리드해 온 통가의 에페리 하우오파(Epeli Hau'ofa)는 좁은 귀속 의식에 사로잡히지 않는 포괄적인 지역 단위의 협력과 "오세아니아 아이덴티티"야말로 현재 필요한 요소라고 말한다. "우리들은 태평양의 작은 섬들이 약자의 입장에서 서로 의존하며 살아왔다고 생각한다. 하지만 이 생각이야말로 젊은 세대를 절망하게 하는 신식민지주의적 사고가 아닐 수 없다"라고 경고한 하우오파는 오세아니아의 바다에는 경계가 없고 멜라네시아, 미크로네시아, 폴리네시아라는 구분은 유럽 인 중심의 것이라고 지적하고 있다.

또 하우오파는 "전통적으로 오세아니아는 바다가 생활의 장이었다. 오세아니아 사람들은 광대한 바다의 백성으로서의 자각을 되찾아야 한다. 유럽 인이 생각하는 것처럼 남태평양의 사람들은 바다에 고립된 작은 섬들에 얽혀서 살아온 것이 아니라 섬들이 떠올라 있는 넓은 바다에서 살고 있는 것이다"라고 말하면서 동시에 토착주의에 대한 경계만으로는 범(汎)오세아니아가 형성될 수 없다고 지적한다. 각자가 자신들의 문화적 유산, 즉 스스로가 자신의 문화에 자신감을 가져야만 비로소 각각의 문화적 가치를 서로 이해하고 공유할 수 있게 된다는 것이다. 또한 통일성이란 균질화와 다양성의 종언을 의미하는 것이 아니라 반대로 다양성이 보장받아야만 통일성의 무거운 짐을 균등하게 나누어 가질 수 있게 된다고 생각했다.

토착민족은 '토착민'이기 때문에 우선적으로 그 토지에 대한 모든 권리를 보장받아야 한다는 논리는 피지의 경우, 분명히 타 민족의 인권을 침해하는 것이다. 한편으로는 오스트레일리아의 마보(Mabo) 재판을 전형적인 예로 토착민의 토지회복 운동에서 발생한 다양한 경우와도 관련이 있다. 이처럼 간단하게 처리될 것처럼 보이지만, 원칙주의로 해결할 수 없는 문제들도 많이 있었다.

과연 '상처 입은 바다'는 다시 치유되어 모자이크처럼 다양한 색을 반영할 수 있을까? 또 하나의 바다로서 식민지 지배의 그림자를 간직하고 있는 '우리의 대양'은 과연 회복될 수 있을까?

그렇게 해야만 한다고, 그럴 수밖에 없다고 생각하는 많은 사람이 있음에도 불구하고 서기 2000년, 다시 한 번 쿠데타가 일어났다. 피지의 고뇌는 깊다. 남아시아에서 장시간의 항해 끝에 도달한 남태평양의 섬에서 벗어날 수 없는 극한 상황을 발견한 길밋 자손들의 기나긴 추방은 지금도 끝나지 않았다.

* 인도계 이민에 대해서는 본 시리즈 제2권에서 우치토 마사오(內藤雅雄)가 자세하게 설명하고 있다.

사진으로 읽는 바다

바다로의 시선

몬덴 오사무 門田 修

    고개를 돌려 작은 창문 너머로 바다를 내다본다. 해면에서 수천 미터 상공을 나는 기내(機內)에서는 하늘과 바다를 구분할 수가 없다. 단지 푸른 대기만 눈 앞에 보일 뿐이다. 어느새 비행기가 큰 섬 위를 날고 있는지 하계가 숲의 녹음으로 어두워지더니 잠시 후 다시 바다가 나타났다.
    몇백 년, 몇천 년 전의 사람들, 아니 불과 50년 전의 사람들은 바다를 건넜다. 대륙에서 섬으로, 또 섬에서 섬으로 이동했다. 상공에서 바다를 볼 때면 그 사람들의 모습이 떠오른다.
    제트기에서 프로펠러 비행기로 갈아타면 팔랑팔랑 대는 파도의 하얀 물결과 때로는 고독하게 달리는 배를 볼 수 있다. 섬 둘레를 장식하고 있는 산호초의 줄무늬나 짙은 감색 물감을 떨어뜨려 놓은 듯한 넓은 바다의 초호(礁湖) 등은 아무리 보아도 질리지 않는다.

바다에서 불어오는 바람을 느낄 수는 없어도 바다를 보는 것만으로도 바다에서 불어오는 바람이 느껴지는 것 같다. 섬에서 섬으로 가려면 배로 이틀이 걸리겠지. 이 좁은 해협은 바닷물의 흐름이 빠르고 세다. 아니, 바람이 셀 것 같다. 그렇다면 오늘은 고기를 잡으러 나올 수 없겠지, 이 부근에 국경선이 있을 거야…… 상공 위에서 이런저런 생각을 한다.

만약 '바다란 무엇인가?' 라는 질문을 받는다면, 우선 자신이 있는 장소를 확실히 할 필요가 있다. 바다를 어디에서 보고, 시선을 어디로 향하는가에 따라 바다는 전혀 다른 것으로 보이기 때문이다. 예를 들면 인간의 왕래를 막는 벽으로서의 바다와 반대로 열려진 길로서의 바다가 있다. 풍요로운 바다가 있으면 허무한 바다도 있다. 자원의 바다가 있는가 하면 저승으로 느껴지는 바다도 있다. 따라서 '바다란 무엇인가?' 라는 질문은 성립되지 않는다.

비행기에서 내려 육지에서 바다를 본다.

땀을 흘리며 밀림을 지나 바다가 보이는 언덕에 선다. 머나먼 수평선은 발 밑으로 뻗어 있다. 하늘은 맑게 개었고 먼 바다 너머로 화물선이 미끄러지듯 지나간다. 몇 척의 작은 배가 움직임없이 바다에 떠 있다. 그물을 치고 있는 것일까, 낚싯줄을 드리우고 있는 것일까? 배는 잠시 조는 듯이 위아래로 움직이다.

"어이!" 하고 외치며 바다로 뛰어가고 싶다. 저 바다의 건너편에 다른 세계가 있을 것이다. 그곳은 여기보다 더 살기 좋고 보물이 숨겨져 있으며 죽은 사람의 영혼이 모여 잔치를 벌일지도……. 어쩌면 그럴지도 모른다는 생각을 해본다.

언덕을 내려와 해변을 걸으면 눈높이와 수평선이 일치하는 것을 볼 수 있다. 들이닥치는 파도에 발을 적실까, 아니면 파도를 피해 조심조심 걸을까, 잠시 생각한다. 그 때의 기분에 따라서 다르지만, 만약 맹그로브 지대라면 어쩔 수 없이 진흙에 빠지면서 걸을 수밖에 없다. 모래땅이라면 휴양지에서처럼 멋대로 걷고 싶어진다.

해변의 모래밭에 잠시 정박한 어선에서는 어부들이 다랑어를 훈제하고 있다. 어부들은 하나같이 눈만 내 놓은 모자를 쓰고 긴 소매 셔츠나 털실 스웨터를 입고 있다. 밤바다는 그렇게 춥지 않지만 밤새 바닷바람을 맞다보면 체온은 점점 떨어진다. 또한 아침이 되고 더워지면 뜨거운 햇볕을 피하는 데는 역시 긴 소매 셔츠만큼 좋은 것이 없다. 항상 아름다워지고 싶어하는 여성들은 볕 아래 나갈 때 더욱 신경 써서 하얀 분을 얼굴에 바른다. 햇볕에 그을린 얼굴보다는 하얀 얼굴이 더 아름다워 보이고, 조금이라도 피부가 하얀 편이 도시에 나가서도 부끄럽지 않기 때문이다.

짐을 어깨나 머리에 이고 얕은 바다를 걷는 사람들이 있다. 그 앞에는 섬에서 섬을 건너는 목조 여객선이 닻을 내리고 있고, 선원들은 선미(船尾)에 튀어나온 화장실 옆에서 식사를 하고 있다. 이곳은 항구가 없기 때문에 얕은 해안이 선착장이 된다. 간조 때는 손님이 타는 시간이고, 만조가 되면 배가 출발한다. 짧은 굴뚝에서 시커먼 연기를 뿜어내며 여객선은 천천히 뱃머리를 물가로 향해 달리기 시작한다.

아직 미완성의 배가 있다. 바닥 쪽의 판은 비바람에 쪼개지고 완전히 빛을 바랬으며, 볕에 그을려 거의 하얗게 변했다. 망치를 휘두르며 배를 만드는 사람이 있기에 말을 걸었더니, 이미 반 년 전부터 배를 만들고 있다고 한다. 하지만 판을 살 돈도 없고 주문한 사람이 중간에 사라지고 해서 일이 잘 진척되지 않는다고 한다. 이상한 모양을 한 배라 어떻게 이런 모양이 되었느냐고 물으니, "여기서는 이게 제일 좋지. 옛날부터 이 배는 이런 모양이었어"라는, 더 이상 질문을 하지 못하게 하는 답이 돌아왔다.

바다 가운데 굽은 나무 한 그루가 있었다. 등을 둥글게 하고 나무 꼭대기에 남자가 앉아 있는데, 그것이 원숭이가 아닌 사람이라는 것을 알기까지는 조금 시간이 걸렸다. 남자는 계속 움직이지 않는다. 오로지 해면을 바라보며 고기가 다가오길 기다리고 있다.

발을 헛디디지 않도록 나룻배 위의 가옥과 가옥을 연결해 갑판 위를 걷는다. 바다 위의 수상 가옥에는 피범벅이 된 물고기들이 쌓여 있다. 머리를 잘라낸 돌고래가 있고, 붉은 색의 두꺼운 살을 드러낸 쥐가오리가 보인다. 상어는 옆으로 누워 큰 배를 드러내놓고 있다. 해초와 흰 조개가 널려 있고, 해삼이나 가리비를 말리고 있다. 한편 바다 위에는 담수가 없기 때문에 빗물에 의존해야만 한다.

작은 상점에는 이웃 나라의 담배가 진열되어 있고, 중국제 손전등도 보인다. 바닷물이 빠져나간 진흙땅에는 플라스틱 봉지가 쌓여 있고, 맹그로브의 뿌리에는 쓰레기가 걸려 있다. 생활의 터전인 바다는 점점 더럽혀지고 있다.

어선이나 여객선, 혹은 괘씸한 해적선이나 밀수선, 어느 배에 올라탈까? 엔진을 갖춘 강화 플라스틱 배인지, 둔하고 묵중한 목조선인지, 페인트와 도료, 기름 냄새가 나는 남루한 강철선인지, 타는 배에 따라 바다를 보는 방법도 달라진다.

뱃사람들은 배에 순종한다. 배가 자신들의 운명을 쥐고 있기 때문에 따를 수밖에 없다. 그저 배가 빨리 달리고 목적지에 무사히 도착하기만을 바란다. 항구에는 통관(通關)의 문제나 승무원의 국적, 고용 증명, 항구 정박료, 대리점과의 관계 등 갖가지 문제가 늘 존재하고 있어 기분 좋게 항해할 수 있는 날이 극히 드물다. 무슨 이유에서인지 약삭빠른 배 주인만 새로운 배를 만들거나 대형 텔레비전을 구입하는 등 경기가 좋다.

바다로 뛰어들면 물고기가 따라온다. 따뜻한 열대 특유의 감각에 의해 대지와 바다, 그리고 내가 하나가 되는 것을 느낄 수 있다. 작살을 든 소년이 바다로 잠수하는 것이 보인다. 그 소년은 나무로 만든 수중 물안경을 쓰고 합판으로 만든 물갈퀴를 신고 있다. 발을 개구리처럼 펼치며 천천히 헤엄친다. 산호초의 주거지에서 나온 물고기를 겨냥하여 작살을 휘두른다. 손으로 물고기의 괴로움이 전해진다. 독이 나오는 산호 그늘로 어깨를 들이미는 남자들도 있다.

또 다른 남자가 바다에 뛰어든다. 허리에는 로프를 매고 오른쪽 손에 호스를 쥐고 있다. 해저에 이르자 남자는 호스를 물고 공기를 들이마신다. 그 남자는 천천히 걸으면서 진주조개를 찾고 해삼을 줍는다.

해저 세계에는 용궁(龍宮)이 펼쳐져 있다. 사람이 살고 있는지, 그렇지 않은지는 알 수가 없다. 천지좌우도 분별이 안 되는 세계다. 각각의 사람에게는 각자의 바다가 있다. 바다는 여러 가지 기억을 안겨주지만, 준엄하기도 하다.

감수를 마치며

　바다의 아시아 전 여섯 권의 감수를 의뢰 받았을 때 한동안 망설이지 않을 수 없었다. 사실 나의 전공과는 다소 생소한 분야였다는 것과 내용이 방대하다는 중압감에서였다. 그러나 작품을 읽어나가면서 나도 모르는 사이에 작품 속으로 빠져들게 되었고, 흔히 번역은 제2의 창작이라 하듯, 원문을 능가하는 짜임새 있는 문체와 적절한 어휘의 한국어로 다시 태어나는 감칠맛 나는 번역에 놀라지 않을 수 없었다.

　독자의 이해를 돕기 위해 이 시리즈의 특색을 적어보면,
　— 육지에서 바다로 새로운 발상으로 경계 없는 시대의 아시아를 생각게 한다.
　— 자연, 역사, 문화를 종합하는 최첨단 연구자들에 의한 학제적 구성과 시인, 작가를 통한 바다의 아시아에 대한 깊은 공감에 기초한 서술이다.

― 제1선의 사진 작가를 통한 선명한 칼라 화보와 본문도판을 다수 수록하고 있다.
― 최신 현지 정보를 통해 아시아의 '현재'를 살펴볼 수 있다.

'바다의 아시아'는 흥미진진한 이야기와 선명한 영상으로 인간과 자연이 엮어내는 지적흥분으로의 초대이며, 자연, 역사, 문화의 여러 방면에 걸친 연구 성과와 아시아 각지의 최신 정보에 기초한 살아 있는 문제를 제기하고 있다.

이 시리즈를 접하는 독자는 바다를 무대로 한 아시아의 새로운 매력을 찾아, 지적 항해를 즐길 수 있을 것이다.

이 시리즈를 학생은 물론, 연구자에서 여행자, 비즈니스맨까지 바다와 아시아에 흥미와 관심을 가지고 있는 모든 독자에게 권하는 바이다.

인천 대학교 일어일문학과
유용규 교수

집필자 소개

하마시타 다케시(濱下武志) 1943년생. 근대 중국사. 교토 대학 동남아시아연구센터. 《근대중국의 국제적 계기》(도쿄 대학 출판회), 《홍콩》(축마서방), 《오키나와 입문》(축마서방)

아키미치 도모야(秋道智彌) 1946년생. 생태인류학. 국립민족학 박물관. 《해인의 세계》(편저, 동문관), 《해양민족학》(도쿄 대학 출판회), 《세력권의 문화사》(소학관)

가토 마코토(加藤 眞) 1957년생. 생태학. 교토 대학 인문·환경학 연구과. 《꽃으로 끌려가는 동물》(공저, 평범사), 《환경으로서의 자연·사회·문화》(공저, 교토 대학 학술출판회), 《일본의 물가》(이와나미서점)

야지마 히코이치(家島彦一) 1939년생. 이슬람 사회경제사. 도쿄 외국어 대학 아시아·아프리카 언어문화연구소. 《이슬람 세계의 성립과 국제 상업》(이와나미서점), 《바다가 창조하는 문명》(아사히신문사), 《이븐·바투타 대 여행기》(역주, 평범사)

모리사키 카즈에(森崎和江) 1927년생. 시인·작가. 《가라유키상》(아사히신문사), 《해로잔조(海路殘照)》(아사히신문사), 《매춘왕국의 여인들》(보도사), 시집 《지구의 기도》(심야총서사)

후세 쓰토무(布施 勉) 1941년생. 국제해양법. 요코하마 시립 대학 국제문화학부. 《국제해양법 서설》(주정서점), 《심해 해저 자원과 국제법》(메이세이 대학 출판부), 《새로운 해양 시대의 '인류 공동재산 개념' 재고》(《법학신보》 제49권, 10, 11호)

무라마쓰 신(村松 伸) 1954년생. 아시아건축·도시사. 도쿄 대학 생산기술연구소. 《상하이—도시와 건축》(파르코 출판), 《아시안 스타일》(축마서방), 《중화중독》(작품사)

이이지마 와타루(飯島 涉) 1960년생. 중국경제사. 요코하마 국립 대학 대학원 국제사회과학연구과. 《페스트와 근대 중국》(연문출판), 《화교·화인사 연구의 현재》(편저, 급고서원)

나카무라 카즈에(中村和惠) 1966년생. 영어권문학·비교문학. 세이조 대학 문예학부. 《이문화로의 시선》(공저, 나고야 대학 출판회), 《월경하는 지(知) 3》(공저, 도쿄대학 출판회), 《너는 어디에 있니》(채류사)

몬덴 오사무(門田 修) 1947년생. 영상작가. 해공방주재. 《바다가 보이는 아시아》(메콩), 《표해민》(하출서방신사), 《바다의 낙타》(중앙공론사)

오모토 케이이치(尾本惠市) 1933년생. 인류유전학. 모모야마 학원 대학. 《사람은 어떻게 태어난 것일까》(이와나미서점), 《분자 인류학과 일본인의 기원》(상화방), 《사람의 발견》(요미우리신문사)

무라이 요시노리(村井吉敬) 1943년생. 동남아시아 사회경제론. 죠오치 대학 아시아문화연구소. 《사취와 아시아와 바다세계》(코몬즈), 《새우와 일본인》(이와나미서점), 《술라웨시 해변에서》(동문관)